艺术体育
高校学术研究论著丛刊

改革开放以来乡镇体育组织的变迁研究

汪 波 著

中国书籍出版社
China Book Press

图书在版编目 (CIP) 数据

改革开放以来乡镇体育组织的变迁研究 / 汪波著. -- 北京：中国书籍出版社, 2022.4
ISBN 978-7-5068-8975-9

Ⅰ.①改… Ⅱ.①汪… Ⅲ.①乡镇 - 体育组织 - 社会变迁 - 研究 - 中国　Ⅳ.① G812.17

中国版本图书馆 CIP 数据核字（2022）第 054948 号

改革开放以来乡镇体育组织的变迁研究

汪　波　著

丛书策划	谭　鹏　武　斌
责任编辑	吴化强
责任印制	孙马飞　马　芝
封面设计	东方美迪
出版发行	中国书籍出版社
地　　址	北京市丰台区三路居路 97 号（邮编：100073）
电　　话	（010）52257143（总编室）　（010）52257140（发行部）
电子邮箱	eo@chinabp.com.cn
经　　销	全国新华书店
印　　厂	三河市德贤弘印务有限公司
开　　本	710 毫米 ×1000 毫米　1/16
字　　数	265 千字
印　　张	16.75
版　　次	2023 年 3 月第 1 版
印　　次	2023 年 3 月第 1 次印刷
书　　号	ISBN 978-7-5068-8975-9
定　　价	85.00 元

版权所有　翻印必究

目 录

第一章 绪 论 …………………………………………………… 1
 第一节 研究的理由和意义 ……………………………………… 1
 第二节 文献与问题 ……………………………………………… 9
 第三节 研究框架 ………………………………………………… 33
 第四节 研究的理论基础 ………………………………………… 48

第二章 G镇体育组织变迁的社会制度背景 ……………………… 56
 第一节 G镇地理历史概况 ……………………………………… 56
 第二节 改革开放以来G镇社会结构变迁概况 ………………… 60
 第三节 改革开放以来G镇社会结构变迁分析 ………………… 66

第三章 改革开放以来G镇体育组织变迁的历史脉络 ………… 71
 第一节 恢复：改革开放初期（1978—1991）的
    G镇体育组织 …………………………………………… 71
 第二节 成长：市场经济转型时期（1992—2001）的
    G镇体育组织 …………………………………………… 93
 第三节 发展：小康社会建设时期（2002年至今）的
    G镇体育组织 …………………………………………… 108

第四章 改革开放以来G镇体育组织变迁的多维分析 ………… 142
 第一节 改革开放以来G镇体育组织变迁的观念演进分析 … 142
 第二节 改革开放以来G镇体育组织变迁的特征分析 ……… 150
 第三节 改革开放以来G镇体育组织变迁的规律分析 ……… 162
 第四节 改革开放以来G镇体育组织变迁的影响因素分析 … 172

第五章 G镇体育组织变迁对未来我国乡镇体育组织发展的启示与建议 …………………… 204
第一节 对未来乡镇体育组织发展的启示 …………… 204
第二节 对未来乡镇体育组织发展的建议 …………… 210

第六章 结论与展望 ………………………………………… 225
第一节 结　论 ……………………………………… 225
第二节 展　望 ……………………………………… 228

附　录 ………………………………………………………… 230

参考文献 ……………………………………………………… 246

后　记 ………………………………………………………… 258

第一章 绪 论

"组织现象是非常错综复杂的,但并不是神秘莫测的(messy but not mysterious),我们可以通过对组织现象进行系统分析,进而得出令人满意的解释。"——吉本斯(引自:周学光《组织社会学十讲》,2012:194)

第一节 研究的理由和意义

构建文明、健康、和谐的社会是人类的共同追求,大力开展全民健身活动推进全民健身可持续发展,是新时期我国体育事业发展的重要内容和时代特色。2014 年,国务院颁发了《关于加快发展体育产业促进体育消费的若干意见》(国发〔2014〕46 号)[1],将全民健身上升为国家战略,进一步把"增强人民体质、提高健康水平"作为根本目标,全面开启了我国由"金牌体育"向"全民体育"目标迈进的新篇章。2016 年 10 月中共中央、国务院印发了《"健康中国 2030"规划纲要》[2],强调指出了"全民健身"是健康中国的重要组成部分,是实现"全民健康"的重要手段,并把"广泛开展全民健身运动,完善全民健身公共服务体系"作为提高全民身体素质的重要内容,纳入社会治理的综合体系[3]。可见,全民健康作为促进人的全面发展的必然要求和经济社会发展的基础条件,在当前已成为国家富强、民族振兴的重要标志和全国各族人民的共同愿望。

---

[1] 中共中央国务院.关于加快发展体育产业促进体育消费的若干意见(国发〔2014〕46 号)[Z].2014.
[2] 中共中央国务院."健康中国 2030"规划纲要[Z].2016.
[3] 于永慧.健康中国:全民健身工作的评价指标体系研究[J].体育与科学,2016,37(4):71-76.

然而,与城市体育相比,农村居民体育参与严重不足,体质健康状况堪忧。农民日益增长的体育物质文化需求与体育服务供给不足的矛盾逐渐凸显,农村体育"非组织化"与农村居民体育健身"原子化"现象并存,我国农村体育组织发育不足和体育组织管理缺陷严重影响了农村体育的发展,农村体育组织在公共体育服务体系中未能发挥积极作用。鉴于此,探讨改革开放以来在国家与社会关系转变下的农村体育组织产生、形成、演变与发展问题,已成为当前农村体育事业发展中亟待解决的重要课题。

一、研究的理由

(一)农村体育是当前群众体育事业发展中一项重要而艰巨的任务

农村问题历来受到党和政府的高度重视。农村体育作为中国群众体育事业的重要组成部分,同时也是广大农村地区精神文明建设的一项主要任务,在当前小康社会和和谐社会建设进程中正发挥着越来越重要的作用。2002年中共中央、国务院发布的《关于进一步加强和改进新时期体育工作的意见》[1]明确指出:"注重区域体育、城乡体育共同发展,加大对农村体育事业发展的支持力度。进一步制定和完善中国农村体育事业发展的规划和政策,抓住社会主义新农村建设的历史机遇,加大扶持力度推动农村体育场地设施建设,是当前农村体育等公共文化事业发展的需要。" 2006年中共中央、国务院颁布的《关于推进社会主义新农村建设的若干意见》[2]则从更高的层面提出:"加快发展农村社会事业,培养推进社会主义新农村建设的新型农民"、要"构建农村公共文化服务体系,推动实施农民体育健身工程",从而达到繁荣农村文化事业的战略目标。2011年颁发的《体育事业发展"十二五"规划》[3]中确立了"坚持统筹兼顾和协调发展"的基本原则,强调要建立起"符合国情、覆盖城乡"的公共体育服务体系。2016年国务院印发的《全民健身计划(2016—2020年)》[4]中,明确把"依法保障基本公共体育服务,推动基本公共体

---

[1] 中共中央国务院.关于进一步加强和改进新时期体育工作的意见[Z].2002.
[2] 中共中央国务院.关于推进社会主义新农村建设的若干意见[Z].2006.
[3] 国家体育总局.体育事业发展"十二五"规划[Z].2011.
[4] 中共中央国务院.国务院关于印发全民健身计划(2016—2020年)的通知[Z].2016.

育服务向农村延伸,以乡镇、农村社区为重点促进基本公共体育服务均等化"确立为全民健身事业发展的重点。2017年农业部、国家体育总局联合颁发的《关于进一步加强农民体育工作的指导意见》提出"发展农民体育事业是实施振兴乡村战略的重要组成部分,意义重大。"可见,当前农村体育已引起了党和国家的高度重视,成为新时期我国体育事业发展的重要内容。然而,自改革开放以来,与高速发展的城市经济和享有现代文明的城市相比,由于长期受到"城乡分治"的影响,广大农村地区不仅在经济发展上相对落后,而且在公共体育服务供给方面也被远远地抛到了后面。中国城乡体育事业发展极不均衡,农村公共体育产品供给严重短缺,农村体育的发展明显滞后于经济社会的发展,制约了我国由体育大国向体育强国迈进的发展进程。因此,建立与时代发展相适应的农村体育的体制机制,就成为当前摆在体育工作者面前的一项重要而艰巨的任务。

(二)城乡群众体育统筹发展需要进一步夯实"以乡镇为重点"的发展战略

党的十六大以来,中央领导集体提出了城乡统筹发展的新战略;党的十七大报告进一步提出要统筹城乡发展,形成城乡经济社会发展一体化新格局;党的十八大继续强调,要加大统筹城乡发展力度,促进城乡共同繁荣的新理念、新思路、新论断;党的十九大提出了实施乡村振兴战略,建立健全城乡融合发展的体制机制。可见,城乡统筹发展已成为新时期我国决胜全面建成小康社会,加快推进社会主义现代化建设进程的重大战略举措。而体育,作为我国经济社会发展的重要组成部分,随着生活水平的提高和城乡居民对体育利益需求的不断增加,也无一例外地需要走城乡统筹发展之路。但是,由于历史的原因,我国群众体育事业发展相对滞后,尤其是"二元分割"的城乡体育发展格局,彼此孤立、片面、割裂的发展方式,使得我国城乡群众体育长期处于严重失衡状态。于是,"缩小差距",关注"城乡群众体育的机会公平、过程公平,实现资源配置的有效均衡"成为学术界关于城乡群众体育统筹发展需求的最大呼声。然而,如何才能有效地实现城乡群众体育资源的合理配置?如何才能有效地协调城乡利益,实现城市和乡村群众体育统筹发展?如何确立农村体育发展的着眼点?是村落、乡镇还是整个农村?这些问题,成为探求农村体育发展迫切需要研究与解决的课题。为此,我国学者展开积极探索,田雨普、吕树庭、裴立新等依据国情实际提出了"以乡镇为重点"的农村体育发展战略;国家体育总局在《2001—2010年体育改革发展纲要》第九条中明确提出了:"农村体育以乡镇为龙头,村民委员会为基础,农民体协为纽带,形成有辐射力的组织网络"的发展规划[①];中共中央、国务院在中发〔2002〕8号中重申了"农村体育以乡镇为重点"的发展方针,并强调要发挥乡镇的"聚集效应、辐射功能和带动作用,增加体育锻炼的吸引力和凝聚力,以推动全民健身活动的普遍开展[②]。2017年国家体育总局颁发《关于推动运动休闲特色小镇建设工作的通知》(体群字〔2017〕73号),明确指出"特色体育小镇建设是促进以乡镇为重点的基本公共体育服务均等化,促进农村全民健身事业和全民健康事业深度融合发展的有力举措"。显然,国家以文件方式正式确立了"以乡镇为重点"的农村体育发展战略,并清晰阐明了这一战略地位确立的重要性,为新世纪我国农村体育发展指出了方向,即农村体育需要坚持以"乡镇为重点"的发展之路。

(三)体育组织与管理缺陷是现阶段影响乡镇体育发展的主要瓶颈因素

体育组织是人们有计划地建立起来的一种社会组织。体育学者易剑东在《中国体育媒体服务系统的构建》一书中将体育组织定义为:"通过一定的社会关系结成的有目的、有一定组织形式的、具有结构性特征的体育机构或团体。"[③]依组织与政府的关系,体育组织可分为政府体育组织和非政府体育组织;依组织的形成方式,也可分为正式体育组织和非正式体育组织[④]。本研究所指的体育组织主要是指政府性体育组织(政府体育管理机构)、营利性体育组织(体育俱乐部、体育用品生产企业等)和非营利性体育组织(民间体育社团、协会、指导站等)。近年来,随着国家出台的一系列惠农政策及农村体育扶持措施,乡镇体育迎来了前所未有的发展契机。然而,与城市相比,农村体育组织发育不全与体育管理缺陷严重制约了乡镇体育的发展。国家体育总局局长刘鹏在2012

---

① 国家体育总局.2001—2010年体育改革发展纲要[Z].2000.
② 中共中央国务院.关于进一步加强和改进新时期体育工作的意见(中发〔2002〕8号)[Z].2002.
③ 易剑东.中国体育媒体服务系统的构建[M].杭州:浙江大学出版社,2006.
④ 王斌,马宏宇.体育组织行为学[M].武汉:华中师范大学出版社,2010.

年在全国群体工作会议上的讲话中提出:"当前,在全民健身各项工作中,群众体育组织建设薄弱是制约群众体育事业发展的一个瓶颈。"田雨普教授在国家社会科学基金重点研究项目《农民体育发展战略研究》(2009年)中研究认为:"参加体育锻炼组织的马鞍山市民与当涂县农村居民的比例分别是20.1%与5.1%,其中市民参加有组织体育活动的为78.3%,而农民大都参加的是免费的体育组织,且为数很少。"社会体育与农村体育研究学者郑文海(2006年)在《乡镇社会体育组织及体育活动开展现状与对策——以西北地区为调研个案》中认为:"陕西、甘肃、青海、宁夏、新疆3个省2个自治区,共321个乡镇中有四成的乡镇无社会体育组织。组织机构的不尽完善,必将影响社会体育活动的正常开展。"另外在体育组织管理方面:"乡镇文化站一般由1名副书记或副乡镇(乡)长、2~4名干事组成,专职人员只有21.18%,受过专业教育的高素质人员较少,相当部分人员没有学历。"朱海峰(2010年)在《论农村自发性体育组织的兴起与发展》一文中认为:"当前我国自发性农村体育组织存在管理不足、结构松散、组织化程度低等缺点,这在一定程度上阻碍了农村体育组织的发展。"吴俊(2017年)在《我国东部沿海省份落后乡村体育组织资源实情与开发》中认为:"当前落后乡村面临着'缺人'的困境,体育组织管理人员严重匮乏。"从上述官方话语和学术界的研究成果不难看出,现阶段我国乡镇体育组织与管理存在的缺陷影响了乡镇体育的发展,更无法满足乡镇居民日益增长的体育健身需求。

(四)乡镇体育组织变迁研究有助于揭示农村体育组织发生发展的规律

现代社会是一个高度组织化的社会,人们的各种社会需要都是通过各类社会组织的形式来满足的。体育事业的发展也不例外,离不开体育组织的推进和落实。2006年,时任国家体育总局张发强局长曾提出,要抓好"三边工程"(建身边的场地,抓身边的组织,搞身边的活动),强调体育组织是开展群众体育工作的重要保障,是群众体育事业赖以发展的依托,是联系亿万群众的纽带,是推进群众体育社会化的关键[①]。《中

---

① 张发强.关于全民健身的建言——国家体育总局党组成员大会发言[R].中国政协,2006.

华人民共和国国民经济和社会发展第十二个五年规划纲要》中也提出："要健全全民健身组织网络,积极发展城乡基层体育组织,地方体育主管部门要对不同类型的基层体育健身组织给予支持和扶持,切实推进城乡基层体育健身组织的规范化建设。"当前培育和发展各级各类体育社会组织,建立健全基层体育组织和管理机构已成为时代赋予我国全民健身事业的新使命和新任务。2014年国家体育总局体育社会科学研究指南已明确将"培育和发展体育社会组织"纳入重点研究选题,2015年国家社会科学基金项目申报指南中首次列出了7项与体育社会组织有关的研究选题,占整个选题指南的7.3%,透露出体育组织研究的重要性和未来发展趋势。2018年国家社科基金项目指南中同时把体育特色小镇建设和基层体育社会组织在社会治理中的作用列入了研究范畴。从目前农村体育研究文献的梳理来看,学术界已开始将研究视角从宏观领域向中微观领域下移,开始注重对农村体育组织方面的研究。尤其是对农村基层体育组织管理现状、不同类型农村体育组织的兴起与发展、村落体育组织的发展困境与对策、乡镇体育组织建设与管理等方面开展了个案和实证研究,提出了一些有价值的结论和观点。但总体来看,研究者大多停留在表浅的现状描述和宏观的对策建议方面,对农村体育组织发生发展规律的学理研究尚显不足,特别是对不同阶段农村体育组织变迁研究,学术界尚少有人涉及。为此,选择"改革开放以来G镇体育组织变迁的研究"为主题,旨在通过改革开放以来不同社会背景下G镇体育组织发展历程的梳理,剖析乡镇体育组织发展的机理,探索乡镇体育组织培育与发展路径,为规划和制定新时期我国乡镇体育组织发展提供理论和实践参考。所谓"知古晓今,史实为鉴",在进行社会主义新农村体育建设的今天,有必要对改革开放以来乡镇体育组织的发展历程进行认真的回顾与梳理,从中发现规律,汲取营养。

(五)G镇体育组织变迁是改革开放以来国家与社会关系转变下的典型个案

G镇,位于安徽省六安市裕安区,辖14个村和1个街道居委会,现有居民16202户,共4.4万人口。近年来,G镇在推动城乡一体化建设和新农村体育事业发展上取得了一些可资借鉴的经验和做法,在全省乡镇全民健身活动的开展中起到了较好的宣传和示范效应,2011年10月G镇被国家体育总局授予"国家级全民健身示范乡镇"称号。G镇人民历来酷爱运动,体育活动具有深厚的群众基础,尤其是篮球运动更受老少喜爱,20世纪80年代初就成立农民篮球队,其中1997年、1998年、1999年G镇篮球队连续3年获得县级六安市"小康杯"篮球赛冠军,2011年、2013年两次单独组队参加安徽省第三、第四届农民篮球大赛。2011年10月独立承办安徽省第三届农民篮球大赛,开创了省级篮球比赛在乡镇举办的先例。目前,由G镇生产的"AAK"牌羽毛球已成为中国羽毛球队集训用球,"JB"牌羽毛球被安徽省收录为体育行业名优产品名录。截至2016年底,G镇已成立了镇农民体育协会和篮球、乒乓球、羽毛球、健身、舞蹈、棋类、柔力球、游泳8个单项体育协会,初步形成了以政府体育组织为主导,以体育社团协会为主线,以自发性草根体育组织为基础的全民健身组织网络,营造了"人人应是农民体育工作的参与者,人人都是G镇体育工作的受益者"的良好氛围。总体来看,改革开放以来,随着国家经济体制转轨和社会结构转型,国家与社会关系发生了深刻的变化,全能政府的退出、有限政府的建设以及各种社会力量的发育成长,彻底改变了我国社会各个层面的格局,出现了由"大政府,小社会"向"小政府,大社会"的权力分化。在此背景下,我国农村建立了在这一转变下的相互对应的关系结构,在群众体育领域,已经有越来越多的非政府力量介入农村体育的发展之中,在群众体育运行中扮演着越来越重要的角色。与此对应的农村体育组织在形成方式、活动形式、管理机构、组织类型、资源配置、目标取向、成员构成等领域也发生了深刻转变。而这种变化和改革开放以来国家与社会关系的转变有着非常重要的联系,这一现象值得学术界深入探讨。

(六)本人对农村体育研究兴趣的趋势使然

新中国成立以来,我国农村体育总体上经历了起步阶段(1949—1958年),波浪式发展阶段(1959—1965年),动乱时代的浮沉阶段(1966—1976年),恢复发展阶段(1977—1985年),攀升发展阶段(1986—1995年),规范发展阶段(1996—2002年),蓬勃发展阶段(2003年至今)。纵观农村体育的发展历程,每个阶段都随着体制和政策的变迁表现出鲜明的时代特征。特别是改革开放以来,国家制定的一系列有关农村体育改革的政策法规,如《做好县的体育工作的意见(1978)》《关于进一步加强全民健身工作意见(1979)》《关于加强县级体育工作的意见(1984)》《全国体育先进县的标准和评选办法(1985)》《体育法(1995)》《全民健身计划(1995)》《关于深化改革,加快发展县级体育事业的意见(1996)》《全国体育先进县标准细则的补充规定(1998)》《2001—2010年体育改革发展纲要(2000)》《关于进一步加强和改进新时期体育工作的意见(2002)》《农村体育工作暂行规定(2002)》《农村体育工作暂行条例(2003)》《体育事业"十一五"规划(2003)》《关于实施农民体育健身工程的意见(2006)》《2006年农民体育健身工程实施方案》《"十一五"农民体育健身工程建设规划(2007)》《全民健身条例(2009)》《关于发挥乡镇综合文化站的功能,进一步加强农村体育工作的意见(2010)》《全民健身计划(2011—2015)》《体育事业"十二五"发展规划(2011)》《关于加快发展体育产业促进体育消费的若干意见(2014)》《体育发展"十三五"规划(2016)》《全民健身计划(2016—2020年)》《农业部国家体育总局关于进一步加强农民体育工作的指导意见(2017)》等,这些文件的出台使农村体育进一步走上了制度化、规范化的发展道路,农村体育迎来了千载难逢的发展契机。近几年,本人也在群众体育领域做了一些基础性的研究工作,撰写了一些与全民健身、社区体育、农村体育、体育公共服务有关的学术论文,深感农村体育具有较大的研究空间和广阔的发展前景。特别是从影响农村体育发展的重要环节之体育组织管理的视角入手,对体制转轨时期农村体育组织及其变迁规律进行探讨,对推动农村体育发展方式的转变、促进农民体育生活方式转型具有重要的作用。

二、研究的意义

(一)理论意义

本书确立以"改革开放以来乡镇体育组织的变迁"为研究课题,在对我国乡镇体育组织形成与发展的基本理论问题进行系统探索的基础上,通过对改革开放以来G镇体育组织形成与演化脉络的梳理,揭示乡镇体育组织发生发展的规律,分析在国家与社会关系转变下乡镇体育组织变迁的机制及其影响因素,明确乡镇体育组织变迁背后的意义指向,探寻未来乡镇体育组织应坚持的发展理念,尝试构建出乡镇体育组织发展的新路径,对丰富群众体育组织发展理论,落实"以乡镇体育为重点"的农村体育发展战略,推进"以人为本"的新型城镇化进程等方面将具有积极的理论参考价值。

（二）实践意义

本书以淮河流域国家级全民健身示范乡镇——G 镇为案例，通过对改革开放以来 G 镇体育组织发展历史脉络的梳理，从政治、经济、文化、科技和组织管理等多学科视角分析影响乡镇体育组织变迁的因素，揭示乡镇体育组织变迁的动力机制、阻力机制，探索乡镇体育组织产生、发展演变的特征及规律，提出我国乡镇体育组织未来变迁趋势与发展路径，将有利于在实践上正确处理乡镇体育组织运行中政府、社会、市场和个体之间的关系，有助于实现乡镇体育组织多元发展主、客体要素的耦合与互补，有利于全民健身组织网络在 G 镇和我国类似乡镇的培育和发展。

第二节　文献与问题

一、我国农村体育组织研究

应该说单就"农村体育""乡镇体育""体育组织"的研究而言，国内的前期研究基础和研究成果是比较丰富的，但针对上述体育形态的变迁研究，目前学术界少有人涉及。为此，笔者以国内电子期刊《中国学术期刊网全文数据库》检索为例，于 2016 年 12 月，以"乡镇体育""体育组织"为题进行了篇名全文检索，检索出 1978—1988 年的十年总数、1989—1994 年的五年总数、1995—2005 年的十年总数、2006—2016 年的十年总数如下（表 1-1）。从改革开放以来这些数据的变化情况来看，明显呈递增趋势。这种量的上升态势，至少从一个侧面反映了"乡镇体育"和"体育组织"研究命题已越来越引起学术界的关注。

表 1-1　改革开放以来"乡镇体育""体育组织"研究论文数量变化情况

检索词	1978—1988 年	1989—1994 年	1995—2005 年	2006—2016 年
乡镇体育	0 篇	8 篇	52 篇	327 篇
体育组织	143 篇	274 篇	1713 篇	7313 篇

新世纪以来,随着我国农村体育的兴起,关于农村体育组织方面的研究成果也呈逐渐递增趋势。笔者以中国知网文献数据库为例,以"农村体育组织""乡镇体育组织""村落体育组织""农村体育社团""乡镇体育社团""村落体育社团"为关键词分别进行篇名全文检索,检索出相关研究成果共142条,其中期刊论文99条,硕、博士学位论文43条(表1-2)。不难看出,"农村体育组织"已成为学术界对农村体育微观领域研究的一个切入点。

表1-2 中国知网"乡镇体育组织"相关学术文献检索一览表

检索词	文献总数	硕士论文	博士论文	学术期刊
农村体育组织(社团)	115篇	32篇	2篇	81篇
乡镇体育组织(社团)	10篇	4篇	0篇	6篇
村落体育组织(社团)	17篇	5篇	0篇	12篇

另外,从1999年以来国家社科基金项目体育学类选题指南来看,与"农村体育"有关的选题共16项,与"体育组织"有关的选题共26项(表1-3)。可见,近年来,有关"体育组织"的命题已成为我国体育社会科学研究的热点问题。

表1-3 1999年以来国家社科基金项目(体育学类)选题指南数量统计表

关键词	1999—2002年	2003—2006年	2007—2010年	2011—2014年	2015—2017年
农村体育	1项	2项	5项	3项	5项
体育组织	3项	2项	3项	3项	15项

来源:全国哲学社会科学规划办公室网站(http://www.npopss-cn.gov.cn)。

由于国内从社会变迁或文化变迁的视角直接切入"乡镇体育组织"研究的成果较少,而学术界对"农村体育组织"研究的文献相对丰富,且多数是以"乡镇"为切入点,为此,以下就国内对"农村体育组织"的相关研究分类进行综述。

(一)农村体育组织研究总体状况

从表1-1、表1-2、表1-3的统计结果可以看出,改革开放以来学术界对农村体育组织的研究越来越重视。从不同时期学术研究成果的数量来看,总体上呈不断递增趋势。特别是随着国家在农村建设和群众体育政策方面的变化,农村体育组织研究数量、质量、内容和主题均表现出明显的特征。

1. 农村体育组织生成机制研究

通过对改革开放以来相关学术文献的梳理发现,目前对农村体育组织生成机制的研究主要有以下几种学术观点:

观点一:政治体制改革是农村体育组织生成的制度保障

该观点主要指政治体制改革改变了政府与社会之间的关系,农村体育组织形成的政治背景和国家意识形态话语体系发生了变化,为体育组织的产生和形成创设了良好的制度环境。朱海峰(2010)认为改革开放以来,国家与社会关系的转变促进了农村自发性体育组织的兴起,原因是一方面政府管理模式由全能型向有限型转变,另一方面政府大力扶持农村体育组织的发展,在政府失灵、市场失灵和官办性体育组织失效的情况下,大量民间体育组织出现[1]。谭延敏(2008)认为改革开放以来市场经济为导向的农村改革,促进了家庭、小组为单位的微观经济合作组织产生,加之以要求家庭承担医疗费用负担的农村合作医疗制度改革,加速了为提高健康人力资本为目的的家庭体育锻炼组织行为的出现。

观点二:经济发展水平是农村体育组织生成的物质条件

朱海峰(2010)认为农村经济发展水平的提高能够有效促进农村体育场地设施等资源的改善,同时农民体育意识形态的转变将会激发农民参与体育的热情及其对体育组织的需求。张宏伟(2013)认为社区草根体育组织的产生与社会转型的大背景、公民参与愿望和参与能力增强等因素紧密相关,社区自发性群众体育组织是随着社会、经济的发展,人民生活水平的提高以及伴随而来的闲暇时间增多,体育在增强体质、增进健康、改善生活方式、提高生活质量方面的作用,将会越来越被人们接受和认同[2]。

观点三:精神文化需求是农村体育组织生成的思想基础

梅茂荣(2007)通过田野考察对苏北乡镇节日性体育活动进行了研究,得出乡镇体育组织的产生源于对传统文化的普遍认同与留念,表

---

[1] 朱海峰.论农村自发性体育组织的兴起与发展[J].科技信息,2010(9):659-674.
[2] 张宏伟.社区草根体育组织的涵义、生成与功能定位[J].北京体育大学学报,2013,36(6):12-15.

达人们对美好未来的祝福与憧憬[①]。谭延敏(2008)从中国传统文化的角度分析了非正式体育社团存在的原因,认为中国传统社会"礼"的思想映射在人们内心并固化为一种思维模式和共同意识,这种"集体无意识"的心理定势反映在农村体育身上,就是农民没有享受到正式体育组织带来的健康福祉,而选择非正式结构体育社团来代替和弥补[②]。孙庆彬(2014)认为随着农村政治和经济体制的变革,人们对精神文化的追求从"被动接受"向"主动需求"转化,这种转变在多维向度上促进农村体育组织的生成[③]。而民间信仰是村落体育组织运作的重要文化资源,少数民族村落体育组织通常是受到宗教文化传承的影响,按照"自下而上"的秩序自然生产。

观点四:对权威者的崇拜是农村体育组织生成的内在动力

德国社会科学家韦伯认为,任何一种组织都是以某种形式的权威为基础的。韦伯将权威分为三种类型:一是传统型,如古代社会的长子继承制;二是卡里斯马型,也称个人魅力型,指依靠个人的非凡魅力而获得权威;三是法理型,指现代社会中根据一定的选举程序而确定的权威[④]。冯晓丽(2015)以"黎明的脚步"为例,发现当前新媒体时代,农村体育组织的生成主要是受强大而又脆弱的卡里斯马权威的影响,这种基于对领袖的"信赖"和"崇拜"建立的组织,其凝聚力主要来自领袖所具有的卓越能力、非凡魅力及其所传播的信念,而领袖一旦消失则组织将面临解体的边缘[⑤]。她通过田野考察进一步验证了"农村黎明脚步组织"的成立,正是凭借组织者的坚持与努力才使组织诞生、发展与壮大。

观点五:共同的兴趣爱好催生农村体育组织的形成

张铁明(2009)使用李克特五点量表的方式设计问卷,基于相关理论提出非正式结构体育社团成因的四个假设:个体偏好、交往需要、情

---

① 梅贸荣.苏北乡镇节日体育活动组织形式及其变迁的社会学分析——以响水县乡镇体育组织开展方式为例[J].南京体育学院学报(社会科学版),2007,21(5):25-28.
② 谭延敏,等.农村体育发展中非正式结构体育社团的作用及管理研究[J].南京体育学院学报(社会科学版),2008,22(3):53-57.
③ 孙庆彬.少数民族村落体育组织的生成方式与运作机制——以壮、侗、苗、瑶等少数民族古村落为例[J].北京体育大学学报,2014,37(9):50-55.
④ 张德.现代管理学[M].北京:清华大学出版社,2007:226.
⑤ 冯晓丽.新媒体时代草根体育组织发展的困境与路径选择——以"黎明脚步组织"为例[J].上海体育学院学报,2015,39(2):36-39.

感需要、共同的价值观,并在实证研究中得以验证[①]。谭延敏(2008)认为农村体育发展中非正式结构体育社团的存在是建立在共同兴趣爱好基础上的,人民公社时期虽然扼杀了人民的自愿性,但培养了人民的组织归属感。除此之外,个体对增强体质、增进健康、康复疾病、延缓衰老、促进社会融入等方面的利益需求,也是催生体育组织产生与形成的重要原因。

观点六:多因素综合促进农村体育组织的生成

该观点认为农村体育组织的生成是多因素综合影响的结果,在传统社会里由于生产力不发达,社会分工不够精细,除了满足基本生活需求以外,农民个人或家庭对体育利益需求比较淡薄。随着农村社会的发展,农民对精神文化生活需求日益多元化,不再是单一的生活主体,而是多元利益需求的复合主体。冯炎红(2007)认为我国自发性群众体育组织产生于20世纪70年代初,20世纪80年代逐步增加,20世纪90年代发展迅猛。改革开放后,随着社会主义市场经济体制的建立,原来在计划经济体制下的单位体育职能逐步弱化,群众的体育利益需求开始向社区转移,导致社区自发性体育组织增多。此外,作者认为"组织中核心人物的作用、组织成员共同的体育目标、体育场地设施环境的变化、体育活动经费的来源渠道"共同影响自发性群众体育的形成与发展[②]。

2. 农村体育组织管理体系研究

农村体育管理的机构设置、权限划分是实现农村体育总目标的组织保证。到目前为止,我国农村体育仍然没有明确的、统一的组织管理体系,农村体育活动的开展因区域经济发展水平以及各级政府重视程度的不同表现出不同的管理学特征。学术界对农村体育组织管理体系的认识也是莫衷一是,归纳起来,主要有以下几种观点:

观点一:专门性的体育组织管理机构和非专门性的体育组织管理机构

[①] 张铁明.农村非正式结构体育社团成因的实证研究[J].南京体育学院学报(社科版),2009,23(4):46-52.
[②] 冯炎红,张昕.城市自发性群众体育组织形成与发展特点[J].辽宁体育科技,2007,29(3):21-22.

朱家新[①](2007)、姚磊[②](2007)、马永明[③](2009)、张铁明[④](2010)、邹钧人[⑤](2010)、周小林[⑥](2012)通过对江苏省、河北省、安徽省、福建省等地农村体育组织的研究得出,我国农村体育组织管理机构既有专门性的管理机构也有非专门性的管理机构。专门性的体育组织管理机构是指在县区及以下政府机构中设立的专门从事群众体育管理工作的单位、部门和社会团体,包括县/区体育局群体科,乡镇文化体育工作站,村落文化体育工作组及相关体育团体。而农村非专门性的体育管理机构,是指在县/区及以下政府机构中参与或从事群众体育工作的其他非体育类的机构、系统或团体。如农业、教育、卫生、民政局所设的体育管理部门,工会、共青团、妇联所附设的体育机构等,这些非专门性的体育机构也定期或不定期地开展系统内、行业内的体育活动,是乡镇体育管理工作的一个重要组成部分。同时,周小林研究发现,江苏省江阴市为了贯彻落实《全民健身条例》,将该工作任务分解给了宣传部、农工办、发改委、民宗局、教育局、规划局、体育局、科技局、人保局、卫生局、民政局、公安局等29个相关部门具体落实,体育主管部门实现了多部门联动推动全民健身事业的发展[⑦]。

观点二:政府机构中的正规体育组织、基层群众性体育组织和民间社会体育组织

农村体育组织种类繁多,既有"官组织",也有"民组织",各类体育组织共同推进农村体育活动的开展。邹玉玲(2002)通过对苏南小城镇大众体育组织的研究认为,乡镇体育组织的管理方式有三种:即政府全能管理,准体育行政组织主导管理(文化站),准体育行政组织、社团组织

---

① 朱家新.农村基层体育组织管理现状研究[J].河北体育学院学报,2007,21(2):14-16.
② 姚磊,韩冠宙,黄寿军.巢湖周边地区新农村建设中农村基层社会体育组织的现状调查[J].巢湖学院学报,2007,9(6):99-102.
③ 马永明.江苏农村基层体育组织运行现状的调查与分析[J].体育与科学,2009,30(5):59-62.
④ 张铁明.河北省农村村落体育组织活动的现状调查[J].邯郸学院学报,2010,20(3):72-78.
⑤ 邹钧人,汪映川,郑国祥.安徽省欠发达地区农村体育组织管理现状与对策[J].安徽农业科学,2010,38(36):21098-21100,21103.
⑥ 周小林.当代中国农村体育组织管理体系的创新发展[J].体育成人教育学刊,2012,28(4):61-78.
⑦ 同上。

和社会共同管理[1]。郑文海(2006)通过对西北地区农村321个乡镇的研究认为,乡镇社会体育组织机构包括三个方面:一是各级政府机构中的正规体育组织,主要为文化站;二是基层群众性体育组织,主要为工、商、青、妇、团等社会团体中的体育机构及各单项体育协会;三是基层民间社会体育组织,如各种民间协会、各种晨晚练活动点(站)等。同时,作者通过调查显示,在有社会体育组织的乡镇中,具有正规体育组织的占32.17%,具有群众性体育组织的占22.35%,具有民间体育组织的占45.48%[2]。卢兆镇(2008)研究认为农村体育组织包括四种类型[3]:一是政府体育管理机构;二是各级群团组织中的体育管理机构;三是农村体育管理的社会团体;四是农村体育管理的民间组织。

观点三:政府体育管理系统和社会体育管理系统

康顺岐(2004)通过对西北地区61个革命老区农村体育组织管理现状研究得出,农村体育管理机构由政府体育管理系统和社会体育管理系统组成。政府体育管理机构是管理农村体育的主要组织机构,主要包括县全民健身领导小组、县体育局和乡镇文体站。而老区的农体协是在县区体育总会领导下,通过体育局成立的社会体育组织,主要通过乡镇成立的农民体协组织开展活动,部分乡镇也组成了老年体协(挂靠在县全民健身指导委员会下)和单项体育协会,个别县的共青团、妇联、工会等社会团体下设的体育部门,也参与农村体育的组织工作[4]。李全志(2013)研究认为,浙江省农村体育活动是在上级体育主管部门领导下,由乡镇文化站和体总分会两个独立的机构组织实施,两者在工作中相互协调,体总分会接受乡镇文化站的指导。在具体分工上,社区和行政村体育活动组织和实施由乡镇文体站重点负责,而单项体育协会和企业体育活动的开展由体总分会重点负责,当遇到大型综合性体育活动时二者

---

[1] 邹玉玲.苏南小城镇大众体育组织现状研究[J].西安体育学院学报,2002,19(4):28-30.
[2] 郑文海.乡镇社会体育组织及体育活动开展现状与对策——以西北地区为调研个案[J].体育与科学,2006,27(6):62-66.
[3] 卢兆振.困境与抉择:当前我国农村基层体育组织建设滞后的社会学研究——我国"强政府、弱社会"国情下农民社会体育组织发展遭遇的环境瓶颈分析[J].南京体育学院学报(社会科学版),2008,22(6):56-60.
[4] 康顺岐,等.西北革命老区农村体育组织管理现状调查[J].西安体育学院学报,2004,21(1):35-37.

互相协作,共同负责组织开展[1]。

3. 农村体育组织运行机制研究

主题一:农村体育组织的经费来源研究

体育事业的发展离不开经费的保障,农村体育组织的运行和发展也需要相应的经费支撑。从现有的研究文献可以看出,我国农村体育组织的经费来源主要有四种渠道:政府资助、企事业单位赞助、群众集资和个体捐助、组织创收和会费。其中,郑文海(2006)研究得出西北地区乡镇体育经费主要来源于上级拨款、赞助捐款、社会体育组织创收。梅茂荣(2007)认为苏北地区乡镇体育组织的经费主要来源于政府资助、社会团体、单位和个人捐赠3个方面[2]。张红坚(2009)和马永明[3](2009)研究发现,江苏省乡镇体育活动经费来源主要有上级政府拨款、事业单位和个人赞助、乡镇政府财政资金补贴、社会体育组织创收、群众集资等渠道[4]。宋维能(2011)通过对浙江省农村体育组织运行机制研究认为,浙江农村体育组织资金来源于乡镇政府财政拨款、村委会事业经费支持、乡镇企业与社会团队赞助以及会员缴纳会费[5]四个方面。

主题二:农村体育组织开展活动的项目研究

我国不同地区农村体育组织活动开展项目、频次差异较大,发达地区富裕乡镇体育组织活动开展频次高、内容丰富,特别是有组织的体育活动开展较为频繁。而欠发达地区农村有组织的体育活动开展频次较低,体育活动的项目具有地方性特色。马永明(2006)认为江苏省近三年来有89.93%的乡镇定期开展了体育活动,没有组织开展体育活动的乡镇仅为10.1%,且从活动的项目来看,以球类及综合性活动为主[6]。郑

---

[1] 李全志,程云峰.新农村建设中并列协作型体育组织形式的研究——以浙江省部分体育强镇(乡)为例[J].浙江体育科学,2013,35(6):37-40.
[2] 梅茂荣.苏北乡镇节日体育活动组织形式及其变迁的社会学分析——以响水县乡镇体育组织开展方式为例[J].南京体育学院学报,2007,21(5):25-28.
[3] 马永明.江苏农村基层体育组织运行现状的调查与分析[J].体育与科学,2009,30(5):59-61.
[4] 张红坚.农村体育组织方式选择与农村体育组织建设——基于自组织理论视角[J].北京体育大学学报,2009,32(2):20-22.
[5] 宋维能.浙江省农村体育组织运行机制研究——以篮球特色村洪溪村为调研个案[D].金华:浙江师范大学,2011:3.
[6] 马永明.江苏农村基层体育组织运行现状的调查与分析[J].体育与科学,2009,30(5):59-61.

文海(2006)研究认为,西北地区"定期开展"体育活动的仅有3%的乡镇,"偶尔开展"体育活动的乡镇占39.4%,"从未开展"体育活动的乡镇达57.6%。其中定期举办体育比赛的乡镇中,比赛项目主要为篮球(27.5%)、棋类(24.2%)、乒乓球(17.5%)、跑步(17.5%),其次为赛马、武术等项目。除了乡镇组织的体育比赛项目外,农民自己开展的体育项目还有舞龙、舞狮子、拔河、秧歌、斗鸡、叨羊、斗羊、摔跤(新疆)等民族民间传统体育项目,这说明传统的健身活动及民间流行的娱乐活动,已成为西北地区乡镇农民健身活动的主要内容[①]。

主题三:农村体育组织开展活动的场所研究

体育组织开展活动离不开相应的空间做保障,然而,长期以来农村体育场地设施由于"城乡分治"的原因而"先天"不足,成为制约农村体育组织发展的瓶颈因素。从学术界的研究来看,当前农村体育组织开展活动的场所主要依托三个方面:一是专门性的体育活动场所。如乡镇或村落文化体育广场(乐园)、单位或学校专门性的体育运动场所。二是乡镇居民公共活动空间。最典型的活动地点就是马路旁,小区住宅边,街头巷尾,政府机关、企事业单位空地。三是其他私人住宅旁边的空地。由于受农村特殊的地理环境和经济基础限制,专门性的体育活动场所极为匮乏[②]。张红坚(2009)研究发现,经常性的体育活动主要在非正规场地进行,而政府组织的体育活动绝大部分利用附近学校所属的运动场所开展相关体育活动[③]。郑文海(2006)对江苏省69个乡镇的研究认为:61.5%的乡镇是利用附近学校所属的操场来组织开展政府性体育活动,只有4.6%的乡镇是利用附近的空地、广场、公路等开展体育活动。不难看出,学校是绝大多数乡镇开展群众性体育活动的主要场所。

主题四:农村体育组织中的管理者研究

组织中的管理者对于组织负有决定和实现组织目标、掌握赏罚权力、整合组织行为、保持组织凝聚力、保存和发展组织等方面不可替代的责任[④]。由于管理者拥有的地位和权力,个人的眼光和价值观能对组织的长远发展产生影响。因此,对于农村体育组织而言,研究其管理者

---

① 郑文海.乡镇社会体育组织及体育活动开展现状与对策——以西北地区为调研个案[J].体育与科学,2006,27(6):62-66.
② 同上.
③ 张红坚.农村体育组织方式选择与农村体育组织建设——基于自组织理论视角[J].北京体育大学学报,2009,32(2):20-22.
④ 金东日.组织学[M].天津:南开大学出版社,2013:334.

的知识、能力和素质结构对组织的发展具有重要意义。马永明(2009)认为江苏省农村基层体育组织管理人员学历层次较高,年龄结构较合理,具备了组织开展农村体育活动的相应条件。但某些体育组织管理人员的绩效意识不明显,组织开展体育活动的主动性并不强,只是满足于完成上级部门布置的任务[①]。林朝晖(2011)对福建沿海地区农村基层体育协会的管理层调查显示:在性别上,女性占23.8%,男性占76.2%;在年龄上,50岁以下的占18.5%;在学历上,具有高中以上文化程度的占54.0%;在产生形式上,会员推选并经行政部门确认的占41.2%,由行政机构任命的占36.8%,由协会会员推举的占22.0%。在协会的管理层人员中,44.1%是离退休人员,41.0%是乡镇体育行政部门干部兼任,其他只有14.9%[②]。

主题五:农村体育组织的发展阶段与发展冲突研究

黄嵩(2011)运用李克特五点量表,以河北省农村自发性体育活动群体的891人为调查对象,利用SPSS统计软件对相关数据进行因子分析,对村落体育组织的发展阶段进行实证研究。结果认为:村落体育组织的发展经历了组建、凝聚、执行、稳定、整合五个阶段,组织领袖和相关管理部门应采取不同的策略来引导和管理组织,以促进其长期稳定发展[③]。周召勇(2005)认为体育组织中的冲突是一种客观存在的社会现象,包括情感冲突和认知冲突两个方面。体育组织中的冲突既有积极影响,也有消极影响。其中积极影响表现在:能够激发个体的积极性和聪明才智、适当的冲突可以加强组织的凝聚力、激活组织活力提高决策质量、促进体育体制的创新与完善。消极影响表现在:影响个体的身体健康、破坏体育组织的团结、降低体育组织绩效、本位主义阻碍体育事业的发展。同时提出预防破坏性冲突的方法有:加强组织文化建设,加强组织之间、个人之间的沟通,培训人际关系处理技能,分明责权更新体制[④]。

---

① 马永明.江苏农村基层体育组织运行现状的调查与分析[J].体育与科学,2009,30(5):59-61.
② 林朝晖.农村基层体育组织创新研究——基于福建省的调查研究[J].吉林体育学院学报,2011,27(3):11-13.
③ 黄嵩等.农村村落体育组织发展阶段的实证研究[J].武汉体育学院学报,2011,45(12):19-24.
④ 周召勇.体育组织中的冲突及其管理对策[J].华东师范大学学报,2005,12(2):108-110.

第一章 绪 论

主题六：农村体育组织的社会资本及关系网络研究

农村体育组织社会资本是指农村体育组织结构拥有的某种特质,可以为组织成员带来整体的利益,它包括个体层面的社会资本和组织内集体社会资本以及组织外的组织之间社会资本[①]。宋维能(2011)以浙江省洪溪村篮球组织为例,发现组织个体能够在个体关系层面(即两两信任)和个体结构层面(即网络连接)获得社会资本。组织内部非正式的关系群体在组织规范的前提下,能够获得组织内部成员之间的信任和善意等社会资本。比如洪溪村篮球组织内部形成的亲情血脉关系网络、商业伙伴关系网络、同事关系网络、亲疏关系网络等复杂的关系网络,可以在促成成员之间的交流、球队资金募集、推广农村体育文化方面互为补充,创造组织效益。而通过与其他组织之间的联系建立外部的社会资本关系网络,为组织带来外部资源,实现组织利益。比如洪溪村通过借助自身的体育资源条件举办篮球赛事,为篮球组织和洪溪村积累较多的社会资本,结交了不少省内的朋友,扩大了社会交往的关系网络。

主题七：农村体育组织运行的制约因素或困境研究

学界的研究表明,影响农村体育组织运行的因素较多,但归纳起来有主观因素和客观因素两个方面。主观因素主要是指群众的体育健身观念和对体育健身活动的认知、态度和行为方式;客观因素是指农村体育组织运行的体制、管理、资源配置等方面。

卢兆振(2008)研究认为,我国农村基层体育组织建设存在的最大问题有：组织管理层次不合理,组织管理效率低下,行政主导的正式体育组织与民间体育组织对接困难,多头管理与管理真空同时存在[②]。柏建清(2010)研究发现,制约苏北地区农村体育组织建设的主要因素有：经费不足、场地设施缺乏、组织管理法规缺乏、制度化及长效化、管理人才和指导人才的缺乏、农民自身的特点等[③]。林朝晖(2011)认为,福建省农村基层体育组织在开展体育活动中面临的主要困难有：领导不够支持、缺少经费、场地设施匮乏、村民体育意识缺乏、技术指导薄弱、法

[①] 宋维能.浙江省农村体育组织运行机制研究——以篮球特色村洪溪村为调研个案[D].金华：浙江师范大学,2011：29.
[②] 卢兆振.困境与抉择：当前我国农村基层体育组织建设滞后的社会学研究——我国"强政府、弱社会"国情下农民社会体育组织发展遭遇的环境瓶颈分析[J].南京体育学院学报(社会科学版),2008,22(6)：56-60.
[③] 柏建清.关于加强苏北地区农村体育组织建设的研究[J].体育世界,2010(12)：46-48.

规不健全六个方面[①]。张铁明(2014)认为,村落体育组织发展面临的困境有体制性困境和结构性困境两大方面。其中体制性困境主要体现在管理体制上存在部门分割、重复建设,投入体制上存在总量不足、个人为主,评价体制上存在侧重形式、忽视效果。结构性困境体现在供求结构上的不对称性、城乡结构上的边缘性和滞后性、地缘结构上的封闭性[②]三个方面。晁铭鑫(2014)认为,自发性群众体育组织发展的制约因素有两个方面:第一,自发性体育组织成员构成不合理,主要是老人或是下岗职工,青年人和中年人的比例很少。第二,自发性群众体育组织缺乏有效管理,主要是成员自己管理,从而导致扰民、扰乱交通、破坏健身场所环境等不良现象的出现[③]。

4. 农村体育组织发展对策研究

观点一:以制度创新为突破口,创新体育组织管理新思路

周小林(2012)认为,农村体育组织发展要在制度上有所创新:一是在运行制度上建立县市、乡镇、村落三级体育协会体系,借助社会力量和政府力量,外部力量和内部力量,实行社会化的运作模式;二是在管理制度上建立政府引导、群众参与、社会化运作的农村体育组织运作模式。江阴市对农村体育实行"以奖代补"制度,即对体育组织的管理由直接管理转为间接管理,各种体育活动的开展由体育协会具体承办,体育经费投入由政府直接投入转变为以奖励方式代替补贴方式。张铁明(2006)提出了"以小城镇为中介,以乡镇企业为龙头,以乡村学校为基础,发挥学校体育教师的作用,发挥乡村干部的带头作用,参加'亿万农民健身活动先进乡镇'评选"[④]的农村体育组织管理新思路。

观点二:以体育社团为依托,实行社会化管理

李琛(2012)对新中国农村体育组织发展历程进行了梳理,研究认为新中国成立以来,我国农村体育组织经历了"政府组织与民兵组织相

---

① 林朝晖.农村基层体育组织创新研究——基于福建省的调查研究[J].吉林体育学院学报,2011,27(3):11-13.
② 张铁明.新农村建设中村落体育组织的发展困境与实践模式[J].西安体育学院学报,2014,31(1):45-49.
③ 晁铭鑫.自发性群众体育组织的形成与发展探究[J].当代体育科技,2014,4(26):112-113.
④ 张铁明,谭延敏.论农村体育组织与管理的新思路[J].唐山师范学院学报,2006,28(5):103-104.

结合"(1949—1966年),"政治组织与知识青年相结合"(1966—1976年),"政府组织与体育社团相结合"(1978—2010年)三个阶段。作者认为,农村体育从计划色彩的组织依托到现当代特征的社团依托是历史发展的必然,符合农村体育组织的发展要求。领导重视、制度支撑、组织网络化、骨干力量带头、相关部门多位一体化的协调与配合,是农村体育组织发展的必然选择[①]。林朝晖(2011)认为,农村体育组织管理的社会化是当前的发展趋势,调动全社会力量来兴办农村体育是社会发展的必然要求。因为,无论是体育行政部门还是其他的政府部门,都无法包办体育的一切事务,农村基层体育组织建设需要农村乡镇行政体育组织、企事业单位、农村精英、体育社会团体和广大农民一起参与。

观点三:以乡镇政府为领导,建立健全基层体育组织管理机构

李全志(2013)以浙江省部分体育强镇为例,提出"并列协作型体育组织发展模式",即在乡镇政府领导下建立乡镇文化站和乡镇体育总会两个机构。文化站负责社区体育和村落体育的具体工作,体育总会负责群众性体育社团、民间体育组织和企业体育。乡镇一级政府体育部门在地位上和乡镇体总分会平等,在上级政府和体育总会的领导之下,通力协作共同来开展农村体育工作,他将这种体育组织形式命名为农村体育并列协作型组织形式[②]。卢兆振(2008)认为,解决农村体育困境的当务之急是完善农村体育组织系统的架构,特别是要大力加强以文化站和村委会为代表的农村基层体育组织建设,将体育行政组织的末端延伸到乡镇一级,从而促进我国农村体育实现跨越式的发展[③]。郑文海(2006)研究认为,发展乡镇体育组织需要从四个方面入手:一是加大镇政府对体育经费的投入分配力度;二是提高乡镇政府领导的体育意识;三是建立健全体育组织机构及完善体制;四是规范农民的健身活动[④]。

观点四:政府引导,社会参与,实行分层管理

张铁明(2014)从村落体育组织的阵地建设、活动内容、指导情况、

---

① 李琛.我国农村体育组织发展论[J].体育文化导刊,2012(5):19-21.
② 李全志,程云峰.新农村建设中并列协作型体育组织形式的研究——以浙江省部分体育强镇(乡)为例[J].浙江体育科学,2013,35(6):37-40.
③ 卢兆振.困境与抉择:当前我国农村基层体育组织建设滞后的社会学研究——我国"强政府、弱社会"国情下农民社会体育组织发展遭遇的环境瓶颈分析[J].南京体育学院学报(社会科学版),2008,22(6):56-60.
④ 郑文海.乡镇社会体育组织及体育活动开展现状与对策——以西北地区为调研个案[J].体育与科学,2006,27(6):62-66.

经费来源等现状分析入手,找出制约村落体育组织发展的体制性困境和结构性困境,提出了新农村建设中村落体育组织占据农村文化主阵地的四种实践模式,即"娱乐主导、健身协同"实践模式;"政府引导、社会参与"实践模式;"精英带头、领导协调"实践模式;"自发组织、惯性整合"实践模式[①]。周小林(2012)认为,随着工业化、城镇化的推进,农村居民体育需求逐渐增加,农民体育健身意识逐渐增强,单靠有限的政府力量远远不能满足农民参与体育活动的组织需求,内生的、自发的群众体育组织类型以不可阻挡之势遍及农村社区,政府性的农村体育组织逐渐让位于社会性的农村体育组织。在对江苏、河南两地农村体育组织的调查中发现,绝大多数体育参与者渴望能有一个组织归属。而江阴市青阳镇为了满足交谊舞晨(晚)练健身人群的活动需要,实行按时间、项目、年龄、性别的自动分层,达到了较好的管理效果。

5. 农村体育组织的基本理论研究

主题一:农村体育组织类型研究

依据不同的标准,农村体育组织可以划分出不同的类型。归纳学术界的研究发现,主要是从以下四个方面来界定农村体育组织的类型:一是是否在相应政府机关进行登记注册;二是农村体育组织与相关政府的依附关系;三是是否具有独立主体性地位和主体资格;四是内部组织制度和组织机构的复杂程度。目前,对农村体育组织类型的划分主要有两种观点:一种认为农村体育组织包括正式体育组织和非正式体育组织,另一种认为农村体育组织包括政府体育组织和社会体育组织。如周小林(2012)研究认为,江阴市青阳镇体育组织管理类型包括:政府性体育组织类型,包括镇体育工作领导小组、镇体育中心;社会性体育组织,包括经民政部注册具有法人资格的体育协会和体育俱乐部,经镇体育运动委员会批准但不具备法人资格的体育协会和体育俱乐部,镇级晨晚练健身点、体育团队,村级运动团队,农村体育健身设施维护团队及多元性临时的节庆体育组织[②]。

---

① 张铁明.新农村建设中村落体育组织的发展困境与实践模式[J].西安体育学院学报,2014,31(1):45-49.
② 周小林.当代中国农村体育组织管理体系的创新发展——以江苏省江阴市为例[J].体育成人教育刊,2012,28(4):61-78.

主题二：农村体育组织功能研究

梅茂荣(2007)以乡镇节日体育为价值取向，认为农村体育组织活动具有四个方面的功能：提供人际交往的渠道，发展良好的人际关系，传承民俗体育文化，增强村民的团结和凝聚力。刘梅英研究认为，培育农村体育组织的发展，是我国转变经济增长方式，推动社会进步的阶梯和重要抓手。谭延敏(2008)认为，农村非正式体育社团具有如下作用[1]：示范动员作用、信息传递作用、缓冲压力作用、功能弥补作用、权益维护作用。朱海峰(2010)研究认为，自发性农村体育组织的功能包括四个方面：促进和谐农村建设；弥补农村体育服务不足、满足农民多元化的体育需求；有利于农村整合度提高；传承农村体育文化[2]。宋维能(2011)研究认为农村体育组织的作用有：增强农民体质、发挥中介连接作用、提供体育文化服务、加强农村体育文化活动的宣传与推广、改善社会风气、推进农村民主政治建设[3]六个方面。汪流(2014)研究表明，草根体育组织对于促进政治、经济甚至社会发展具有积极作用[4]，尤其在增强人们内部凝聚力，丰富社区文化建设和人们精神文化生活内涵，积累社会资本，提高人们生活质量，推动和谐社会建设，弥补政府在体育公共产品和体育公共服务不足，促进大众体育发展等方面能够做出巨大贡献。

主题三：农村体育组织特征研究

谭延敏(2008)认为，农村非正式体育社团具有独立性、自愿性和易变形三个主要特征[5]。林朝晖(2011)认为，农村基础体育组织管理人员具有职业性质兼职化、专业性质非体育化、性别男性化、年龄中老年化、学历大专化的特点。宋维能(2011)研究认为，浙江省农村体育组织的特点是：地域性、多样性、开放性、自治性、广泛性、业余性、效益多重

---

[1] 谭延敏，等.农村体育发展中非正式结构体育社团的作用及管理研究[J].南京体育学院学报(社会科学版)，2008，22(3)：53-57.
[2] 刘梅英.加快推动我国农村体育组织的建设[N].光明日报/2014年11月24日/第010版：1-3.
[3] 宋维能.浙江省农村体育组织运行机制研究——以篮球特色村洪溪村为调研个案[D].金华：浙江师范大学，2011：3.
[4] 汪流.草根体育组织与政府关系向度研究[J].西安体育学院学报，2014，31(1)：6-11.
[5] 谭延敏，等.农村体育发展中非正式结构体育社团的作用及管理研究[J].南京体育学院学报(社会科学版)，2008，22(3)：53-57.

性[①]。周小林(2012)认为,农村体育组织具有群体效应、交往效应、情感效应、距离邻近性效应、领袖识别效应五个方面的特征。冯晓丽(2015)认为,"黎明脚步组织"是非政府性、非营利性、公益性的草根体育组织[②]。张铁明(2014)认为,新农村建设时期村落体育组织具有"农村文化阵地建设与民间体育活动开展相呼应""村落体育组织中坚力量的流失与健身带头人的涌现""村落民间传统体育的萎缩与现代都市体育的渗透""村落体育组织指导中的低技术服务指导的断裂与高科技载体的流行""村落体育组织的经费中政府投入的减少与村落体育组织市场化的萌发"等特征[③]。

主题四:农村体育组织中的政府与社会关系研究

纵观学术界对农村体育组织中政府与社会之间的关系研究,主要有以下几种观点:

第一,"有限政府型"。

张红坚(2009)通过对自组织理论和我国农村体育自组织演进规律的分析认为,农村体育"自组织"演进,不是说政府及其体育职能部门应袖手旁观,也不是说要放任或放弃农村体育,任其自生自灭。而就管理层面而言,政府及其体育职能部门就要"有所为"和"有所不为"。卢兆振(2008)认为我国农村体育管理工作,在组织阶段的先天不足限制了管理其他职能的充分发挥,由于农村体育管理工作缺乏明确的基层执行主体,故农村体育工作要么就表现出较大的随意性,要么就名存实亡。政府管理体育,政府拥有社会上最优质的体育资源,政府在社会体育事业发展上的无限权力,无形中挤压了市民社会在此领域的生存空间,非营利体育组织也只能沦为政府的附庸而难有大的作为[④]。郑文海(2006)认为,乡镇社会体育组织要形成自我运行机制,逐渐改变以往过分依赖政府和半官半民的性质,发挥政府的宏观管理职能。政府应配备体育

[①] 宋维能.浙江省农村体育组织运行机制研究——以篮球特色村洪溪村为调研个案[D].金华:浙江师范大学,2011:3.
[②] 冯晓丽,李秀云.新媒体时代草根体育组织发展的困境与路径选择——以"黎明脚步组织"为例[J].上海体育学院学报,2015,39(2):36-39.
[③] 张铁明.新农村建设中村落体育组织的发展困境与实践模式[J].西安体育学院学报,2014,31(1):45-49.
[④] 卢兆振.困境与抉择:当前我国农村基层体育组织建设滞后的社会学研究——我国"强政府、弱社会"国情下农民社会体育组织发展遭遇的环境瓶颈分析[J].南京体育学院学报(社会科学版),2008,22(6):56-60.

专、兼职干部,制订乡镇体育的相关管理制度,加强乡镇政府对农村体育的宏观管理作用,同时县乡政府要加强对社团、民间等体育组织的领导、协调、监督职能,对其进行量化管理和阶段考核[①]。

第二,"社会主导型"。

林朝晖(2011)认为,体育公共服务的社会化是当前社会体育的发展趋势。要使体育成为社会性的活动,让全社会来办体育。为此,要使农村基层体育组织由行政型向社会型转变。另外,农村基层体育的发展离不开政府和企业的支持,多部门之间的合作和良性互动是管理创新的必需条件。基层正式体育协会的数量偏少,管理带有行政色彩,传统形成的政事不分、政群不分、政企不分的体育管理方式影响依然存在。冯晓丽(2015)认为,"黎明脚步组织"是新媒体时代发展起来的草根体育组织的新型代表,但在发展中面临身份认同中官方合法性的冲突问题,即该组织具备社会合法性的基础,但由于政府对体制外的草根社会组织审批处于严格管理状态,以致目前还未登记注册为全国性的社团组织,组织也因没有合法性的身份带来很多发展限制与困境。

第三,"合作互补型"。

汪流(2014)认为,草根体育组织与政府之间的关系有两个向度:一是社区草根体育组织与政府的关系应着眼于"合作"而不是简单的"分离"。二是草根体育组织与政府的关系将从"政府主导式合作"向"互补式合作发展"。这两种向度与国家与社会关系由"强国家、弱社会"向"强国家、强社会"方向转变的历史趋势是一致的。因此,对于草根体育组织来说,多渠道渗透、建立多方联系是突破体制障碍的一种生存智慧和发展策略。周建新(2012)认为,政府和社会在农村体育组织发展中应相辅相成,政府的组织力量决定着农村体育组织的方向和性质,社会的组织力量决定着农村体育组织的发展规模和速度。政府组织力量应善于发现并因势利导强大的社会组织力量,社会组织力量应勇于不断创新并践行政府组织力量赋予的职责和重任。二者如同鸟之双翼、车之两轮,缺一不可,这应当是当今中国特色的农村体育组织模式[②]。周小林(2012)认为,农村体育组织的管理体系应该多元化,即政府与社会是引

---

① 郑文海.乡镇社会体育组织及体育活动开展现状与对策——以西北地区为调研个案[J].体育与科学,2006,27(6):62-66.
② 周建新.我国农村体育组织管理的特征[J].体育文化导刊,2012(4):17-28.

力与推力、社会精英(政治精英、经济精英、文化精英)是中坚力量,组织活力是制度创新[①]。

主题五:农村体育组织的理论基础研究。

除上述列举的研究主题之外,也有学者对草根体育组织的理论基础进行了研究,廖建媚(2015)认为,我国草根体育组织研究的理论视角多维,主要有公民社会理论、法团主义理论、自组织理论、社会群体学说和协同学理论、公共服务理论以及第三方管理理论等[②]。也有学界对农村体育组织的文化进行了研究,王玉珠(2005)认为体育组织文化是一个宏观的体育管理理念,它渗透在人类的体育管理实践活动之中,体育组织文化既体现在作为隐性的体育意识形态之中,也体现在作为显性的体育制度结构之中,体育组织文化既是历史文化的积淀,也是现实的实践[③]。黄亚玲对我国体育社团的产生、形成与发展进行了深入细致的研究,认为体育社团研究的理论基础主要有两个方面[④]:一是三元结构理论。即国家、经济和社会三大领域,三大领域合理分工、互为补充是社会进步和发展的最佳选择;二是国家与社会关系理论。从多元主义理论、法团主义理论和国家中心主义理论三个方面,论述了不同阶段国家权利与社会权利之间的交互关系,提供了研究我国体育社团形成与发展的新的理论视角。

(二)我国农村体育组织研究的特点与学术成果

(1)纵观我国"农村体育组织"研究,有以下几个方面的特点:一是问题意识较强,研究主题贴近基层体育生活实际,具有强烈的现实关怀并随政策导向而波动;二是多采用社会学调查方法,将农村体育组织开展状况指标化、数量化而更具客观性;三是调查所获得结果的一致性较高,具有相互借鉴性、可比性,但分散而短暂的涉猎也造成研究的随机性、表浅性;四是研究领域多元化,从宏观上来看既有基础性研究,也有

---

① 周小林.当代中国农村体育组织管理体系的创新发展[J].体育成人教育学刊,2012,28(4):61-78.
② 廖建媚,陈秀平.我国草根体育组织研究进展[J].河北体育学院学报,2015,29(5):37-41.
③ 王玉珠.中国体育组织文化研究的现状分析[J].西安体育学院学报,2005,22(1):18-22.
④ 黄亚玲.论中国体育社团——国家与社会关系转变下的体育社团改革[D].北京:北京体育大学,2003.

应用性研究和发展性研究,在微观上既有政府性体育组织,也有社会性体育组织和其他类型体育组织等多个研究领域。

（2）经过学术界不懈的探索,我国农村体育组织研究获得了阶段性的成果:一是对农村体育组织状况有了更客观的了解;二是确定了下一步农村体育组织发展的基本走向;三是对我国农村体育组织发展的制约因素有了更加清晰的认识;四是对农村体育组织的形态和运行机制的解释突破了传统体育学科的分析框架,部分学者尝试从社会学、管理学、心理学、人类学等多学科角度进行了阐述。

（三）我国农村体育组织研究存在的问题和不足

（1）农村体育组织理论研究落后于实践研究。从学术界对农村体育组织研究的主题来看,绝大多数研究偏重于农村体育组织的管理机构设置、农村体育组织的数量与类型、农村体育组织开展活动的时间与空间、农村体育组织经费的来源与使用、农村体育组织的成员构成、农村体育组织运行困境与发展路径等实践研究层面。而对农村体育组织的内涵、结构、功能、地位、价值、发生发展的机理、演变的特征和规律,以及农村不同体育组织之间的关系等理论研究,学术界少有涉及。与城市体育组织研究相比,尚有较大的理论研究空间。

（2）表浅研究偏多,深层分析较少。对农村体育组织研究往往局限于参照社会调查模式或者总体性地联系社会环境,缺乏对农村体育组织产生、发展、变化机制的细致分析,缺乏对农村体育组织与地方社会文化背景之间关系的深入研究。如许多研究农村体育组织的论文,仅仅调查了几个组织活动的因素或原因,简单地用现代体育的一些因素,如结构类型、人数规模、场地设施来裁决农村体育组织的状况。总体而言,静态调查研究多,纵向发展研究少,内在机制性分析不多。

（3）研究方法特色不明显。目前学术界开始重视对农村体育组织的研究,但在总体上大多处于一种自发的、分散性的、问卷调查式的研究。因而,论文缺乏足够力度,其实用价值受到影响。"农村体育组织"研究所采用的研究方法种类较多,但采用多种方法进行综合交叉研究的论文数量少见。以宏观整体性研究占主要方面,采用微观个案的研究方法鲜有研究者采纳,大多停留在文献学、问卷调查、数理统计等基本方法上,未能形成农村体育组织研究方法上的特色。

（4）共时性研究多,历时性研究少。目前农村体育组织的研究中侧重于实地调查和基于实践基础上的现状与对策分析,虽已显示出学者们从多学科角度进行深入分析的趋势,但目前理论研究还处于初步阶段。现有的研究思路多数只对某一历史时间段或某一种具体的体育组织形态进行分析,并且对农村体育组织的概念认知也存在时间局限性,现有的分析概念和分析框架无法囊括改革开放以来出现的诸多农村体育组织形态。因此,相对于农村体育组织这样一个涵盖诸多社会因素的组织形态而言,现有的解释具有碎片化的特点,只能解释特定时空组织形态的生存逻辑,还无法系统地勾勒出自改革开放以来农村体育组织变迁的特点和内在规律,尤其对不同社会背景下体育组织在农村体育事业和农村社会治理中的作用、农村体育组织发展面临的问题和创新路径方面,还需要进行深入的探讨。

二、国外体育组织相关研究

发达国家由于城市化水平高,乡村的传统文化特质已受冲击,大量农村剩余劳动力向城市转移集聚,乡村建制社区化、生产方式工业化,因此并没有在真正意义上形成和我国相似的农村乡镇社会。但发达国家大众体育研究兴起得早,有关政府和社会体育组织运行的体制和机制对我国农村体育组织研究具有借鉴意义。就目前收集到的文献来看,国外体育组织研究主要集中于20世纪80年代末和90年代初,代表性的有美国、英国、德国、法国、韩国、新加坡、日本、东欧、挪威、澳大利亚、加拿大等国家体育组织的相关研究。

荣雾在《美国体育组织研究》[1]中,介绍了美国公益性体育组织的治理经验,指出美国国家体育组织有国家奥运会、全美大学生体育协会和职业体育联盟的体育共治结构三种治理模式。美国国家体育协会组织授权给全美大学生体育协会,并拥有奥林匹克运动单项体育管理资质,国家体育组织普遍实行新自由主义治理模式,也就是减弱政府的行政干预,充分利用社会资源和学校体育资源,以国家体育协会组织为推进力量,实现经济收益和社会效益的有机结合。另外,体育非营利组织是美国大众体育组织的主要形式,在美国成立一个体育非营利组织是非常容易的事,并不需要政府的允许或支援,但是如果想要免税,就需要政府

---

[1] 荣雾.美国体育组织研究[J].体育文化导刊,2014(12):20-82.

批准。美国体育非营利组织的发展得益于美国政府的优惠政策,最高可达当年税前收入的50%。另外,美国政府对非营利组织制定了严格的监督制度,主要是要求免税的体育非营利组织,每年向美国国内税务局报送涉及机构成员、理事、项目活动、收入和支出、内部规章制度等相关报表。美国国内税务局每年还会对体育非营利组织的财务状况进行抽查或突击检查,如发现体育非营利组织有营利行为,或者有不符合其宗旨的活动及不正当财务支出,其免税资格就会被取消。

王志威在《英国非营利组织体系下的体育自治》[①]中认为,英国体育非营利组织包括国家层面、地方层面和其他与体育相关层面的非营利性组织三个层次。在国家层面上,主要有运动与娱乐联盟、运动委员会、英国运动部等,其中运动与娱乐联盟和运动委员会是英国国家体育整体发展的组织。在地方层面上,地方运动部是国家运动的下级部门,也是由志愿者组成的非营利组织,在国家运动部的认可下,地方运动部可以组织独立的高水平运动队参加英联邦运动会。除此之外,英国还有许多其他的非营利组织,这些组织与教会、行业协会、体育项目协会、商会、民主团体、工会等都有紧密的联系。英国对体育非营利组织的登记注册采取比较宽松的政策,一般体育非营利组织都可在地方政府注册为"非营利公司"性质的组织,其法人性质是公司,但利润不能分红。英国体育非营利组织的收入来源按照性质可以分为捐助收入、商业收入和投资收入三种。其中,捐助收入包括个人募捐、遗产捐赠、政府补助、彩票、慈善基金、企业捐助等。目前,英国政府主要通过如下措施鼓励和发展非营利组织:制定和完善相关法律法规;对体育非营利组织实行宽登记、严监管的政策,注重发挥自律在其监管中的作用;通过与体育非营利组织发展提供资金支持;注重发挥伞形社会组织在公共治理中的作用。

《德国大众体育研究》[②]介绍了德国大众体育的政策与组织管理。指出:德国大众体育管理体制属典型的社会团体管理型,管理组织主要有德国奥体联及其下属16个州的体育联合会和市、城镇体育联合会等,而体育俱乐部是德国大众体育发展最基本的组织载体。德国有着大量民间的体育协会,仅在德国奥林匹克体育联合会(Deutscher Olympischer

---

① 王志威.英国非营利组织下的体育自治[J].上海体育学院学报,2013,37(2):7-12.
② 潘华.德国大众体育研究[Z].国家体育总局体育哲学社会科学研究成果汇编,2009.

Sport- bund，DOSB）中就有 90000 余个协会，注册会员达到了 2750 余万人，体育协会的会员占到总人口的 34%。19 世纪中后期，随着德国大众体育的蓬勃发展，现代意义上的体育俱乐部也应运而生，先是单项地区性体育组织，其次是单项全国性体育组织，最后是综合性全国体育组织，这些自愿组成的非营利性民间体育社会团体，负责组织和管理相关领域的各种大众体育活动，从而有力地推动了当时德国大众体育的发展。

法国 Huntal Malenfant 在《Sociology of Sport Organizations in France》[①]中介绍了法国体育组织和体育组织社会学研究概况，主要围绕三个参数展开：体育社团的策略、结构和相关决策的决定过程。另外，P.Chiffet 认为体育联合会和体育俱乐部同法国奥委会的管理性组织之间存在相互联系，可以通过联合文化、公共服务文化、管理文化三种文化类型，观察到体育组织中的变化。

韩国自汉城奥运会以来，政府陆续设立了引领国家体育发展的两个重要组织形式：一是大韩体育振兴集团，另一个是国民生活体育协议会[②]。目前，韩国大众体育隶属于文化旅游部下设的体育局管理，群众体育工作的具体执行和实施部门是大韩体育部，该机构接受文化旅游部的宏观调控。韩国政府给予大众体育相当自由的发展空间，使得大众体育发展逐步走上了社会化的发展道路。在资金投入上，社会开始逐步参与大众体育的发展，并且政府在资金中给予群众体育发展大力支持。韩国大众体育发展所需的体育人才主要以培养社区体育指导员的方式产生。另外，一年一度的全运会也为大众体育发展起到了促进作用，同时，政府借助全运会的影响力，大力培育民间体育组织，开展大众体育运动。

刘会平在《新加坡大众体育政策及其启示》[③]的研究中认为，新加坡是一个非常重视大众体育的国家，其官方的体育组织管理机构是文化、社会与青年发展部，执行机构是新加坡体育委员会。新加坡政府制定了一系列大众体育发展政策提高全民健身普及程度和促进国民体

---

① Huntal Malenfant. Sociology of Sport Organizations in France[J]. International Review Sociology of Sport, 1989（24）：217-221.
② 袁春梅，等.韩城奥运会后韩国大众体育发展对我国的启示[J].体育研究与教育, 2011, 26（6）：26-28.
③ 刘会平，程传银.新加坡大众体育政策及其启示[J].山东体育学院学报, 2015, 37（1）：110-114.

质健康发展,比如《运动文化委员会报告》《2030愿景(vision 2030)》《SwimSafer计划》《学中玩计划》《"快乐的开始,灵动的活动"计划》《SSC企业合作计划》《可近用的健身房方案计划》《老年人游泳方案计划》等,公共政策成为新加坡大众体育组织发展的工具,在维护社会群体的利益和需求上起到了巨大的社会效用。20世纪80年代以来,新加坡政府进行了"新型公共管理改革"运动,提出政府重掌舵而不是划桨,同时,新加坡人民协会积极配合体育理事会实施各种体育计划,配合政府大众体育目标的实现,充分发挥全国体育最高管理机构的职能,取得了显著功效。

《理论多样化和体育组织》主要介绍了20世纪60年代以来,系统理论、权变理论、资源依赖理论、人口生态学理论的发展脉络。加拿大体育组织的研究,显示在过去的20多年里,负责加拿大业余体育的体育组织变得越来越政府化,在很大程度上,政府化是通过不断增长的向社团提供的政府资源,以及同体育社会组织、政府、半政府机构之间的相互依赖关系。20世纪60年代以来,权变理论对组织前后变化影响的研究包括:资源的提供、互惠互利的程度、社团的规模和组织的技术。如:Staw和Szajkowski认为,资源的缺乏或重组对结构安排都能产生影响。在加拿大,政府得到的财政资源,首先投到组织中的人力资源和项目领域,这种形式意味着组织内的专门化更强,这种专门化是科层结构的一个组成要素。另外一个观点认为,组织的结构以及策略和环境可以被认为是一种经常发生的属性或关系群,他们之间相互关联。Hinings和Slack首先对加拿大的全国性体育组织进行了分类,通过这些组织,他们指出政府化形式是多样的。一些社团所表现的是职业政府化,还有一些表现的是工作流似的不定期政府化特征。Miller提到的组织的结构对信息的流动和人们的交流有极大的影响,它引导着协作,指定协调模式、分配权利义务、规定正式和复杂程度。在对于加拿大女子冰球体育组织变迁的研究上,提出了外部环境压力以及组织战略选择是影响组织变迁的重要因素。

从上述国外体育组织的相关研究中,可以看出研究者主要运用组织社会学的理论和方法,对政府体育组织以及不同类型的体育社会组织进行分析,研究主要集中于不同类型的体育组织间的关系,体育社会组织与政府体育组织之间的相互作用,以及组织的内外部环境对组织生存策略和组织变迁的影响。对全国性体育社会组织的合法性研究主要集中于体育社团与政府体育组织及其他体育社团、体育社会组织间的关系，尤其关注环境的变化对于全国性体育社团组织运动的影响[①]，国外的这些研究对我国体育组织研究具有很大的启发意义。

三、国内外相关研究总体评述及本研究问题的产生

从国内外有关农村体育组织研究的学术史回顾来看，学术界在研究方法的运用、研究问题的呈现、研究理论的选择、研究结论的推理等方面，对本研究具有较好的参考价值。由于本课题涉及的领域较为宽泛，难以从某一研究主题具体阐释改革开放以来乡镇体育组织变迁的问题，尽管研究者采用了不同的学科理论对乡镇体育、组织变迁和体育组织发展等有关主题展开了讨论，一定程度上为本课题奠定了较好的前期研究基础，但并没有对乡镇体育组织变迁的历史脉络进行梳理，也未能对农村体育组织变迁的深层机制加以解释，尤其是对未来农村体育组织的培育和发展没有提出明确的思路。鉴于此，本课题通过对改革开放以来 G 镇体育组织变迁的研究，重点回答以下几个问题：（1）改革开放以来 G 镇体育组织经历了怎样的时空变迁，其变迁的时代背景是什么？（2）改革开放以来 G 镇体育组织变迁所呈现出的特征、规律和影响因素是什么？（3）乡镇体育组织变迁的逻辑及其背后的意义指向是什么？（4）未来我国乡镇体育组织培育与发展的理念与路径选择是什么？

诚然，以上问题的解决还需要在借鉴前人研究成果的基础上，从 G 镇这一个案的典型性特征出发，选择更加符合实际的研究范式，依凭更赋说服力的解释逻辑，提出更具操作性的研究路径，力图形成本课题的研究特色。

[①] 王旭光.我国体育社团的现状及发展对策研究[M].北京：北京体育大学出版社，2008：14-16.

第一章 绪 论

第三节 研究框架

一、研究的核心概念界定与阶段划分说明

（一）乡镇、村落、农村

《辞海》对乡、镇的解释为："乡为县或区以下的农村基层行政单位，镇为县（区）所辖的行政区划单位。"我国《宪法》第三十条规定："县、自治县分为乡、民族乡、镇，其中镇属于工商业发达地区。"《国务院关于设置市、镇建制的决定》（[55]国秘习字第180号）规定："镇是工商业和手工业的集中地，属于县、自治县领导的行政单位……不是县级或者县级以上地方国家机关所在地，必须是聚居人口在2000以上，有相当数量的工商业居民，并确有必要时方可设置镇的建制。镇以下不再设乡。"可见，乡和镇均属于县、自治县领导的行政单位。

费孝通认为，村庄是一个社区，其特征是，农户聚集在一个紧凑的居住区内，与其他相似的单位隔开相当一段距离（在中国有些地区，农户散居，情况并非如此），它是一个由各种形式的社会活动组成的群体，具有其特定的名称，而且是一个为人们所公认的事实上的社会单位[①]。目前，我国的村落包括自然村落和行政村落，自然村落是指由村民经过长时间在某处自然环境中聚居而自然形成的村落，具有"长时间""自然形成""相同的血缘关系""独特的村落文化和风土人情"等特征。行政村是指政府为了便于管理，在乡镇政府以下建立的中国最基层的农村行政单元，它由若干个自然村组成。行政村由一套领导班子（党支部、村委会）管理，其下属的不同自然村则设置平行的不同行政小组（村民小组），每组一个组长。行政村的管理实行的是村民自主管理，权利在于村民委员会。

农村，一般意义上的理解是指农业人口聚居地。当今，随着经济社会的发展，农民的生产方式逐渐突破传统以农业为主的局限，农村概念的范围有所延伸。1999年国家统计局制定的《关于统计上划分城乡的规定（试行）》中，将作为现实农村发展的典型和样板的小城镇也纳入了

[①] 费孝通.江村经济[M].北京：北京大学出版社，2012：10.

农村的调查统计之列。2003年出版的《中国农村统计年鉴》中确定农村普查对象为：全国范围内（不含台、港、澳）各种类型的农业生产经营单位，农村住户、乡镇企业、行政村和乡镇。李守经先生主编的《中国农村社会学》中认为"包括县城、作为地区性小型经济中心的小城市、建制镇和非建制镇等在内的小城镇都应该属于农村的范畴"。由此可见，乡、镇及村属于农村范围[①]。

（二）组织

"组织"一词源于医学生理学，即自成系统的具有特定功能的细胞结构。随着人们对组织认识的加深和联系的加强，组织不断扩展到社会生活的各个领域。"组织"从语义学考察，有两种词性——动词和名词。动词意义上的组织就是集合的意思，如组织群众、组织活动等，是管理的一种职能；名词意义的组织则是一个集体，是人们为达到共同的目标，将其行为彼此协调和联合而形成的社会团体和机构，如政府、企业、学校、医院等。

表1-4罗列了学术界对名词意义上组织界定的代表性观点[②]：（1）韦伯的组织界定：韦伯视组织为一架精心设计的机器，认为组织按规定要求实现某些既定的目标，组织成员的情感处于次要位置。将人视为组织这架机器上的一个部件，最大限度地发挥他们各自的作用。基于这种价值观，韦伯认为："组织是成员在追逐共同目标和从事特定活动时，成员之间法定的相互作用方式。"韦伯关于组织的界定有一定的合理因素，但过于机械化，并没有考虑成员的情感和社会环境的变化。（2）巴纳德对组织的理解：巴纳德将整体主义思想与系统观引入组织内，成为第一个以系统观为依据，从人与人相互合作的角度来解释组织，并把组织看作一种"开放式系统"。因此，巴纳德认为组织是两个以上的因素组成的、被设计用来按计划实现特定目标的一个系统，其活动是通过有意识的、有目的的精心协调完成的。（3）卡斯特和罗森茨韦克的组织界定：卡斯特和罗森茨韦克进一步从系统理论的角度出发，认为组织是一个开放的社会技术系统，是由目标与价值分系统、技术分系统、社会心理分系统、机构分系统和管理分系统组成的大系统。它从外部环境接受资

---

① 田雨普.小康社会时期我国社会体育的城乡差异[J].体育科学，2005,25(4)：3-6.
② 李建设.现代组织学[M].杭州：浙江教育出版社，1998.

源、信息和材料的投入,经过转换,并向外部输出产出。(4)国内学者崔开华(2008)研究认为,组织是社会生活中的单位实体,是一个开放的大系统,是为回应社会的需求,由两个或两个以上的人组成的有特定目标和一定资源、并保持某种责权结构的群体[1]。通过以上几种对组织概念不同角度的解释,可以得出组织是一群人为了达到共同的目的,通过责权分配和层次结构所构成的一个完整有机体。

表1-4 学术界对"组织"及其相关代表性概念的界定

作者	概念	定义
韦伯	组织	是成员在追逐共同目标和从事特定活动时,成员之间法定的相互作用方式
巴纳德	组织	是两个以上的因素组成的、被设计用来按计划实现特定目标的一个系统,其活动是通过有意识的、有目的精心协调完成的
卡斯特等	组织	是一个开放的社会技术系统,是由目标与价值分系统、技术分系统、社会心理分系统、机构分系统和管理分系统组成的大系统
金炳华	组织	事物内部诸因素相互联系、相互作用的有序性
童星	组织	是互动的个人或团体为实现一定的目标,集中一定的资源,依据一定的职权关系,通过一定的结构所形成的具有明确界线的实体
崔开华	组织	是社会生活中的单位实体,是为回应社会的需求、有两个或两个以上的人组成的有特定目标和一定资源、并保持某种责权结构的群体
刘烨等	正式组织	是指为了有效地实现生产目的,而把各成员间的相互关系安排得合理而有秩序的组织
刘兆发	非正式组织	是指组织成员关系为非官方规定的,在自发的基础上为满足某种心理需要而有意或无意形成一种不定型的组织,并不受组织制度约束的一个群体结构

(三)体育组织

近年来,随着组织研究逐渐成为一种"显学",有关"体育组织"的研究已引起了学界的高度重视,相关研究成果越来越多,对体育组织内涵的理解也经历了由抽象到具体、从简单到复杂的变化过程。特别是针对体育组织领域出现的新情况、新问题、新特征,形成了一系列有解释

---

[1] 崔开华.组织的社会责任[M].济南:山东人民出版社,2008.

力的新概念,比如政府体育组织、民间体育组织、自发性体育组织、草根体育组织、体育社团、体育企业、非正式体育群体、非正式结构体育社团等。纵观学术界对体育组织相关概念的界定(表1-5),总体上具有以下几个特点。

表1-5 学术界对"体育组织"及其相关代表性概念的界定

作者	概念	定义
陈安槐等	体育组织	是为满足体育需求而聚合在一起的社会群体
罗光武等	体育组织	在体育活动中,为了实现共同的目标而特意建构的各种体育社会实体
阮刚	体育组织	是指专门从事与身体锻炼(训练)、运动竞赛、运动文化活动相关的,具有特定的(与运动或运动竞赛相关)目的,拥有运动相关资源并具有一定权威和制度的社会机构或团体
郭晴	体育组织	是指专门从事与身体锻炼(训练)、运动竞赛、体育文化活动相关的,具有特定的目的,拥有运动相关资源并具有一定权威和制度的社会机构或团体
刘晨亮	体育组织	是指为实现成员共同意愿,以体育运动为目的,按照规章制度而成立的体育团体
易剑东	体育组织	是通过一定的社会关系结成的有目的,有一定形式的,具有结构性特征的体育机构或团体
陈则兵	民间体育组织	是为了满足人们某一方面体育需求而自愿结合起来的社会团体,例如各单项体育协会、俱乐部等
黄亚玲	体育社团	是公民自愿组成,自主管理,为实现会员共同意愿,按照其章程以体育运动(或活动)为目的的非营利性社会组织
孟凡强	自发性群众体育组织	是基于人们共同的爱好、利益、感情与友谊,在体育实践的基础上,在不受外界、建制、部门的影响和制约的情况下自发形成的,并自主管理的非正式的、结构松散的、利用公共场所进行以健身、娱乐、交际、休闲为目的的体育活动组织
周小林	农村正式体育组织	是与相关政府部门具有依附关系,并在相关政府部门登记注册,具有独立地位和主体资格,并具有严密的组织纪律和组织结构的农村体育锻炼群体

第一,把"社会群体、社会实体、社会机构或团体"确定为体育组织的归属范畴,强调了作为一种组织形态的实体性和群体性;第二,将"以体育文化或体育活动为载体"界定为体育组织概念的本质属性,能够区

别其他非体育类文化或活动性质的组织形式;第三,将"目标、制度、资源和结构"明确为体育组织形态构成应具备的基本条件,强调了作为一种组织形式的系统性和开放性特征;第四,对体育领域出现的新的组织形态加以区分和界定,能够从特殊场域的视角划分体育组织的类型,解释多元化体育组织样态的内涵与外延,突破传统对正式与非正式体育组织概念的认识局限。

然而,由于不同的研究者或研究机构立足不同的学术背景与研究视角,对体育组织概念的理解存在不同的界定范畴,形成不同的解释逻辑,容易导致对体育组织内涵的理解出现混乱。表现在:(1)体育组织的内涵界定模糊。主要表现为习惯于从正式体育组织结构应具备的专门性、权威性、制度性、目的性、资源依存性等要素的立场出发来界定体育组织的概念,难以解释当前群众体育中大量存在的随意性、自愿性、或然性、非制度性和非资源性的非正式结构体育组织现象。(2)体育组织的外延界定不清。一种是将"体育组织"的外延界定偏窄,简单地等同于体育社会组织,忽视了政府和营利性体育组织的角色和地位,比如我国《体育法》中所指的体育组织主要是指体育社会组织,并没有包括政府型体育组织和企业型体育组织(即营利性体育组织)。[1] 另一种是将"体育组织"的外延界定偏宽,比如《体育大词典》对体育组织的界定是"为了满足体育需求而聚合在一起的社会群体"[2],没有明确组织成员间的有机联系和组织的目标取向,容易导致对体育组织形式的理解趋于泛化。鉴于以上分析,笔者将体育组织的概念界定为:为了满足特定主体的体育利益需求,专门或直接从事与身体锻炼、运动竞赛、娱乐休闲、体育文化、体育产业开发等领域有关的,具有结构性特征的体育管理机构、体育社会团体和营利性体育实体。

(四)乡镇体育组织

通过以上对"组织"和"体育组织"相关概念的分析,理论上"乡镇体育组织"的外延已经明晰,但为了进一步区分乡镇体育组织与其他体育组织形式的不同,需要对我国乡镇体育组织呈现出的特点加以概括:第一,组织目标向度的多元性。我国乡镇体育组织在目标取向上主要

---

[1] 汪全胜,陈光,戚俊娣.论营利性体育组织在《体育法》中的确立[J].上海体育学院学报,2010,34(5):8-11.
[2] 陈安槐,陈萌生.体育大词典[M].上海:上海辞书出版社,2000.

是为了丰富农民的体育锻炼形式,实现体育活动中个体、集体与组织之间的交流与互动,促进乡镇居民体质健康,丰富乡镇体育文化生活为目的。第二,组织规模的小型化。一方面体现在政府体育管理机构设置上成员配备职数较少(一般只有3~5人);另一方面从经常性参加健身活动的人群来看数量较少(依选择的项目不同,人群约在2~30人不等)。第三,组织管理方式的灵活性。表现在组织成员参加体育活动的时间、地点、内容、技术基础、行为规范等方面没有明确的要求,可以根据个人实际情况自主选择。第四,组织活动内容的娱乐性和民俗性。乡镇体育组织开展的活动主要以健身、娱乐、民俗、休闲类体育项目为主,项目的非竞技性、民俗性和娱乐性较强。第五,组织成员关系的网络性和非功利性。乡镇体育组织成员间的关系是以情感、爱好为纽带,组织成员间大都是在"熟人社会下"形成的比较亲密的关系结构,不以功利为目的。第六,组织结构的多元性。由于乡镇是我国基层政权的基本单位,是联结城市与乡村的纽带,具有城乡二元结构属性。因此在组织结构上既有乡镇体育管理机构,也存在乡镇民间体育社会组织和一定规模的乡镇营利性体育组织。第七,组织存在形式的间断性和不确定性。乡镇体育组织成员主要是从事农业和手工业的农民,受农村季节性生产方式的影响,体育组织形态具有不确定性,时而中断,时而延续。

结合以上对乡镇体育组织内涵与外延的分析,本研究将"乡镇体育组织"定义为:由两个以上成员组成的专门或直接从事与乡镇居民身体锻炼、运动竞赛、休闲娱乐、文化服务、产业开发等体育利益需求相关,具有正式或非正式结构性特征的体育管理机构、体育社会团体和营利性体育实体。这样的界定旨在表达三层含义:第一,乡镇体育组织是以乡镇为区域范畴,依托乡镇社会和体育资源建构的地域性体育组织。第二,乡镇体育社会组织的形态既包括正式结构的体育社团,也包括非正式结构的民间体育团体和具有不确定性的体育兴趣小组。第三,乡镇体育组织在外延上包含提供公益性体育服务的政府部门、提供私益性服务的体育企业和提供非营利性服务的体育社会团体等组织形态。

鉴于此,依据组织学和管理学对组织结构的划分,参考学界对体育组织的分类,结合我国乡镇体育组织发展实际状况,本研究把乡镇体育组织划分为三类:第一类为乡镇政府性体育组织。政府性体育组织主要是指乡镇政府体育管理机构,包括专门性的体育管理机构(主要包括乡镇文化体育站、村落文化体育室等)和非专门性的乡镇体育管理机构(主要包括其他组织中附设的体育工作部门)两个方面。第二类为乡镇社会性体育组织。该类组织是乡镇体育组织体系中的事实主体,以体育社团和民间性体育组织为主要存在形式,依组织结构的规范化程度分为正式结构的体育社会组织和非正式结构的体育社会组织。第三类为乡镇营利性体育组织。在我国,营利性体育组织根据乡镇经济发展程度不同,其数量、规模和档次也有所不同,但它是我国乡镇体育组织形态不可或缺的组成部分,主要分为健身活动类体育组织和企业类体育组织。以上三类组织形态共同构成了我国乡镇体育的组织架构(见图1-1)。

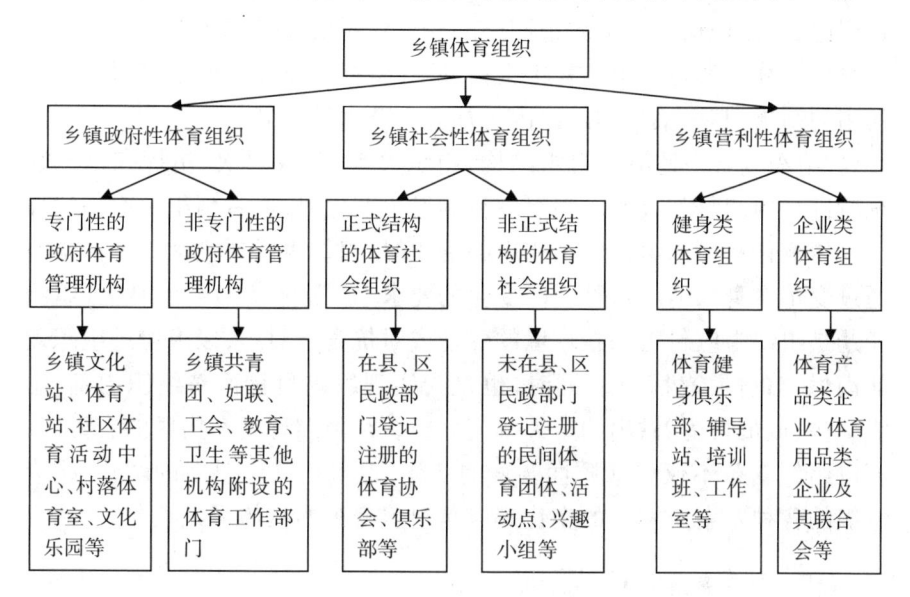

图1-1 乡镇体育组织分类图

(五)变迁、社会变迁、组织变迁

《辞海》对"变"的解释有多种,其中与"变迁"中的"变"的含义比较接近的有"变化""改变"之意。如《宋史·王安石传》中的记载:"变风俗,立法度,正方今之所急也。"《辞海》对"迁"的解释与"变迁"一词的含义比较接近的有两种,一是指"迁移",二是指"变动"的意思。如《诗·小雅·伐木》的记载:"出自幽谷,迁于乔木。"所谓"变迁"即是一种动态的变化,指的是事物的性质、状态或情况跟原来有所不同。

"社会变迁",在社会学意义上泛指一切社会现象的变化,又特指社会结构的重大变化,既指社会变化的过程,又指社会变化的结果。在社会学中,社会变迁是一个表示一切社会现象,特别是社会结构发生变化的动态过程及其结果的范畴[①]。社会变迁依其变迁的变形形式不同,可分为整体变迁与局部变迁、进步的变迁和倒退的变迁、进化的变迁与革命的变迁、自发的变迁和有计划的变迁四种类型。社会为什么会发生变迁?学界的解释为主要受环境、人口、经济、科学技术、社会制度、社会价值观和生活方式六个因素的影响,导致人类的社会活动和社会生活发生重大改变[②]。在对社会变迁的根源认识上,存在西方社会学和马克思主义社会学两大流派。西方社会学理论提出的社会变迁理论有社会进化理论、均衡理论和冲突理论,此外,较成体系的还有历史循环论。而马克思主义社会学在历史唯物主义指导下,将社会变迁看成是多原因相互作用的结果,其中最根本的原因是社会生产力的发展。

"组织变迁"是指对组织结构、组织关系、职权层次、指挥和信息系统所进行的调整和改变。当组织目标发生变化时,或者当组织面临的环境发生变化并要求组织做出相应的变化时,组织也需要主动或者被动地通过变革自身来适应这种新的变化的要求[③]。黄金柱(1998)认为,组织变迁是组织为应付对外在环境的变迁或对抗竞争对手,以求增进组织效能而做出的顺应性调整,同时,也是为实现组织目标而对组织内部(组织结构、成员行为)做出的重大改变。组织是由多种要素构成的有机体,所以组织变革不仅包括质性要素的变化,也包括软件要素的调整,构成组织的各种要素所发生的变化都应是组织变革的具体形式。

(六)本研究阶段划分说明

本研究借鉴了陆学艺主编的《三农论——当代中国农业、农村、农民研究》对新中国农村改革的阶段划分,以及国家体育总局政策法规司主编的《中国体育哲学社会科学研究(1978—2010)》[④]对改革开放以来我国群众体育事业改革与发展研究的阶段划分,同样将改革开放以来G

---

① 郑杭生.社会学概论新修[M].北京:中国人民大学出版社,1999:391.
② 邓仁娥.马克思恩格斯选集(第2版第1卷)[M].北京:人民出版社,2012:67-68.
③ 金东日.组织学[M].天津:南开大学出版社,2008:342.
④ 国家体育总局政策法规司.中国体育哲学社会科学研究(1978—2010)[M].北京:人民体育出版社,2013.

镇体育组织演变的历程总体上划分为改革开放初期(1978—1991)、市场经济转型时期(1992—2001)、小康社会建设时期(2002年至今)三个阶段。具体说明如下：

第一，从国家宏观政策制度的演变来看。1978—1991年是我国由计划经济体制经历商品经济再向社会主义市场经济体制转变的过渡阶段，该阶段国民经济与社会发展仍具有明显的计划体制色彩，政府对群众的文化体育事业全面主导和掌控，这一时期，农村的文化体育活动基本属于在国家的"压力性体制下"有计划、有组织地开展。1992—2001年是我国社会主义市场经济转型时期，该阶段我国市场经济体制改革刚刚起步，改革的体制和机制还不够完善，但与计划经济时期相比，国家权力开始从"无限政府"向"有限政府"转变，市场和社会的力量逐渐得以体现。原本由政府独立承担的群众性文化体育事业部分由社会和市场来分担，农村的社会体育组织和草根体育组织开始活跃起来。2002年党的十六大胜利召开，确立了全面建设小康社会的奋斗目标，我国经济社会进入快速发展阶段，国家加大简政放权的力度，社会活力进一步增强，社会潜力进一步被挖掘。该时期农民精神文化生活需求不断提高，加上社会和市场力量的不断壮大，农村体育组织进入蓬勃发展阶段。

第二，从地方行政管理机构改革来看。改革开放以来，六安地区在区域划分、行政机构设置方面发生了较大的变化，这些变化对乡镇文化体育的发展也产生了较大影响。1978—1991年，G镇在行政管理上隶属于六安县和丁集区公所管辖，群众性体育活动也是在这一行政管理体制下"自上而下"地运行。1992年原G镇所属的六安地区行署实行"撤区并乡"政策，将县级下属的"区公所"撤销，将原来分散的"小乡镇"合并成"大乡镇"，六安县更名为县级六安市，原G镇镇也在原来一个乡镇的基础上将钱集乡合并过来形成现在的G镇镇。与此同时，随着市场经济体制改革的深入，企事业单位等社会力量开始进入乡镇体育活动运行行列，G镇群众体育活动的组织管理机构也发生了相应的变化，管理机构的精简，一定程度上促进了乡镇体育活动的开展。2002年以来，六安"撤地设市"，撤去原六安地区行署建制，建立地级六安市。同时对乡镇事业单位机构进行改革，乡镇事业编制人员大幅缩减，G镇文化广播站的管理人员也从原来的十几个人精简为3个人。2002年以来，随着文化站机构的精简，加之新一届文化站站长走马上任，开启了G镇文化体育工作的新篇章。

第三,从 G 镇体育组织发展的实际来看。改革开放以来,G 镇体育组织的发展总体上经历了"政府主导——社会参与——民间自发"依次"叠合演变"的过程,这种变化过程除了与不同阶段国家的政治经济体制演变、地方行政管理机构改革有关以外,还与乡镇社会文化发展有着密切的关联。1978—1991 年 G 镇文化体育活动的开展完全属于在"政府主导"下的运行模式,尤其是群众体育竞赛活动的内容、形式、频次、规模、经费投入、场地设施建设等方面均在政府的主导下开展。1992—2001 年 G 镇文化体育活动是在"政府主导——社会参与"的模式下运行。从政府体育组织管理结构上来看,管理层级减少,群众体育活动组织运行效率增加。这一时期,随着《全民健身计划纲要》和《体育法》的颁布实施,国家对农村群众体育工作的重视程度不断提高,一些社会组织的力量参与到乡镇体育活动的开展和运行中来。2002 年以来,G 镇文化体育活动属于"政府主导——社会参与——民间自发"的运行模式。这一时期,G 镇群众体育活动的社会参与程度不断加大,特别是随着居民生活水平的进一步提高,乡镇文体活动环境进一步改善,群众的健身观念发生了重大改变,民间自发性的体育组织成为农村体育活动的主流载体。

二、研究的目标和内容框架

(一)研究目标

本研究定位于基础理论研究与应用研究相结合,理论反思与实践反思相结合,并以基本理论研究为主,以学理探究为重心。在系统梳理国内外体育组织理论相关研究的同时,从多学科角度阐释改革开放以来 G 镇体育组织变迁的特征与机制。具体目标有:(1)分析改革开放以来我国乡镇体育组织产生的社会文化背景,阐释乡镇体育组织形成与发展的基本理论问题;(2)呈现改革开放以来不同阶段 G 镇体育组织的形成背景、形态结构及管理运行的特征;(3)从不同学科的理论视角揭示改革开放以来 G 镇体育组织变迁背后的观念演进、变迁的特征、规律与影响因素;(4)提出未来我国乡镇体育组织的发展理念与实践路径。

第一章　绪　论

（二）内容框架

第一章　绪论。本章包括本书的研究背景、选题的理由与意义、文献综述与问题、研究的思路与方法、论文的结构安排、核心概念界定和学术贡献、研究的相关理论基础等。

第二章　G镇体育组织变迁的社会制度背景。本章主要从G镇地理、G镇历史、G镇人口、G镇家庭、G镇生计等方面介绍G镇社会制度变迁的概况，阐述G镇特定的地理、人文和社会环境背景对乡镇体育组织发展的影响，为下文分析改革开放以来G镇体育组织变迁的机制、特征与规律提供依据。

第三章　改革开放以来G镇体育组织变迁的历史脉络。本章主要从改革开放初期（1978—1991年）、市场经济转型时期（1992—2001年）、小康社会建设时期（2002年至今）三个历史阶段，系统梳理G镇政府性体育组织、民间性体育组织以及营利性体育组织形成与发展的背景以及体育组织的形态结构与运行管理特征，呈现改革开放以来不同社会制度背景下G镇体育组织演化的历史脉络。

第四章　改革开放以来G镇体育组织变迁的多维分析。本章主要从政府、社会和市场三个主体层面考察了改革开放以来G镇体育组织变迁背后折射的观念变化，从政府性体育组织和民间性体育组织两个方面分析了G镇体育组织变迁的特征，总结改革开放以来乡镇体育组织变迁的规律，并从政治体制、经济条件、文化氛围、科技发展、管理方式和组织自身建设六个方面，分析影响G镇体育组织变迁的内外部因素。

第五章　G镇体育组织变迁对未来我国乡镇体育组织发展的启示与建议。本章以改革开放以来G镇体育组织变迁的历史脉络，体育组织变迁的观念演进、特征、规律、影响因素的分析为逻辑起点，提出未来我国乡镇政府性体育组织、民间性体育组织和营利性体育组织在理论与实践方面进一步发展的建议。

第六章　结论与展望。总结研究结论并提出本书研究的不足及未来进一步探讨的方向。

三、研究对象、方法、技术路线与创新之处

（一）研究对象

研究以我国乡镇体育组织的变迁与发展为研究对象。以宏观的改革开放制度为自变量，以微观的 G 镇体育组织变迁为因变量，以中观的组织环境为中介变量，从而形成从宏观到微观的解释路径。本书选取 G 镇作为研究案例的理由有三：第一，G 镇自古商贸繁荣，东西汲河横贯全境，商船经淮通江达海，地形地势、气候条件、社会经济、文化习俗、人口分布方面在我国乡镇社会发展中具有典型性。第二，G 镇作为国家级体育示范乡镇，其体育组织形成发展及群众体育活动开展的经验教训在我国乡镇体育发展中具有示范性。第三，作为一个本地人，我对当地的语言习俗、生活方式、社会伦理、价值观念比较熟悉，尤其是邻乡感情使得实地调研工作的开展具有便利性。

（二）研究方法

采用地方志等文献梳理、人文田野调查与文本细读、深度访谈、半开放式问卷调查以及声像资料采集等具体处理手段，对改革开放以来 G 镇体育组织演变的历史沿革、阶段划分、组织类型、组织规模、组织结构、组织形式、组织生存环境等方面做具体分析。

1. 文献资料

通过 CNKI 中国期刊全文数据库、人大复印资料数据库、万方数字化期刊、CNKI 中国优秀博士硕士学位论文全文数据库、超星数字图书馆、方正 APABI 数字图书馆、学校图书馆、电子图书以及国内外的相关网站等寻找、搜集、整理了与农村体育组织相关的期刊论文、博硕论文、专著、宣传文本等文献资料。查阅了 1978 年以来《中国青年报》《体育文丛》《体育报》《体育文史》等相关报纸杂志，细查历年的《中国体育年鉴》，并将以上材料中有关群众体育、农村体育发展变化的资料进行归纳整理，理出一条改革开放以来农村体育发展的脉络；梳理了改革开放以来国家颁布的有关群众体育、农民体育、农村体育、全民健身在内的政策法规；对六安县志、六安市志、六安地区志、G 镇镇志、冯郢村志、村、镇、区政府一级近年来经济社会发展统计报告等文献做了重点

搜集。

2. 田野调查

文化人类学研究,不同于其他社会科学,要依靠研究者作为资料收集的首要工具,必须要采用田野调查、文献考证、民族志笔记的方法。本研究具体采用了观察、参与、访谈(探索性访谈、深度开放式访谈、半结构化访谈、结构化访谈)等方式收集一手资料,与之相应地采用了备忘录、录音、录像等资料采集方法。由于调查乡镇毗邻本人生活乡镇,离笔者现在的工作单位仅40多千米车程,本课题的田野作业采取了"静态"和"动态"两种方式。其中"静态"作业主要采取"入住体验"的方式,笔者分别于2015年9月—11月,2015年12月—2016年1月,2016年6月—7月入住G镇计生办单身宿舍、冯郢村村民家中和G镇街道RD宾馆,累计入住体验时间达四个月以上。除此之外,根据研究需要,笔者还随机"动态"地进入G镇补充完善相关材料达5次以上。

3. 口述史与深度访谈

为了获得改革开放以来不同阶段G镇社会结构和体育组织变迁的相关有效信息,本课题主要采用了"连环推荐"和"随机抽样"两种方式进行访谈咨询。以现任G镇文化站站长WYQ为关键咨询人,通过他的推荐分别对不同阶段G镇政府管理人员、分管文体工作的负责人、乡镇体育组织成员、退休教师、企事业单位干部和职工、普通群众共约110人次进行了不同程度的口述史记录,较为详细地了解了1978—1991年、1992—2001年、2002年以来G镇社会结构及体育组织发展的历史沿革,不同阶段体育组织类型、组织结构、组织行为、组织环境特征,以及体育组织形成与发展的背景,为分析组织变迁规律寻求了史料支撑。

另外,为进一步揭示G镇体育组织的演变原因、特征和规律,本研究借助社会关系网络理论的分析视角,重点对民间广场舞队、篮球队两类自发性体育组织成员的家庭背景、生活方式、社会关系网络进行了深度访谈。

4. 问卷调查

(1)问卷的发放与回收

为进一步了解不同阶段G镇居民生活方式特征及体育健身观念与

行为状况,为分析问题寻求有价值的信息,本研究主要设计了《不同阶段G镇居民参与体育活动情况调查问卷》,并于2016年6月依托G镇中学学生的力量开展了入户调查(调查对象的选择以年龄和性别为依据)。共发放调查问卷400份,其中回收有效问卷366份,问卷有效率为93.1%。

表1-6 不同阶段G镇居民参与体育活动情况调查人数分布表 人(%)

年龄(调查当年)	1978—1991年	1991—2001年	2002年至今
70岁以上	30(26.3%)	28(17.9%)	16(16.7%)
60—70岁	28(24.6%)	35(22.4%)	17(17.7%)
50—60岁	28(24.6%)	35(22.4%)	16(16.7%)
40—50岁	28(24.6%)	28(17.9%)	12(12.5%)
30—40岁	(该年龄段忽略)	30(19.2%)	15(15.6%)
30岁以下	(该年龄段忽略)	(该年龄段忽略)	20(20.8%)

说明:1.1978—1991年、1991—2001年、2002年至今,有效问卷分别为114、156、96份;2.1978—1991年的统计结果为:1978—1985年、1986—1991年两个阶段调查问卷之和。

(2)问卷的效度和信度

为保证调查结果的可靠性和一致性程度,在正式调查之前对问卷进行了效度和信度检验。效度检验主要采用了专家调查法,在导师的指导下邀请了5位专家对问卷所设计的问题及其范围加以定性评价,全面审核、评价问卷的内容和结构性能;信度检验主要运用了重测法,选取G镇中学20名教职工进行了前后两次调查,时间间隔两周,计算两次测量的皮尔逊相关系数为$R=0.79$,$P<0.05$,表明了问卷信度适合本次研究。

5.历史与逻辑分析法

运用概念、判断、推理对G镇体育组织变迁特征进行历时性和共时性思辨分析,侧重研究体育组织与制度、体育组织与生活方式、体育组织与社会环境等因素的内在逻辑性和相互关联性。

第一章 绪 论

（三）技术路线（如图 1-2 所示）

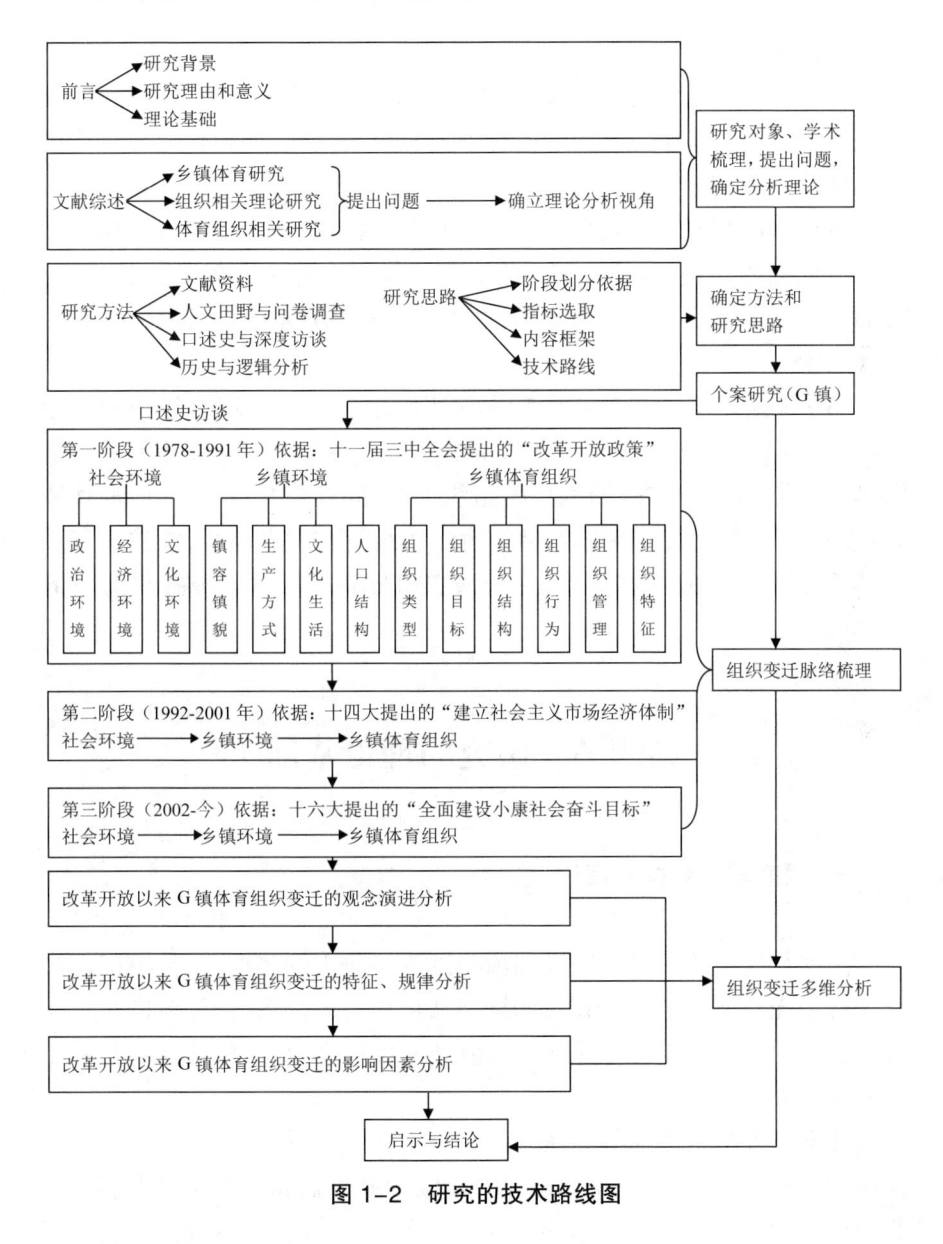

```
前言 ─┬─ 研究背景
      ├─ 研究理由和意义              ┐
      └─ 理论基础                    │
                                     ├─ 研究对象、学术
文献综述 ─┬─ 乡镇体育研究              │  梳理，提出问题，
          ├─ 组织相关理论研究 ─ 提出问题 ─ 确立理论分析视角 ─ 确定分析理论
          └─ 体育组织相关研究          │
                                     │
研究方法 ─┬─ 文献资料        研究思路 ─┬─ 阶段划分依据
          ├─ 人文田野与问卷调查        ├─ 指标选取           ─ 确定方法和
          ├─ 口述史与深度访谈          ├─ 内容框架              研究思路
          └─ 历史与逻辑分析            └─ 技术路线

                                                         个案研究（G 镇）

                    口述史访谈
第一阶段（1978-1991 年）依据：十一届三中全会提出的"改革开放政策"
  社会环境            乡镇环境              乡镇体育组织
┌──┬──┬──┐    ┌──┬──┬──┬──┐    ┌──┬──┬──┬──┬──┐
│政│经│文│    │镇│生│文│人│    │组│组│组│组│组│
│治│济│化│    │容│产│化│口│    │织│织│织│织│织│
│环│环│环│    │镇│方│生│结│    │类│目│结│行│管│特│
│境│境│境│    │貌│式│活│构│    │型│标│构│为│理│征│
└──┴──┴──┘    └──┴──┴──┴──┘    └──┴──┴──┴──┴──┘
                                                ─ 组织变迁脉络梳理

第二阶段（1992-2001 年）依据：十四大提出的"建立社会主义市场经济体制"
社会环境 ──→ 乡镇环境 ──→ 乡镇体育组织

第三阶段（2002-今）依据：十六大提出的"全面建设小康社会奋斗目标"
社会环境 ──→ 乡镇环境 ──→ 乡镇体育组织

改革开放以来 G 镇体育组织变迁的观念演进分析
改革开放以来 G 镇体育组织变迁的特征、规律分析 ─ 组织变迁多维分析
改革开放以来 G 镇体育组织变迁的影响因素分析

                  启示与结论
```

图 1-2 研究的技术路线图

（四）创新之处

（1）以"国家与社会关系理论""组织变迁理论""治理理论"为主要分析工具，提出我国乡镇体育组织变迁是国家与社会关系转变下的趋

势使然,未来应坚持"传统与现代融合""国家与社会互构""走向善治"的乡镇体育组织发展理念,能够为我国有关农村体育组织研究提供一个新的理论分析视角。

（2）采用文化人类学的研究方法,以时间节点为依据,通过叙事式的表达,对G镇体育组织变迁进行深入的个案呈现,比较客观地总结出乡镇体育组织变迁背后的观念指向,以及改革开放以来乡镇体育组织变迁的特征、规律与影响因素。一方面可以弥补以往研究者对农村体育微观领域研究的不足,为地方和后续研究提供一个完整的文本参考;另一方面突破了以往学界注重静态的现时性研究,忽视动态的历时性研究的思路局限。

（3）根据组织学和公共管理学对组织的分类,从政治、经济和社会三个领域追寻了改革开放以来G镇体育组织系统的流变,并采用多学科理论加以阐释,从"政府性体育组织""民间性体育组织""营利性体育组织"三个层面提出未来乡镇体育组织培育与发展路径,能够丰富乡镇体育组织研究的内容体系,为未来农村体育的宏观研究提供有益的补充。

第四节　研究的理论基础

一、国家与社会关系理论

国家与社会的关系问题是国内外理论界研究的热点,也是中国现代化进程中无法回避的重大现实问题。从历史发展的角度看,政府来源于社会但又高于社会;政府管理社会但又依赖社会,政府与社会彼此相互独立又相互依赖。

社会是人类生活的共同体。马克思主义认为,社会在本质上是生产关系的总和,它是以共同的物质生产活动为基础而相互联系的人们的有机总体[1]。而政府,是一个国家为维护和实现特定的公共利益,按照区域划分原则组织起来的,以暴力为后盾的政治统治和社会管理组织。政府

---

[1] 郑杭生,李强,林克雷.社会学概论新修[M].北京:中国人民大学出版社,1999:67.

是国家机器的重要组成部分,因此,政府与社会的关系,从实质上说就是国家与社会的关系。政府与社会之间,既有根本性质上的区别,又有千丝万缕的联系。他们之间存在着三方面的互动关系[①]。第一,政府产生于社会。首先,就人类社会的历史演进而言,国家(其核心是政府)是社会在一定发展阶段上的产物,是社会自身在面临无法解决的矛盾时建立的一种特殊社会组织形式。而社会则是一种先于国家而存在的人类联系形式。在社会长期发展的基础上才出现了国家和政府。其次,现代各国政府也都是在特定社会基础上产生的,大多由社会公众和各类社会组织依据法定程序选举产生的。第二,政府作用于社会。在社会基础上产生的政府必然要作用于社会,这种作用主要表现为政府通过自己的管理活动来影响社会。在任何国家,社会生活中都不可避免地存在着各种利益矛盾、观念差异和组织冲突,政府作为社会公众利益的代表机构,有责任和义务运用社会公众让渡给它的权力去协调各类社会矛盾,保护社会公共利益,维护社会生活的政策秩序。第三,政府受制于社会。在政府与社会的关系中,社会是本源,政府是社会选择和需要的产物,因此,政府必须受制于社会。社会对政府的制约是全过程的,不仅政府的产生要由社会公众来选择,而且政府管理中的所有行为也都需要受到整个社会的监督。同时,社会对政府的制约是全方位的,政治、经济、文化以及伦理道德等社会活动的各个方面都会影响和制约着政府的行为。

在政府与社会的辩证关系上,马克思主义既坚持社会经济基础对上层建筑的决定作用,也承认上层建筑在一定程度上对社会经济基础的反作用。也就是说,社会对政策具有制约作用,同时,政府对社会也具有规范作用。马克思主义认为政府是社会发展到一定历史阶段的产物,是从社会中产生的,以维护社会公共利益,处理社会公共事务为主要任务。仅此而言,政府存在于社会之中,又是社会保持自身存在和发展的工具。两者间的具体关系包括两个方面:(1)社会对政府的制约作用。一个社会的民族传统、风俗习惯、宗教信仰、意识形态对政权组织形式产生重要影响。不同的民族传统、风俗习惯、宗教信仰、意识形态决定了人们对于等级与秩序、权威与服从等问题存在着不同的感受和认识,它们势必要体现到国家的政治结构和程序中来。(2)政府对社会的规范

---

① 彭未名,邵任薇,邓玉蓉,等.新公共管理[M].广州:华南理工大学出版社,2007:79-82.

作用。首先,政府对于经济上占统治地位的阶级利益的保护以及维持既定生产关系的再生产能力。其次,政府对社会的规范作用不仅表现在政治统治领域,还表现在社会管理领域,即表现为政府对于社会秩序的规范和约束作用,以避免出现无政府的混乱状态。概而言之,政府与社会的辩证关系是政府产生于社会,政府之所以产生并存在下去是由于社会的需要,社会的诸多因素将直接或间接地影响和制约政府。同时,政府也反过来规范社会。政府与社会这两个组织体系之间既相互对立,又密不可分。现代治理理论的一个基本共识:社会是第一位的,政府是第二位的,社会是政府赖以存在的前提和基础,如果没有社会,政府也就失去了其存在的理由。政府行为的优劣,取决于其对社会的贡献大小,取决于社会成员的总体评价[1]。

根据政府权力与社会权力的范围及其能力大小,政府与社会关系有四种类型[2]:(1)强政府、弱社会模式。这种模式强调政府通过高度的中央集权来维护国家的统一和政令的通畅,政府运用行政强制力对社会成员和各种社会组织进行全面而严格的控制;(2)弱政府、强社会模式。这种模式强调政府的官僚机器以个人关系为基础,规模过于庞大,专业知识不够,而且缺少财政资源。政府自主水平低,而且能力缺乏;(3)强政府、强社会模式。这种模式的共同特点是政府在经济发展中处于很突出的地位,政府将自己的意志、目标转化为现实的强大能力;同时,社会力量及其自主性也很强,具有许多强有力的、高度组织化而且有自己利益追求的社会群体。这类国家的政府具有明显的自主性,社会力量及其组织化程度相当高;(4)弱政府、弱社会模式。这种模式的特点是,政府缺乏发达的官僚系统,缺乏强有力的中央政府,缺乏强有力的社会整合机制,甚至缺少现代民族国家所需的社会基础,其经济落后、社会分化程度低。总体而言,国家与社会关系理论是关于国家权力和社会权力合理配置的探讨,从发达国家与发展中国家的比较看,缺乏权力的国家不利于社会和政治的稳定与发展,但是国家权力无限膨胀或畸形增长,也同样阻碍社会的发展。

---

[1] 刘凤梅.政府与社会关系[J].海南师范学院学报(社会科学版),2004(5):130-133.
[2] 黄亚玲.论中国体育社团——国家与社会关系转变下的体育社团改革[D].北京:北京体育大学,2003:24.

二、组织变迁理论

每一个组织都有它确定的生命周期,有些组织会长久地生存下去,有些组织则只具有暂时性特点。无论如何,组织都必须是自身不断适应外在环境变化的需要,并使一个系统能够生存下去,以便实现基本目标。也就是说,每一个组织都需要稳定性和连续性,同样也需要适应性和变革性。黄金柱(1998)认为,组织变迁是组织为应对外在环境的变化或对抗竞争对手,以求增进组织效能而做出的顺应性调整,同时,也是为实现组织目标而对组织内部(组织结构、成员行为)做出的重大改变。关于组织变迁的理论主要有以下几个方面内容。

(一)组织变迁的模型

(1)勒温的变革模型。勒温(Lewin,1951)提出的变革三段论是最早的组织变革理论。该理论认为组织变革分为三个步骤:解冻——变革——再解冻,而且这三个步骤是一个不断循环的过程。勒温的组织变革三段论阐明了发展中的组织所体现出的变革模式,在规划性变革中,组织变革将经历这三个阶段的不断循环,但在跃变式组织变革过程中,可能只有一个阶段,因为这时组织变革的结果也可能是灭亡。解冻是组织变革的准备阶段,当组织运行无法适应新的环境时,组织将面临衰退甚至死亡,就必须进行变革,这时组织成员须努力打破组织现有的平衡状态,这一过程就是解冻。在解冻过程中,变革团队要解除组织成员对变革的戒备和抵制心理,使他们关注组织发展并敢于将新事物融入组织。

解冻完成后,组织就要实施变革。组织根据变革计划对人员、结构和技术进行必要的革新,将组织逐步引入新的发展轨道上。完成变革后,组织必须尽快解冻,否则组织变革将面临"流产",因为解冻后的组织是开放性的,如果变革成果得不到及时消化和巩固,那么变革可能受到非计划因素的干扰。在发展型组织中,再冻结阶段是组织对变革成果进行消化,并逐渐将新的组织结构稳定下来的过程。当变革后的组织遇到障碍或要求进一步发展时,组织将再次解冻。所以,从组织变革过程的远景看,它不是一个直线型发展过程,而是一个不断循环的环型发展过程。

(2)贝尼斯的变革模型。贝尼斯(Bennis,1988)认为,组织变革成功的关键是使组织能在环境中生存和适应。而要做到这一点,必须持一种科学的精神和态度。适应能力、分析能力和实践能力是反映组织效能的主要内容。在此基础上,贝尼斯提出了健康组织(health organization)的标准,他认为组织变革是使组织更加健康,并能使以下四个方面的标准不断完善。环境适应能力:解决问题和灵活应对环境变化的能力;自我识别能力:组织了解自身的能力,包括组织性质、组织目标、组织成员对目标理解和拥护程度等;现实检验能力:准确觉察和解释现实环境的能力,尤其是敏锐而正确地掌握与组织功能密切相关因素的能力;协调整合能力:协调组织内各部门工作和解决部门冲突的能力,以及整合组织目标与个人需要的能力。

(3)组织变革的力量场模型。如果组织变革面临的都是有利于变革的因素和力量,那么变革将变得简单且顺利。在现实变革过程中,促进力量和反对力量都存在,因此组织变革往往被认为是一个复杂的困难历程。组织变革的力量场理论(force field theory)认为:组织变革的过程就是动力不断克服反对力量的过程,而组织变革的结果也常常表现为两种力量对抗的结果。组织变革的动力和抑制力形成影响组织变革的合力,动力会促使组织发生改变,而抑制力希望保持现状。组织将在这两种力量互相对抗中发展,最终达到平衡。

(二)组织变迁的原因

于显洋在《组织社会学》(2001)中研究认为,组织变迁的原因取决于两个方面:一是内部环境,二是外部环境[①]。首先,就外部环境而言,组织变迁常常是由外部环境变化引起的,环境的不确定性对组织方式产生很大的影响,这种不确定性主要取决于两个因素:一是环境的复杂性,其高低取决于环境中有多少不同性质的构成因素;另一方面是环境的变动性,它取决于环境中各构成要素是否发生变化及各种变化的可预见性程度,该观点主要认为这种外部环境一般表现在以下几个方面:(1)法律和政治环境的变化。组织在社会中的活动,是在国家的法律和政策范围内进行的活动,当法律和政策改变之后,如果组织不进行相应的改变,其生存和效率就会受到很大影响。(2)科学技术的发展和变化。科学技术的变化势必会引起组织中的工作方式、决策方式和信息处理方式

---

① 于显洋.组织社会学[M].北京:中国人民大学出版社,2001.

变革。(3)竞争性环境的变化。组织所面临的环境是一个竞争性的环境,即大量具有统一目标的组织在同时进行活动。(4)社会心态的影响。该观点认为,随着社会的发展和变化,人们的期望、价值观和抱负会不断发生变化。其次,就内部环境而言,该观点认为从组织的内部看,影响组织变迁的因素有5个方面:(1)组织目标下降。组织是实现目标的手段,因此,组织的实际成绩与期望目标之间的差距可在一定程度上反映组织的运行状况。(2)组织自身结构的缺陷。主要体现在机构臃肿、人浮于事、效率低下;相互关系不顺、推诿扯皮严重、冲突矛盾迭起;决策过于迟缓或失误过多、决策执行拖拉或反馈不及时;组织不能对环境的变化做出灵活的、富有创造性的反映等。(3)组织战略改变。美国管理学家钱德勒提出"结构跟着战略变",组织在战略发展中的每个阶段都需要相应的组织结构与之匹配。(4)组织规模扩大。随着组织规模的扩大,管理层次增多,工作分工细化,部门数量增加,组织设计需要在许多方面做出相应调整。(5)人力资源变化。为适应人力资源开发的需要,组织设计和运行就必须给人的能动性和创造性发挥创造有利条件,使职员可以进行自我管理和相互协调,以便更好地调动他们工作的积极性,并提高组织对内外环境的应变能力。

(三)组织的识别与演变

英国的S.Tyson和T.Jackson在2003年提出了群体识别理论,即群体进行识别的三种特征:共同的命运、多方面共性和距离上的邻近性[①],该理论对识别不同类型的组织提供了参考依据。谭延敏使用李克特五点量表的方式,提出了识别非正式结构体育组织的五个特征变量:群体效应、情感特征、距离邻近性特征、交往特征和领袖识别[②]。除此之外,斯蒂芬P.罗宾斯(Stephen P.Robbins)提出了群体发展演变的五阶段模型:即"形成—震荡—规范—执行—解体"。并指出,群体也不必然是按照这五个阶段的先后顺序从一个阶段发展到下一个阶段,有时候,一个群体会同时处于震荡阶段和执行阶段,群体甚至会偶然倒退至先前的阶段。因而,不要想当然地认为所有群体都会严格遵循这个发展演变历

---

① [英]S.TYSON, T.JACKSON.组织行为学精要(第2版)[M].北京:中信出版社,2003:129.
② 谭延敏,张铁明,胡庆山,等.农村自发性体育活动群体组织识别的实证研究[J].体育科学,2009,2(1):14-24.

程,或者执行阶段始终都是最可取的阶段,事实上,群体是一个动态发展的实体,需要管理者了解一个群体当前所处的阶段,从而可以更好地理解该群体在这个阶段最可能出现的问题和事项。以上这些理论可以为判断乡镇体育组织的产生、形成、发展、演变的特征与规律提供分析依据。

三、治理理论

"治理"(governance)一词源于拉丁文和古希腊语,原意是控制、引导和操控。长期以来它主要用于与国家的公共事务相关的管理活动和政治活动之中,但是,自20世纪90年代以来,西方政治学家和经济学家赋予governance以新的涵义,它不再只局限于政治学领域,而被广泛运用于社会学和经济学领域。治理理论是20世纪90年代兴起于西方国家的一种全新的科学理论或管理范式,它经历了从"地方治理"到"公司治理"再到"公共治理"的过程。站在历史的长河中看,治理理论的兴起并非一种偶然性的生成物,而是在特定的社会背景和特定的现实缘由下孕育生发的特定产物,是西方"政府失灵""市场失灵""全球化合作"和"公民社会崛起"等多重问题和现象共同作用的结果[①]。治理理论也因其在应对"管理危机"中的适用性和实用性,而成为国内外学者重点关注的理论热点,现已成为各国政府治国理政和社会转型的一种普遍趋势。我国的十八届三中全会更是将"推进国家治理体系和治理能力现代化"确立为党全面深化改革的新执政理念,这不仅是我党对治理理论的积极借鉴,而且标志着党领导人民管理国家的制度体系建设进入了新的阶段。

治理理论作为一种新兴的理论是在对传统"统治"理论的批判与继承基础上发展起来的,其主要特征是:第一,治理理论强调政府与社会的互动合作。治理理论注重自上而下的管理与自下而上的参与相结合,摒弃政府的全能主义者角色和权力垄断的刚性做法,强调各种权力主体通过对话协商来建立合作伙伴关系,各主体要共同确立统一目标,共同承担责任风险;第二,治理理论强调主体的多元化。治理理论注重管理过程中多方权利主体共同参与公共事务的管理,强调获得公众认可的政

---

① 戴红蕾.中国体育社会组织治理研究[D].大连:大连理工大学,2016:31.

第一章 绪 论

府组织和非政府组织,都可以成为不同层面上的权力中心;第三,治理理论强调政府对民众的服务。治理理论注重以人为本的治理观,保护和尊重每一位民众的权利,将人的发展作为管理的根本,强调政府从管理者向服务者角色转变。可以说,治理理论是一个内容丰富、开放包容的理论,治理是一个过程,而非一种活动和一套制度;治理是以调和为根基,而非以支配为基础;治理是公私部门的联合行动,而非政府的单一权威主宰。

治理理论的核心思想在于改变传统的单一化权威主义,在于改变原有的强制性行政调解,强调通过一系列的正式和非正式制度安排;强调不同利益主体联合行动共同参与社会事务谋得各方共赢;强调管理主体的多元化及各相关主体间的平等协作;强调政府与其他治理主体通过互动、协商及谈判的方式来达成行动协议。可以说,治理理论作为各国普遍认可的公共行政管理理论工具,"打破了市场与计划、公共部门与私人部门、政治国家与公民社会等传统的两分法思维方式,转而强调两者的合作共赢,并主张在政府、社会和公民之间构建起平等、协商、互动的合作伙伴关系。"[1] 换句话说,治理理论所以能成为学界乃至政界普遍青睐的分析工具,就在于治理理论试图通过构建政治国家与公民社会合作、政府与非政府组织合作、公共部门与私人部门合作、强制与自愿合作的治理机制,来弥补政府能力不足及其缺陷,弥补市场机制缺陷,解决政府失灵和市场失灵,进而达到和促成以官民合作为特征的"善治",实现管理者与被管理者之间的互动合作。

治理理论作为一种理论分析工具,对分析和解决体育领域中的一些问题有着重要的方法论意义,并有助于中国语境下公共权力行使框架的基本构建。虽然治理理论生发的时间较短,但学界和政界对于治理理论的借鉴价值是给予肯定的,尤其是作为一种分析框架,对研究和总结改革开放以来乡镇体育组织的发展演变具有重要的参考价值。

---

[1] 俞可平.治理与善治[M].北京:社会科学文献出版社,2000:14-15.

第二章　G镇体育组织变迁的社会制度背景

走进G镇,首先映入眼帘的是道路两边"中国羽绒之都,皖西白鹅之乡,G镇欢迎您!""白鹅之都,羽绒之乡,国家级全民健身活动示范乡镇欢迎您!""开展全民文体活动,提升群众幸福指数"等巨型宣传横幅和标语。难以想象,作为全国数以万计乡镇之一的G镇,在经历了改革开放以来的社会变迁后,是如何从一个曾经普通不过的以农业、手工业为主要生计方式的农村集镇,变成了如今享誉海内外的以羽毛工艺制品为主要经济来源的工业重镇?又是经历了怎样的文化变迁,在众多乡镇中脱颖而出获批国家级全民健身示范乡镇称号,将组织开展全民文化体育活动作为提升农民幸福指数的载体的?带着这些疑问,首先需要对G镇体育组织变迁的社会制度背景有一个初步的认识。

第一节　G镇地理历史概况

一、G镇地理

G镇位于安徽省六安市裕安区,距六安市区约43千米,地处北纬31°58′,东经116°18′,面积88.4平方千米,4.3万人口,13412户,辖14个行政村和1个街道居委会,耕地5.4万亩。其所在的六安市位于安徽省西部,地处江淮,大别山北麓,东衔吴越,西领荆楚,素有"白鹅王国、羽绒之都"的美誉,是全国重要的优质羽绒原产地和集散地。

G镇地形(图2-1)横向起伏较大,地势东西两翼较高,属丘陵地带,其中东部丘陵地区属于汲东干渠灌溉区,西部丘陵地带属于沣东干渠灌溉区,东、西汲河沿岸低洼地带有13个行政村属于城东湖蓄洪区,其高

第二章　G镇体育组织变迁的社会制度背景

程在海拔 25.5 米以下。蓄洪区总面积为 41.74 平方千米,约占全镇用地的 47%,蓄洪区范围人口约 25608 人,占全镇总人口的 70.3%[①]。G 镇是个常遭水灾的乡镇,为确保蓄洪区内人民的生命及财产安全,在 G 镇镇区内建立了保庄圩工程,2004 年由中央财政拨款 1.5 亿元,共修建保庄圩 3 个,总面积为 3.274 平方千米,筑坝体总长约 12.38 千米。同时修建防汛撤退路 15 千米,极大地保护了群众的生命财产安全,人民群众安居乐业,生活水平逐步提高。

事实上,从地理区位上来看,G 镇是介于城郊和城市偏远地区的一个普通乡镇,具有易受城市文化浸染和保留村落传统文化的亚农村文化特性。在行政区划和人口结构规模上具有淮河流域中游地区农村乡镇的普遍特征,但自然形成的东西汲河构成了 G 镇水路交通的大动脉,也成就了自古以来 G 镇作为水路交通要塞而在商贸、文化、对外交流等方面独特于周边乡镇的天然优势。从地形、地势上来看,G 镇属于典型的丘陵地带,东西地势起伏不平,其中裕安区海拔最低高度位于 G 镇境内。G 镇特殊的地形、地势在给 G 镇人民生产生活带来困境的同时,也给 G 镇城镇化建设带来了千载难逢的机遇。2003 年洪水期间,为了确保两淮(淮南、淮北)工业建设,市委、市政府决定将 G 镇的农业生产区作为城东湖蓄洪区,由于这一次蓄洪区建设非自然因素造就,属于政府人为因素形成,因此政府决定"凡是在海拔 25.5 米以下的村庄住户,每户给予 1.5 万元补贴,搬迁至集镇统一规划建房"。因此,截至 2005 年底,G 镇的镇区面积就扩大到原来的 3 倍左右,镇区常住居民达全镇居民的 1/3 以上。2016 年,镇区面积已达到 3.6 平方千米(占全镇总面积的 4.1%),镇区常住人口达到 1.8 万余人(占全镇总人口的 41.8%),与周边农村相比,G 镇的城镇化建设发展迅猛,人口城镇化率处于六安市同类乡镇前列。

---

① G 镇镇志编纂委员会.G 镇镇志[Z].2008.

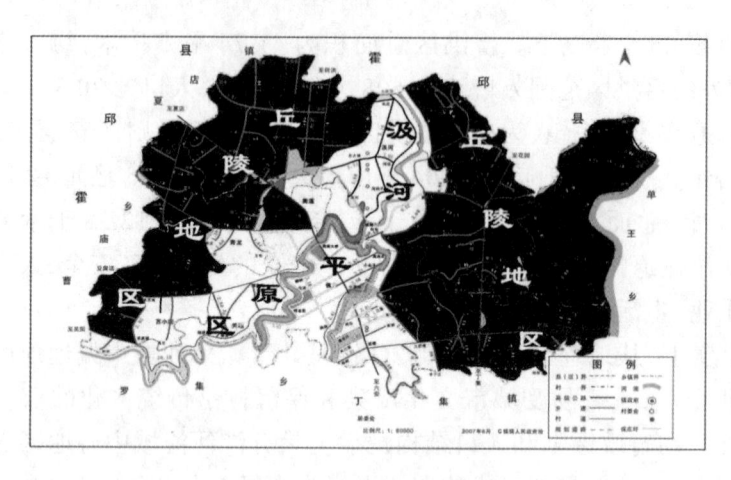

图 2-1　G 镇地形地貌图

二、G 镇历史

G 镇开发较早,早在新石器时代先民就曾在此进行广泛活动,古老的汲河孕育了 G 镇古代的文明。据《G 镇镇志》记载,G 镇在清朝光绪二十二年(公元 1896 年)属于北三区固县寺保。民国三十一年(公元 1942 年)属于五区固县寺镇,区署所在地为丁家集(今为丁集镇);1952 年固县寺镇为 4 个县属镇之一;1958 年成立人民公社时为固县寺人民公社至 1983 年,1983 年改称 G 镇乡,1984 年变更为 G 镇镇,1992 年撤区并乡并入钱集乡,合并为今天的 G 镇镇(本书为研究方便简称为"G 镇")。2004 年经安徽省文物局专家考证,G 镇是西周中期(大约在公元前 9 世纪)距今近 3000 年前的一座古城遗址,这座古城遗址非常完整,外有护城河、城墙,内有宫殿、广场、商铺,为当时西周贵族们的聚居地。后因洪水毁坏,不得其固,便有善男信女,在汲河东、中、西边各建一座寺庙,日夜供奉香火,祈求自己的家园永远不受洪水之患,而能"固若金汤",因称"固县寺",相传明代时期 G 镇曾为固县城所在地,当时西汲河水路直达霍邱县城东湖,入淮河达蚌埠、上海等地,商品贸易畅达繁荣(图 2-2)。

第二章　G镇体育组织变迁的社会制度背景

图2-2　原固县寺汲河码头商贸复原效果图

G镇历史悠久,先人很早精于经商做生意,水路运输是G镇主要的商贸渠道。1956年G镇成立市民社,市民社拥有专业木帆船12只,55吨位,船民47人。20世纪70年代后,水运实现拖带化,水泥船投入运输,木帆船逐步被淘汰。1986年G镇成立了船运公司,负责船民的管理与服务,当时G镇拥有的几百吨大货船主要运输在淮河、长江流域,汇入全国水路运输队伍。20世纪90年代初,继G镇大桥修通后,陆路交通畅达,来往车辆络绎不绝,水路运输逐渐消失。近年来,G镇街道居民积极参与经济建设,发展特色农业,推进现代种植业,同时不断调整优化农业产业结构,设立以农民入股形式的农业合作社,大力发展养殖业,有效地调整了农业产业结构,提高了农民的收入。村庄街道全部绿化,马路全部亮化,有线电视、宽带网络已进入千家万户,村民家家使用了自来水并逐步引进了沼气。一个村风文明,村容整洁,经济发展,管理民主的社会主义新农村正在建成。目前,G镇是国家级全民健身示范镇、安徽省中心建制镇、安徽省新农村建设示范镇、安徽省环境优美乡镇、安徽省产业集群镇、安徽生态示范镇、六安市小城镇建设示范镇,曾名列全国四大羽绒集散地之一。

作为地理历史背景,不仅对于理解G镇的社会结构、类型、制度特征有重要意义,而且更为主要的是有助于理解G镇的文化传统以及居民的性格和日常生活实践的逻辑。如果说明清时期国家和地方社会为了各自的统治或治理需要,国家对于"礼法之治"宗法制度的宣扬,地方社会对于"宗法制"的吸收和改造,造成宗族村落在乡村的普遍存在[①],那么,G镇自然的地理历史背景则是造成乡镇性体育活动以及诸如篮球队、舞龙舞狮队、乒乓球队、广场舞队等自发性群众体育组织在G镇普遍存在的缘由之一。

第二节 改革开放以来G镇社会结构变迁概况

社会结构是社会学研究的核心问题,是观察和分析一个国家、一个地区经济状况和社会运行与发展水平的重要维度。社会结构既是对社会静态分析的终点,也是对社会动态分析的起点,是研究社会变迁和社会转型的重要理论工具。19世纪法国的社会学家迪尔凯姆说过:"对社会结构的分析是理解一切社会现象的出发点。"[②] 由于社会结构涉及的内容十分宽泛,限于篇幅和研究主题不可能逐一涉猎,仅就与G镇体育组织发展关系密切的人口、家庭和生计结构作重点探讨。

一、G镇人口结构变迁

(一)人口年龄结构的变迁

表2-1统计结果显示:1978年到2014年G镇65岁及以上老年人口比重从4.45%上升到10.11%,其中2005年65岁及以上的老年人口已达7.21%,根据联合国界定人口老龄化的标准,2005年G镇已进入了人口老龄化阶段。少儿人口(0—14岁)比重从1978年的37.7%下降到2014年的18.33%,但整体所占的比重高于65岁以上的老年人口。而15—64岁的人口所占的比重最大,且呈逐渐增长趋势。总体来看,当前G镇人口年龄结构趋于"老化",但劳动人口处于黄金时期,人口年龄结构呈现"成年型"状态。

---

① 李正东.河村水会——日常生活、集体行动与生存文化(1978—1987)[M].北京:光明日报出版社,2013:34.
② 侯钧生.西方社会学理论教程[M].天津:南开大学出版社,2001:60-61.

表2-1　1978—2014年G镇人口年龄结构变迁情况一览表（%）

年龄	1978	1982	1990	2000	2005	2008	2014
0—14岁	37.70	34.41	31.6	30.15	25.21	20.09	18.33
15—64岁	57.85	60.15	62.34	63.03	67.58	70.98	71.56
65岁以上	4.45	5.44	6.06	6.82	7.21	8.93	10.11

资料来源：G镇综合档案室、G镇派出所。

（二）人口性别结构的变迁

表2-2　1982—2014年G镇人口性别结构变迁情况一览表

时间	1982年	1998年	2008年	2011年	2014年
总人口数	18696	39340	41903	42004	42520
性别比例	110∶100	131∶100	118∶100	123∶100	119∶100

资料来源：G镇综合档案室、G镇派出所。

从人口性别结构看（表2-2），自1982年以来，G镇人口性别比在100∶131之间波动，根据国际上103∶107的通行标准，G镇人口的性别结构处于不合理的变化范围。最主要的原因是20世纪80年代继国家推行独生子女政策以来，0—4岁的出生性别比过高所致，因而整体性别结构变化异常。另外，目前20—45岁性别结构中呈"女多男少"的趋势。

（三）人口素质结构的变迁

据六安县志记载，1982年第三次人口普查中"不识字或识字很少"的人数占G镇总人口的42.5%。20世纪80年代后期国家推行普及初等教育和扫除青壮年文盲的相关政策，后来通过普及九年制义务教育和免收学杂费等措施，人口文化素质得到了较大的改善。据2008年10月G镇普及九年义务教育统计结果显示，G镇小学适龄人口数为2436，男女童入学率均为100%；初中适龄人口数1596人，已入学1590人，入学率为99.6%。2008年度15—50周岁青壮年总人口数为23911；其中女性人数10860人，文盲率0%，2008年度15及15周岁以上成人总数为26404人，其中女性12041人，文盲率0%。近年来，随着家庭收入和生活水平的不断增高，G镇居民对教育越来越重视，不少家庭将子女送到城区就读，也有部分家庭不惜一切代价将子女送到国外接受教育，G

镇居民尤其是青少年人群的整体文化素质显著提高。目前,G镇农村大学生人数逐年增加,每年达本科线考生几十人,考取研究生的人数也在逐渐增加。

(四)人口空间分布结构的变迁

人口的空间分布在一个地区的经济社会发展中具有重要作用,是一种无形的"结构性力量",影响社会资源的配置、发展机会的获得和生产力的布局,与人口流动迁徙有很大的关系[①]。改革开放以来,G镇人口在空间分布上发生了很大的变化,主要表现在以下两个方面:

一是集镇人口规模不断扩大。据1981年《G镇公社文化活动设施三年规划》记载:"G镇公社下属12个大队,141个生产队,2万人口,公社驻地是拥有1900人的农村集镇。"1993年G镇人口总数38053人,其中街道人口3494人。2014年G镇人口总数达42520人,其中集镇常住人口达18000人(包括来镇经商的外来人口),占全镇总人口的42.3%(表2-3)。

表2-3　1981—2014年G镇人口空间分布情况

年份	1981	1985	1993	1998	2004	2008	2014
人口总数	20000	21000	38053	39340	41339	41903	42520
街道人口数	1900	2097	3494	3546	2371	4335	4352
乡村人口数	18100	18903	34559	35794	38968	37568	38168
队、村委会数	12	12	20	20	15	15	15
集镇常住人口	2200	3500	5000	6000	10000	14000	18000

资料来源:G镇综合档案室。

二是"自然村落"向"居民规划点"聚集。"自然村落"是在传统的农业生产方式背景下,依托特定的自然地理条件形成的居民聚居区。改革开放初期,G镇农村人口主要分布在各个自然村落,居住较为分散。自1990年G镇开启农村居民居住规划点建设以来,村落社区逐渐形成,农村人口在空间上开始集聚。目前G镇已建成5个美好乡村示范村,传统的自然村落基本上已不复存在,人口在空间分布上逐渐呈集聚化、社区化、城镇化的发展态势。

---

① 陆学艺.当代中国社会结构[M].北京:社会科学文献出版社,2012:58.

二、G镇家庭结构变迁

(一)家庭规模小型化

20世纪上半期,传统大家庭虽然是人们普遍追求的理想家庭模式,但由于贫困的小农经济基础,较高的人口死亡率、绵延不绝的分家析产以及大量的农民离村外出,无不分散了家庭的凝聚力,制约了家庭规模的扩大。特别是改革开放以后,由于计划生育政策的实行,加快了家庭规模小型化的进程,户均人口规模下降明显。

表2-4 1981—2014年G镇家庭规模变迁情况统计一览表

年份	总人口数	总户数	户均人数	年份	总人口数	总户数	户均人数
1981	20000	4444	4.5	2000	40338	10595	3.81
1982	20596	4931	4.18	2004	41339	11925	3.47
1986	21152	6245	3.39	2007	43111	13190	3.27
1990	24558	6179	3.97	2010	42778	13642	3.14
1998	39340	9128	4.31	2014	42520	12989	3.27

资料来源:G镇综合档案室(1977—2014);G镇派出所。

表2-4统计显示,1981年G镇户均人口数为4.5人,1982年为4.18人,而1990年G镇家庭人口数已降至3.97人,2000年为3.81人,2010年为3.14人,2014年为3.27人。与此同时,由于家庭规模的小型化,在原来人口结构的基础上,家庭户数增长速度上升,从而导致家庭户规模的缩小和小家庭比重的升高。

(二)家庭类型多元化

表2-5 1982—2014年G镇家庭构成变迁情况统计一览表(%)

户别	1982	1987	1990	1995	1999	2003	2006	2010	2014
1人户	7.8	5.0	6.4	6.2	7.0	8.0	9.3	9.9	10.2
2人户	10.0	9.7	12.0	14.1	15.6	19.7	25.0	26.1	27.1
3人户	15.5	21.3	23.7	26.9	30.0	32.5	32.0	34.8	35.5
4人户	18.1	24.4	25.3	26.0	24.9	24.1	19.9	19.7	20.0
5人及以上户	48.6	36.3	32.6	26.8	22.5	15.7	13.8	9.5	7.2

资料来源:G镇综合档案室(1977—2014);G镇街道办事处;冯邨村档案室。

表 2-5 统计结果表明,1982 年 G 镇 5 人及以上户(简称为复杂家庭)所占的比例为 48.6%,而 4 人及以下户(简称为简单家庭)所占的比例为 51.4%;但到了 1999 年简单家庭的比例上升为 77.5%,复杂家庭降低为 22.5%;截至 2014 年,复杂家庭人数只占总体的 7.2%,而简单家庭的比例上升为 92.8%。从家庭成员代际构成来看,自 1990 年以来,G 镇一人户、一对夫妇家庭和三代扩展家庭比例增加,核心家庭的比例在下降,但两代户的核心家庭仍然是各种家庭类型的主体。近年来,随着 G 镇大量的剩余劳动力外出务工,一些中青年夫妇离家到外地打工,而将其子女留于其祖父母照顾,也导致了大量的隔代家庭出现。另外,由于生计需要和对子女教育观念的转变,部分家庭成员外出流动(比如务工、进城陪读),导致家庭成员间在大部分时间里多处于离散状态,分散的核心家庭呈逐渐增加趋势。

(三)家庭外部关系网络化

社会学研究认为,家庭外部关系网络化是指几个有亲属关系的家庭之间组成的,依托血缘、姻缘、地缘等关系逐步构建的家庭网络[①]。改革开放以来 G 镇家庭外部关系的网络化主要体现在两个方面:一是"家族企业"关系网络化。"家族企业"是改革开放以来 G 镇主要的经济组织形式,G 镇现有大小企事业 30 家,其中一定规模的羽毛制品有限公司 12 家,公司内部主要采用家庭或家族式的管理方式,尤其是关键岗位主要是经营者的直系亲属担任。同时公司的经营者和其亲属会千方百计地与各种掌握某些权利和资源的友人建立网络关系,参与公司的生产与经营。二是"农民工就业"关系网络化。农民工就业过程中,家庭外部关系的网络化使社会结构发育呈现出的弱组织与强网络特点表现得更为明显。笔者实地调查得知,20 世纪 90 年代以来,G 镇外出务工人口越来越多,农村劳动力外出就业主要依靠亲友介绍,且多数亲友是在一个车间工作,他们遇到困难时的求助对象也多是老乡、亲戚和朋友,呈现出家族关系网络化的特点。

---

① 胡汝全.试论网络家庭[N].中国妇女报,1986 年 3 月 7 日.

三、G 镇生计方式变迁

（一）农业生计方式的变迁

改革开放以来，国家在农业生产的政策方面进行了一系列的改革，G 镇农民的生计方式也随之发生了相应的变化。1978 年党的十一届三中全会，纠正了长期存在的农村指导思想上的"左"倾错误，重视农业问题，同时中共中央发出了《关于加快发展解放思想，联系实际、努力探索、逐步建立起多种形式的生产责任制》的文件；1979 年开始实行家庭联产承包责任制；1980 年推行农业联产承包到户，彻底打破了"吃大锅饭"和分配上的平均主义制度；1983 年由人民公社宣告解体成立 G 镇乡人民政府；1984 年 10 月中共六安县委 [84]134 号文件出台，进一步完善了农业生产责任制，使各项管理制度步入正规化发展轨道；1998 年 G 镇实行土地二轮承包；2000 年实行农村税费改革，国家改农业上缴公粮为农业税；2003 年国家重视"三农"问题取消了农业税；2004 年国家开始对农户实行种粮补贴，极大地调动了广大农民的种粮积极性。

近年来，国家出台了一系列惠农政策，一定程度上改变了 G 镇农作物生产经营的现状，以前荒芜的农田开始重新利用，粮食产量有所提高，但与改革开放初期相比，农业生产方式和理念已发生了质的变化。从农业生产方式上来看，传统的以家庭为单位的生产方式逐渐被农业生产承包大户取代，农民将土地和良田交给承包户统一生产，承包户按承包面积和粮食价格给予农户相应的补偿。从农业生产理念上来看，逐渐从传统的棉、麻、小麦、水稻等农作物生产开始向迎合市场需求的"特色农产品"生产方式转化。比如，冯郢村 2011 年通过招商引资，引进浙江省安吉县中药材生产专家来村投资种植"水栀子"中药材原材料，依托该村的丘陵地域优势，将原来大量的水稻、棉花种植良田改为水栀子生产基地，通过提炼水栀子的天然色素，供市场需求，为美好乡村建设提供了产业支柱。小河沿村利用地势低洼的环境特点，将大量的稻田改为"芡实"生产基地，大大提高了农民的收入。目前，G 镇政府正极力打造"一村一品"的农业生产格局，农业生产理念逐渐向"工业化""品牌化""市场化""生态化"方向转化，"美好乡村建设"已迈出坚实的一步。

(二)工业生计方式的变迁

"皖西白鹅"是 G 镇特有的农畜产品,鹅毛经营提高了农民的生活水平。G 镇鹅毛经营起源于 20 世纪 80 年代初,G 镇羽毛、羽绒由货郎挑入村到户收购,外地商人前来购买。这些货郎发现羽毛、羽绒前景可观后,自己收购,肩挑背扛到外地销售,先到江西九江,后来发展到全国各地,形成"买全国""卖全国"的局势。随着羽绒、羽毛经营资本不断积累,销售范围扩大,经验不断增多,行情、信息、技术进一步加强,在 20 世纪 80 年代后期就涌现一大批万元户。为了扩大资本,许多经营户自发联合起来,共同从事羽毛、羽绒贸易。当时的羽毛、羽绒生产、交易处于自发状态,市场调节价格,无秩序性、无管理现象普遍存在。一度出现交通受阻,讹买讹卖等现象。在 20 世纪 90 年代初,G 镇建立了羽绒市场,羽绒市场由 G 镇工商所和 G 镇政府共同管理,羽毛、羽绒经营户开始在此安营扎寨,在固定场所进行经营、交易。随着羽毛、羽绒市场逐步兴旺,一大批从事羽毛、羽绒经营的企业应运而生,资本逐步扩大,形成如:皖西羽绒集团、G 镇羽毛工艺制品厂、环宇羽毛工艺制品厂、强生羽绒有限公司等多家规模企业,羽绒、羽毛加工骨干企业,出口创汇 400 多万美元,解决就业当地和外地劳力 50000 多人。"皖西羽绒"商标业经国家工商行政总局注册,仅 2007 年,先后有 20 多批(次)海内外客商来镇交易、洽谈。

第三节 改革开放以来 G 镇社会结构变迁分析

米尔斯在(Mills,1959)《社会学的想象力》一书中曾经说过:"历史类型是我们研究事物中一个很重要的方面……历史变迁就是社会结构的变迁,是它们的组成部分之间相互关系的变迁。"[1] 改革开放以来,中国社会在人口结构、家庭结构、生计结构、城乡结构、区域结构、社会阶层结构和组织结构等方面发生了深刻变动,可以说是"几千年

---

[1] 赖特·米尔斯.社会学想象力[M].北京:三联书店,2001:45.

第二章 G镇体育组织变迁的社会制度背景

未有之变局"。近代由于工业发展缓慢,社会结构变迁迟缓。新中国成立后,党和政府领导全国人民进行大规模的工业化建设,然而,由于在发展模式选择等方面的不当,社会结构没有得到相应的调整。1978年以来,经济体制和社会体制改革大大加快了由农业向工业社会、农村社会向城市社会、传统社会向现代社会的转型,中国社会结构发生了深刻变动[①]。G镇作为中国农村乡镇的一个缩影,随着社会的发展,其社会结构也发生了深刻的变迁,不仅在我国农村乡镇社会变迁中具有普遍性和典型性意义,而且对乡镇体育组织的产生与发展具有特殊影响。

一、从普遍性意义上看G镇社会结构的变迁

G镇作为中国农村乡镇社会的一个缩影,在国家宏观政策背景下,所经历的社会变迁在农村乡镇中具有普遍性。从其所属的地理位置来看,G镇地处淮河流域中下游的丘陵地带,属于亚热带季风气候,常年光照充足、雨水充沛,适合粮食等农作物生长。因此,自古以来,小农思想主宰了G镇人民生活的理念,这种传统的农业生产方式培养了G镇农民勤劳、勇敢、朴素、求进的文化性格。从历史演变来看,西周时期的古城址印证了G镇悠久的历史,波澜起伏的政治、经济、文化、商贸环境淬炼了G镇先民不屈不挠的致富人格。从生计方式来看,由于受到历史和社会环境的影响,G镇农民逐渐摆脱了单纯依靠"农业"的生计方式,开始向"农业—商业—工业—服务业"等多种方式并存的生计方式转变,尤其在农村城镇化、工业化快速发展的今天,传统意义上的以农业生产为主要生计方式的农民将会越来越稀少。从人口结构来看,改革开放以来,G镇人口结构和家庭结构发生了很大的变化,受计划生育和义务教育政策的影响,家庭人口数量减少,人口质量逐渐提高。从文化和体育生活来看,随着农村经济社会的发展,农民在物质生活逐渐得到满足的同时,对精神文化生活的追求越来越强烈,参与文化体育活动已成为当前G镇居民追求健康生活方式的一个重要选择。从G镇的城镇化建设来看,确立以农村乡镇、集镇和建制镇为重点的适度超前的城镇化发展思路,是新时期我国城市化发展的重要战略举措。近年来G镇

---

① 陆学艺.当代中国社会结构[M].北京:社会科学文献出版社,2010:14.

加快城镇化建设步伐,扩大镇区面积,加大镇区基础设施建设,政策鼓励农民搬迁至镇区居住,目前集镇居住人口达全镇总人口的42.3%,城镇化建设取得显著成效。

二、从典型性意义上看 G 镇社会结构的变迁

G 镇作为一个具有"独立个性"的乡镇,其固有的资源禀赋和文化传统决定其在乡镇社会发展中具有典型性。改革开放以来,G 镇经历了从改革开放初期(1978—1991)、市场经济转型时期(1992—2001)到小康社会建设时期(2002年以来)三个主要的经济体制改革时期的过渡,乡镇社会也在这样的宏观制度改革背景下发生着具有共性特征的变迁,但是 G 镇独特的"水运"环境和"白鹅"资源禀赋使其在乡镇社会发展中具有典型性。计划经济时期,在绝大部分农村乡镇因交通不便而默守着自给自足的农耕生活方式的时候,G 镇因东西汲河穿腹而过,水运交通畅达,南街码头来往商客络绎不绝,商贸较为繁荣。从外地水运而来的食盐等生活用品以 G 镇为枢纽分散至周边乡镇,而本地的大米、棉花、禽蛋等农副产品,通过 G 镇码头运往蚌埠、淮南、上海等地,G 镇成为当时重要的商品、货物交易场所。这种独特的水运环境是当时 G 镇对外界交流的重要窗口,也因此,一些新鲜的外界事物不断传入 G 镇,促进了 G 镇经济社会的发展。"皖西白鹅"是 G 镇特有的畜牧业资源,G 镇由于地理位置特殊,土地肥沃,沟渠纵横,水草丰饶,适宜养鹅。皖西白鹅作为中型羽肉兼用型鹅种,其形成历史悠久,已有 2000 多年。20 世纪 70 年代从河南殷墟中挖掘出的玉鹅,即以皖西白鹅为原型,晋代书圣王羲之亲自书写"皖西白鹅",以示赞誉。2001 年皖西白鹅被农业部列为首批优良地方畜禽品种名录,2004 年由农业部投资在六安市 G 镇建设了皖西白鹅原种场。近年来,G 镇党委、政府抢抓机遇,发挥优势,举镇而为,以白鹅产业为主导,围绕"三大跨越"目标和"1235"工程,加速城镇化、工业化、产业化步伐,调整结构,科技兴农,初步形成了"工厂+基地+农户"的产业化模式。现有 500 只以上养鹅大户 50 余户,1000 只以上养鹅大户 30 余户,全镇还有10000多户,户均养鹅 40 只,全镇白鹅饲养量达 40 万只。现拥有中小型羽绒羽毛加工企业百余家,吸纳本地剩余劳动力10000余人[①]。皖西白鹅盘活了G镇人民的资本,带动了农村相关产业发展,加速了G镇城镇化建设的步伐。

三、从特殊性意义上看G镇社会结构的变迁

改革开放以来G镇社会结构变迁对乡镇体育组织的产生与发展具有特殊意义。首先,从人口结构的变迁来看:第一,人口老龄化带来的社会保障和家庭负担,促进了老年体育健身需求和体育组织的产生。第二,农村留守的中青年女性对集体生活秩序的记忆和城市体育文化的效仿成了自发性群众体育组织的主要力量。第三,人口文化素质提高,转变了体育健身的观念和行为,加快了参与体育组织的积极性和主动性。第四,人口空间的集聚效应为体育组织的形成与活动的开展提供了场域要素。其次,从家庭结构的变迁来看:第一,家庭作为具有农业生产自主权的经营主体,不仅有效地提高了农业生产效率,而且能够从农业生产中释放出多余的劳动力,使得包括体育在内的社会组织参与成为可能。第二,家庭结构小型化和简单家庭的出现,容易形成一致性的社会心理,在体育组织参与决策上容易达成共识。第三,家庭外部关系网络化有利于扩大家庭体育活动范围,促进体育组织成员间的交流和融合。再次,从生计方式的变迁来看:改革开放以来,随着国家一系列惠农政策的颁布实施,G镇农民生计方式发生了较大的转变,传统以农耕为主要形式的生计方式,由于被现代化的生产方式取代而逐渐退出历史舞台,农民的闲暇时间越来越多,体力活动支出越来越少,农民对体育参与的需求将会越来越强烈。另外,由于G镇乡镇企业和民营企业的产生,解决了当地大量的劳动力就业问题,而"朝九晚五"的劳动作息制度,加之长时间"静坐少动"的企业化管理方式,使得他们的身体活动受到限制,人际交往较为狭窄,因此选择参与有组织的体育健身活动,能够有效地缓解身体和精神方面的压力,以促进身心健康、和谐的发展。

通过以上分析,可以看出G镇作为乡镇居民社会生活的地域共同体,既有着其自身维系社会运转的原生形态,也有着区别于其他地域文化传统的特有形态。但这些原生和特有的形态诸如区位与空间、人口与

---

① 刘发才.皖西白鹅及其标准化饲养管理技术[J].农村科技,2014:141-148.

家庭、文化与生计,又往往共同作用于乡镇居民的体育观念与行为,催生体育组织的形成。因此,追溯 G 镇的社会制度背景,不仅在于读懂 G 镇的区域符号与历史时光,从而为地方性知识的隐喻搭建一个缩影处理后的社会舞台,而且更为重要的是有助于理解不同社会制度背景下的乡镇体育文化传统以及体育组织产生与演变的逻辑。

第三章 改革开放以来 G 镇体育组织变迁的历史脉络

"研究者应该对生活中不期而遇、异乎寻常又关乎全局的社会事实给予充分关注,因为这些现象往往成为新的理论研究的起点。"
——莫顿(美国社会学家)

第一节 恢复:改革开放初期(1978—1991)的 G 镇体育组织

1978年中国共产党召开具有历史意义的十一届三中全会,开启了改革开放的历史新篇章,中国农村体育也在这一背景下逐步摆脱计划经济体制发展模式的束缚,开始向市场经济体制发展路径迈进。1978—1991年期间,随着我国政治、经济体制的逐步转型,农村体育步入了一个新的发展阶段。G镇体育组织也在这一发展变化过程中恢复初建,呈现出一定的阶段性特征。

一、政府性体育组织

乡镇文化站作为一种社会组织是现代性发展的产物[1],对我国基层治理发挥着不可替代的作用。改革开放以来乡镇文化站出现的历史变迁是

---

[1] 安东尼·吉登斯.现代性的后果[M].北京:译林出版社,2011:1.

社会结构的变迁,也反映着国家与社会关系良性动态的变迁[1]。从性质上讲,乡镇文化站是国家最基层的文化事业机构,是通过开展宣传教育、文化体育和报刊阅读等各类文化活动,服务于当地农村群众的综合性公共文化机构[2],也是我国基层政府性体育组织的一种形式。

(一)政府性体育组织形成与发展的制度背景

与"文革"期间表面上轰轰烈烈的农村政治体育活动相比,改革开放初期国家确立了"以阶级斗争为纲"向"以经济建设为中心"转变的战略重点,农民的兴奋点主要在土地承包上,注意力集中到了脱贫致富上,与对物质生活的追求相比较,农村体育暂时退居到了次要位置。但是,随着改革的深入,家庭承包责任制改变了人民公社体制下的农民生产和生活方式,农民自主权逐渐得以回归,生活水平不断提高,闲暇时间逐渐增多,农民对文化体育活动的需求越来越高。1978年12月,党的十一届三中全会通过《农村人民公社工作条例(试行草案)》,其中第十一章46条规定:"开展业余文化体育活动,活跃社会文化生活。"1979年,国家体委提出了《关于进一步加强群众体育工作的意见》,农村体育活动的组织形式开始转变,原先的大集体,统一组织练习的广播操、生产操、工间操、忠字舞等形式的群众性体育活动,开始向以个人爱好和自愿参加为前提的跑步、气功、武术等形式的体育活动转变。1982年1月,中共中央发出了《关于关心人民群众文化生活的指示》(中发〔1981〕31号),全国各地迅速兴起的农村文化中心、文化站、青年之家把体育活动作为重要内容,农民体育朝着阵地化、经常化、多样化的方向发展[3]。

1983年,国务院提出了应加强对农村体育工作的领导,加强农村体育活动阵地建设,广开门路解决经费问题,积极开展各项体育活动,搞好农村体育骨干的培训工作及改进工作作风和方法。1984年12月国家体委下发了《关于加强县体育工作的意见》,其中指出,在全面开展县体育工作中,应着重抓好经济较富裕的和体育基础较好乡镇的体育。1985年10月,国家体委又颁发了《全国体育先进县标准的细则》,使得

---

[1] 赖特·米尔斯.社会学想象力[M].北京:三联书店,2001:161.
[2] 中共中央办公厅国务院办公厅.关于进一步加强农村文化建设的意见[Z].中办发〔2005〕27号.
[3] 夏成前,田雨普.新中国农村体育发展历程[J].体育科学,2007,27(10):32-39.

农村乡镇体育工作进一步程序化和制度化。1986年中国农民体育协会成立,充分表明了党和政府对农村体育工作的高度重视。1987年第二次全国农村体育工作会议指出体育先进县评比、农民体育协会成立与农民运动会召开,标志着我国农村体育已进入了一个既有独立组织,又有广泛基础的全面发展时期。1988年第一届全国农民运动会举办,提出农运会的设项与农时活动结合,保持农村特色,为各省开展农民体育活动提供了重要参照。1989年在全国体委工作会议上,伍绍祖提出,体委要转变职能,实行政、事分开,各级各地要积极探索和发展最能吸引群众、方便群众锻炼的社会体育组织形式,开拓了集体、个人办体育的新思想和新领域。同年,国家体委、国家教委等11个单位联合发出《关于国庆节前广泛开展群众性体育活动的通知》,各级政府及有关部门高度重视,积极支持,农村体育活动十分活跃,形成了高潮。1990年开展的以乡镇为基本单位进行的"亿万农民健身活动",对于广大农村居民形成良好的生活方式,远离黄、赌、毒恶习,建设社会主义精神文明产生了良好作用。

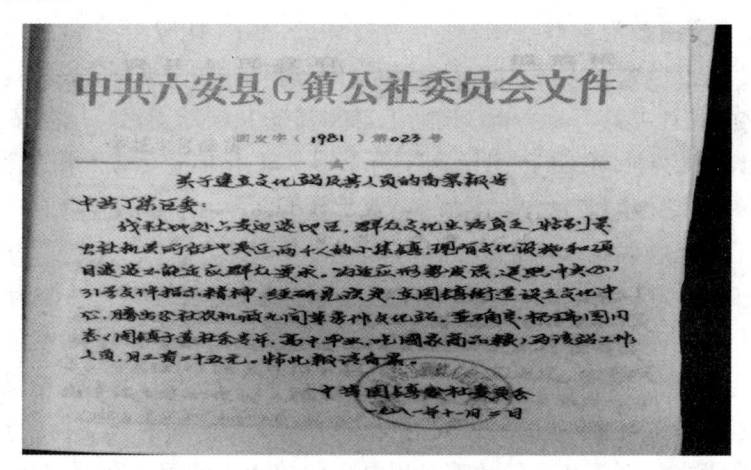

图 3-1　1981年G镇公社《关于建立文化站及其人员的备案报告》

在以上宏观制度背景下,G镇政府于1981年11月向上级区委正式递交了"关于建立文化站及其人员的备案报告"(见图3-1),建立了社办文化站(人民公社办站),在财政上由政府负责解决文化站干部的工资待遇问题,同时把开展球类、棋牌类体育活动纳入文化站工作计划范畴。1981年G镇文化站的建立,意味着G镇农村文化体育的组织管理工作从此找到了落脚点。自此,G镇群众体育工作在政府的单一领导下由乡镇文化站具体负责组织实施,因地制宜开展与农业生产和农民生活相关的体育活动,奏响了农村体育工作由过去"政府单一主导"的计划经济旧体制向"政府主导、社会支持、全民参与"的市场经济新体制迈进的新号角。

(二)政府性体育组织的管理体制

体育管理体制是体育管理的机构设置、权限划分、运行机制等方面的体系和制度的总称,是实现体育总目标的组织保证[①]。改革之初(1978—1981),G镇政府在人民公社体制下,政府还没有成立专门的文化体育管理机构,群众体育活动的开展主要是在县体委和县、区文化馆的统一领导下,由人民公社、革委会来组织实施。1981年新中国颁布了第一个关于文化建设的文件,即中发〔1981〕31号《关于关心人民群众文化生活的指示》,提出了"乡乡有文化站"的目标。1981年11月经中共G镇公社委员会研究决定,在G镇街道设立文化中心,腾出公社农机厂9间草房作为文化站,并确立YRG同志为文化站工作人员(事业编制,工资由政府财政支出,标准为每月25元)。1982年文化站出台了"1982—1984年G镇公社文化活动设施三年规划"(见图3-2),其中第4项列出"社办站开展乒乓球、羽毛球和篮球三项球类活动",第6项列出"开展棋类活动",同时明确了"开展乡镇文化体育活动"和"管理与监督乡镇文化市场"是文化站的主要工作职责。由此可见,政府把乡镇体育工作已明确纳入文化站的工作范畴。

1983年G镇人民公社改为G镇乡人民政府,公社文化站改为G镇乡文化站;1984年8月经六安县政府批准改编建镇,G镇人民公社制从此走向终结,取而代之的是乡镇建制,G镇乡改为G镇镇,与此同时G镇乡文化站更名为G镇镇文化站。G镇镇文化站的成立,在行政上接受县级文化部门和乡镇政府且以县文化馆为主的双重管理,在业务上接受县级文化部门的指导。1981—1991年这一阶段G镇政府文化体育的组织管理架构基本属于"六安县文化局(具体由县文化馆负责)——丁集区公所(政府)文化站(区级配有一名文化干事)——G镇公社(乡镇政府)文化站(具体由文化站长负责)"的三级管理体系(见图3-3)。其中六安县文化馆负责制定全县群众文化(体育)发展政策和农村文化

---

① 张瑞林,秦椿林.体育管理学[M].北京:高等教育出版社,2008:112.

第三章 改革开放以来G镇体育组织变迁的历史脉络

(体育)发展计划,丁集区公所文化站是链接县级文化体育工作和乡镇文化体育工作的纽带,G镇镇文化站具体负责开展农村体育工作,并在业务上接受上级文化体育管理部门的指导、检查和监督。该阶段六安县体委作为专门性的政府性体育事业单位,主要负责落实上级体育主管部门布置的地区性竞技体育运动和中小学运动会的组织开展,对农村群众体育工作的开展没有实质性的内容和举措。

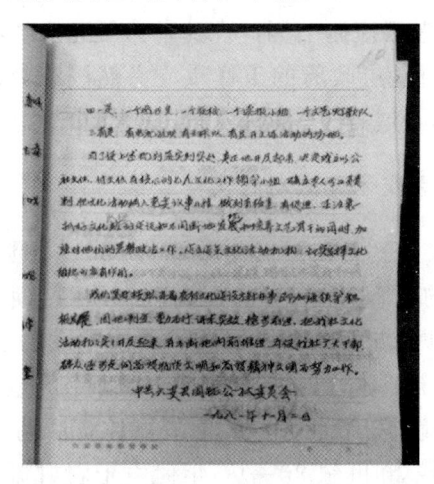

图3-2 文化站《1982—1984年G镇公社文化活动设施三年规划》

除此之外,农村体育活动的上级组织领导机构还包括非专门性的群团组织和政府部门,比如农业、教育、医疗、公安、妇联、工会、共青团等各级领导机构,这些非专门性的领导机构也不定期地组织开展系统内、行业内的基层体育活动,是乡镇体育活动的一支重要组织力量。

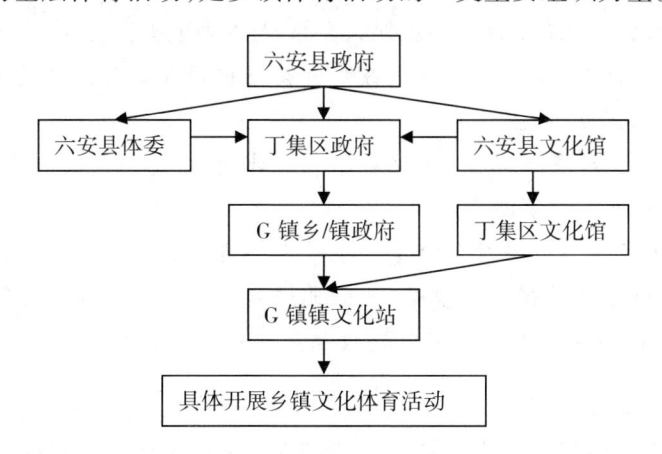

图3-3 1981—1991年G镇文化体育工作行政管理体制图

（三）政府性体育组织的运作方式

改革开放以来，随着农民收入水平的提高，农民对精神文化生活的需求也不断增加。但这一阶段，由于中央政府出台了各种经济发展的政策、文件和指标，对下级政府下达了各种指令性的命令和经济指标，并根据实际指标的完成情况给予不同的奖励和处罚，尤其对一些重要经济指标采取的是"一票否决制"，因此在这种为了完成经济指标任务的"压力性体制"下，农村基层政府的工作重心必然围绕经济建设而展开，农村文化体育活动的开展处于"消极支持"的状态。

1. 依托学校：群众体育活动的实施载体

1986年《中华人民共和国义务教育法》第三条明确规定："义务教育必须贯彻国家的教育方针，努力提高教育质量，使儿童、青少年在思想品德、智力、体质等方面全面发展。"[①] 首次把发展学生体质纳入义务教育法的范畴，奠定了体育课在农村义务教育中的重要地位。因此，相对于农村其他单位而言，农村学校具有开展体育活动的师资和场地设施的相对优势。另外，20世纪80—90年代由于农村流动人口较少，举家外出务工的情况较为鲜见，农村各个村落小学都有相对充足的生源，学校体育成为当时农村青少年儿童锻炼身体、参与体育活动的重要载体。

以下是笔者与时任文化站站长YRG的访谈记录：(W为笔者，Y为受访者)

W：从G镇档案室查阅的资料显示，1981年G镇政府制定了《G镇文化活动设施工作的三年规划》，要求社办站开展乒乓球、羽毛球和篮球三项球类活动，是不是意味着政府开始重视群众体育活动的开展？政府又是怎样落实的呢？

Y：乒乓球、篮球活动，政府年年都有计划，都是以学校为主。

W：为什么以学校为主？

Y：体育这一块当时主要是以乡镇各个地方的中学、小学为主体，那时候因为外出的流动人口少嘛，生源比较充足，"完小"各个村都有。

W：噢，当时的群众体育活动仅仅是在中小学开展的吗？

[①] 杨颖秀.教育政策法规专题[M].哈尔滨：东北师范大学出版社，2001：113.

第三章 改革开放以来 G 镇体育组织变迁的历史脉络

Y:对了,对了。由中小学来完成,主要依托体育课,当时没有向社会全面铺开。

W:学校主要开展了哪些体育活动呢?

Y:学校成立的队伍有:固小篮球队、固中篮球队、乒乓球队、羽毛球队等。这些队伍,基本上各个学校都有。

W:这些队伍是政府要求成立的,还是学校自发组织成立的?

Y:文体活动,当时它就叫文体活动,文体活动都是县文化馆统一安排,年年都有工作部署,要求各个乡镇要组织开展。

W:然后,是不是乡镇府又部署到各个学校来牵头落实?

Y:对了。因为学校它可以体育课为重点嘛。

2. 政府主导:群众体育活动的运行方式

1991 年为六安地区实行"撤区并乡"政策前的最后一年,在这期间原六安县辖 13 个区,78 个乡镇,乡镇体育竞赛活动的开展主要是根据县文化馆、县体委的总体工作部署,以区为单位组织参加。G 镇原隶属于丁集区公所,丁集区一般要进行以乡镇为单位的赛前选拔赛。由于 G 镇历来有爱好篮球运动的传统,加之历届政府对篮球运动的重视,20 世纪 80 年代 G 镇每年都积极参加丁集区举办的乡镇篮球选拔赛,几乎是每年都代表丁集区参加六安县组织的农民篮球比赛。在六安县的比赛中也曾经获得第一、第二的好名次。这一时期 G 镇体育竞赛活动是在政府主导下依托学校来开展的,主要形式就是由学校体育教师来选拔队员,安排训练;政府给予经费支持,文化站负责整个比赛过程的组织与管理。

W:乡镇体育竞赛活动是怎么开展的呢?

Y:体育竞赛活动主要是以区为单位,年年开展篮球赛,基本上都是以学校为重点,参加人员有老师,也包括社会青年(根据情况吸收部分青年)。那个时候,我们 G 镇篮球队在全县、全区都拿过好名次,我自己都带过不少次队伍出征,而当时以镇为单位专门性的篮球队还没有,只是自发的、临时组织的队伍。

W:也就是说,当时还是以学校为主来组织落实县、区要求参加的体育活动?

Y:对对!

W:这时候由学校来组织实施,政府是否支持呢?

Y：支持，政府给经费，学校当时也没有经费嘛！

W：噢，那时候政府的体育工作就交由学校来落实了，是吧？

Y：就是以学校为重点，由乡镇文化站跟各个学校联系。

W：您那时候作为文化站负责人亲自带队出征，是否意味着您代表了政府的意愿和行为？

Y：对，我就是代表政府，表明政府支持这个活动。

W：那赛前的训练是否由他们自己组织？

Y：对，赛前训练都由学校自己组织，政府就是比赛期间负责安排。

3. 政府买单：群众体育活动的经费来源

由于计划经济体制下，政府统揽一切，拥有至高无上的权力，社会和市场还没有参与到群众体育活动中来，农村体育活动所需的经费都由政府单方面负责解决。其中，体育活动经费来源主要是上级政府拨款和乡镇政府财政资金补贴两个方面。经费支出主要用在：一是对农村中小学校体育场地、设施建设的投入，包括体育教学所需器材设备的添置与更新，组织开展学校之间的体育竞赛经费等；二是对乡镇体育竞赛活动的投入，主要用于比赛期间的食宿及购买运动服、运动鞋等花费。

W：那时候，从G镇街道来看，群众体育场地设施建设方面，政府是否有一定的投入？

Y：没什么设施，主要就是给G镇中学、G镇小学及各个村级小学购买几个篮球，安装两个篮球架，仅此而已。其他的基础设施都由学校自己来负责，当时的运动设施都比较简陋，比如有的学校自己砍几棵树制作篮球板和篮球架，有的是村委会提供砖头和水泥帮助砌成两个乒乓球台等。

W：噢，也就是说政府也投资一部分，帮助学校开展体育活动？

Y：嗯，如果要正式开展比赛，活动时的食宿、费用都是政府给钱，包括运动服等，因为你代表政府嘛。

W：是不是那时候参加丁集区和六安县要求参加的活动，乡镇政府都布置到学校来组织落实？

Y：嗯，业务上由各个学校的体育老师来指导，财力上都是政府给予支持。

W：那时候，参加一次比赛，政府在财力上支持力度有多大？

Y：那时候是有限的，一般就是鞋子、服装为主。车旅费那都无所谓，

第三章　改革开放以来 G 镇体育组织变迁的历史脉络

因为当时我们 G 镇离县区都很近,钱就是花在如住宿,饮食等方面多一些。当时的费用都很低,每次活动大概是在几千块钱左右。

W:每次几千块钱,在当时算不算挺高的花费了?

Y:因为要住宿吗,你就是到区里面比赛也得住 2~3 天,经费花费大概在 2~3 千元。

W:2~3 千元,当时相对于政府在文化方面的投入来说,这是不是算一笔大的开销了?

Y:那虽然怪大的,但相比政府在其他公共事业方面的投入而言,也不算太大。

W:那么这样的活动每年是否都有开展呢?

Y:每年都有,像篮球活动,一年基本上都要进行两次。

4. 体育竞赛:群众体育活动的开展形式

这一阶段,政府组织开展的群众性体育活动主要以"体育竞赛"的形式展开,由于当时政府财力有限,乡镇没有能力投入公共体育场地设施建设,经常性的群众体育锻炼活动无法开展,"以赛促练"是当时农村体育活动的主要形式。从体育竞赛活动的形式来看,主要有两个方面:一是参与县、区文化体育部门布置的体育竞赛活动,参赛人员以学校体育教师为主,街道社会青年为辅。二是参与上级教育主管部门布置的学校体育竞赛活动,主要以"乡镇教办室"为牵头单位,组织各个学校参加,比如校运动会,篮球、乒乓球等单项比赛,参与人群包括各个学校的教职工和部分学生。可以看出,该时期以"体育竞赛"为重点的乡镇体育活动形式,确实对促进乡镇体育竞赛水平的提高起到了积极作用,但由于活动形式单一,对参赛队员的能力有一定要求,因此该阶段乡镇体育活动参与的面较小,参与的人数受到较大的限制。

W:除了县区要求参加的体育竞赛活动外,乡镇内部是否组织开展经常性的群众体育活动呢?

Y:那只是一般的学校每年搞一次体育运动会,各个学校自己组织。

W:学校体育运动会主要活动内容是什么,参加的对象有哪些?

Y:参加的对象主要是以学生为主,没有教师参加。运动会的比赛项目就是跑、跳、投掷等一些田径方面项目,没有球类等方面的内容。

W:另外,政府在组织参加上级要求的比赛项目上,除了篮球之外是否还有乒乓球、羽毛球等其他项目?

Y：我们这里主要是以篮球为主，其他的好像没有，主要就是篮球，因为篮球比赛容易开展，大众化一点。

W：那时候镇上在要求组织参加这些活动时，选拔的队员主要有哪些？

Y：选拔的队员主要是以中小学教师和各个单位的年轻人，包括街道的社会青年为主。

5."精神慰藉"：文化体育活动的社会功能

在精神文化生活比较匮乏的时期，乡镇政府组织开展群众性体育活动对个体和集体都产生了积极的社会影响。第一，丰富个体的精神文化生活。20世纪80—90年代农村实施"责任制"以后，老百姓空闲时间增多，但业余生活方式比较单调，对政府组织开展的体育竞赛活动既充满兴趣又十分渴望。第二，增强群体的凝聚力和归属感。从活动的参与者来看，通过比赛增进了友谊，培养了团结协作的意识和能力。从活动的支持者来看，渴望自己的代表队能有出色的发挥，取得骄人的成绩，为家乡增光添彩。这方面最典型的例子就是20世纪80年代G镇篮球队在县、区一级取得的优异成绩，让每一个G镇居民都引以为豪，通过比赛既增强了G镇居民的荣誉感，又培养了群众的凝聚力和向心力。

W：对于老百姓来说，他们是否需要政府组织开展这样的活动来丰富他们的精神文化生活？

Y：老百姓当然需要啦。每次组织开展文化体育活动，前来观看的老百姓非常多，可以说是人山人海。

W：噢，也就是说老百姓对这些方面还是比较热爱的，是吧？

Y：是的，文化体育活动老百姓特别喜欢。

W：您觉得老百姓为什么喜欢这样的文化体育活动呢？

Y：因为改革开放前，特别是十年动乱期间，一般的文化体育活动被看作是"牛鬼蛇神"，都被禁止了，当时老百姓的精神生活受到压抑。而改革开放后，政策放开了，允许不同形式的农村体育文化活动开展，所以说老百姓观看与参与这样的活动感觉很新奇，思想压力也得到了很好的释放。

W：对，感觉到新奇。

Y：一个是新奇；再一个是责任制以后，农民也比较闲了，有的出去打工了，精神文化生活比较匮乏。举办文化体育活动，能够激发起群众的情绪和激情,看比赛看得也很带劲。

W:也就是说,责任制后,老百姓有生产劳动的自主权,生产积极性和效率都提高了,闲暇时间也多了。

Y:对,他们迫切需要这些体育活动等精神文化生活,原来他们在生产队干活,因为要挣工分而从早忙到晚,根本没有空余时间。

W:也就是说,开展农村体育活动能够激发老百姓的工作热情、生活热情,甚至有利于增强群众的凝聚力和归属感。

Y:对,那是肯定的。正如现在一提到G镇篮球,G镇人民都会引以为豪一样的。

二、民间性体育组织

1978年十一届三中全会拉开了中国改革开放的序幕,伴随着中国农村经济体制、政治体制的改革,中国农村社会开始了以市场化为导向的变革。各种新生事物在改革的春风抚育下茁壮成长,农村民间体育组织也迎来了恢复发展的新生机。中国改革开放后出现的第一批社团是在"文革"后恢复重建起来的。人民团体和"文革"前成立的社会团体逐步恢复活动,同时出现了越来越多的新社会团体,一些针对特殊人群、行业性的社会公益组织不断创建。1978—1988年,是中国非政府组织调整复兴的时期,在经历了"文革"的浩劫之后,中国社会进入了反思、探索和改革的新时期。思想领域的解放,为包括非政府组织在内的新生事物的发展准备了思想基础;经济领域的市场化改革,从根本上调整了政府与企业的关系,为非政府组织的发展开辟了自主的生存空间;政治体制的改革和调整,政府的简政放权,政府从社会领域的相对撤回,扩大了民众自主生存的空间,也使个人与国家的关系发生了显著的变化[①]。

(一)民间性体育组织形成与发展的社会背景

经历了"文革"的10年浩劫,G镇的民间体育组织开始恢复发展,主要得益于以下四个方面的社会背景。

---

① 宋仕平,黎见春,王宝成,等.非政府组织与乡镇社会治理研究——野三关的实践与探索[M].北京:中央民族大学出版社,2012:35-36.

第一，改革开放政策为民间体育组织的发展提供了制度性空间。"文革"期间，农村体育的政治作用被明显提高，有限的农村体育活动却作为阶级斗争、路线斗争的工具被极端化，农村体育组织的形式及其活动的范围受到限制，农村自发性群众体育活动因被打上了阶级烙印而陷入一片瘫痪之中。继1976年粉碎"四人帮"后，党中央经过了拨乱反正，在政治思想领域进行了重新调整。1978年十一届三中全会以来，我国全面实施改革开放政策，把发展农村经济和丰富农民的文化生活作为农村人民公社建设的重要内容之一，农村体育工作得到了恢复发展，长期压抑在农民心头的精神文化生活需要得以释放，农村自发性的群众体育组织活动开始兴起。1986年后，随着农村体育专门组织"中国农民体育协会"的成立，在"亿万农民健身活动"的开展和全国体育先进县评选等活动的推动下，农村体育组织呈现出新的发展势头[1]。

第二，精神文化生活匮乏为民间体育组织发展提供了需求动力。"责任制"后，G镇群众生产积极性提高，闲暇时间相对增多，老百姓对精神文化的需求也相应增加。但由于当时交通闭塞，通讯不发达，家用电器还未深入农民家庭，农民精神文化生活比较匮乏，闲暇娱乐方式除了聚众聊天、看露天电影、听收音机、玩纸牌等方式外（当时电视机还未深入农民家庭，1982年G镇文化站借钱购买的一台黑白电视机，放映电视剧《霍元甲》，深受老百姓喜爱），几乎没有集体性娱乐活动的方式，开展文体活动是件新鲜事，成为当时老百姓娱乐消遣的重要方式。

第三，传统文化习俗为民间体育组织的恢复发展提供了思想保障。G镇自古以来流传民间"小戏"，解放后"舞龙"和"耍龙灯"活动就一直在G镇民间流传，这些文化体育活动内容虽粗陋俗浅，但在当时是老百姓自娱自乐的主要方式，一定程度上能够缓解群众的精神文化生活需要。"文革"期间，由于受"八大样板戏"的政治律令影响，"民间小戏"和"舞龙舞狮"活动被看作是"牛鬼蛇神"类的异端文化被政府禁止，农民喜闻乐见的文化体育活动受到压制，传统文化需求无法排遣。改革开放以来由于这些被禁锢的"文革"思想得以解放，加之老一辈民间艺人的积极努力，这些在"文革"期间被禁止的戏曲和体育组织又逐渐得以恢复发展。

---

[1] 张红坚，段黔冰.农村体育组织方式选择与农村体育组织建设——基于自组织理论视角[J].北京体育大学学报，2009，32（2）：20-22.

第三章 改革开放以来G镇体育组织变迁的历史脉络

第四,政府重视与扶持为民间体育组织的发展提供了政治保障。改革开放初期,"拥军拥属"受到各级政府的高度重视,由于当时乡镇政府财力有限,无法在经济上给予慰问,加之农民对文化娱乐生活的需求不断增加,于是上级政府作为一种政治活动安排,要求各个乡镇在春节期间拿出富有地方特色的文化艺术活动,一方面表达对烈士军属的拥护和爱戴之情,另一方面是为了渲染节日氛围。由于G镇自古以来就有"舞龙"和"耍龙灯"的民间传统文化习俗,且该项活动具有浓郁的地方特色,因此在政府的帮助下这些传统的民间体育组织得以恢复发展起来。

(二)民间性体育组织的形态与运行方式

表3-1 改革开放初期(1978—1991)G镇民间性体育组织的基本形态

组织类型	自发性群众体育组织				其他松散型体育组织
组织类型	民间舞龙队	民间花鼓灯队	民间篮球队	民间乒乓球队	伙伴式、家庭式、邻里式、族群式、乡约式……
组织数量	2	1	3	1	若干
持续时间	1983—1986	1983—1986	1982—1991	1982—1991	1978—1991
组织成员	搬运站职工(男性)	民间爱好者(男女)	学校、单位、街道和社会青年(男性)	单位职工、学校青年教师(男性)	由不同年龄、性别和社会关系的乡民随机组成(男女)
组织规模	20~30人	10~20人	20~30人	5~10人	人数不定
活动频次	每年正月初一至十五	每年正月初一至十五	政府组织年均1次,自发组织月均1次	系统内组织年均1次,自发组织月均1次	伙伴式、家庭式、邻里式、族群式、乡约式……根据组织形式随机开展
活动场所	走家串户	走家串户	学校操场	学校、单位	田间地头、庄前屋后
形成方式	政府帮助形成	政府帮助形成	单位、政府帮助形成	单位、政府帮助形成	群众自发形成
组织结构	准正式结构	准正式结构	准正式结构	准正式结构	非正式结构

说明:组织数量、组织成员、活动频次的统计均指该阶段出现的最大范围。

出生于美国的社会系统学派创始人、现代管理理论之父切斯特·巴纳德认为:"组织是两人以上有意识的协调力量和活动的合作系统。"从这个意义上讲,组织作为一种有特殊目的的行为群体,在现实生活世界中无处不在。改革开放以来,随着政府权力空间的缩小,公民自我权力空间得以释放,社会组织力量不断发展壮大起来,而那些以游戏为特征的、以身体锻炼为目的的民间体育组织也相继呈现出来。这些组织虽然没有像正式社会团体一样履行审批登记手续,但却在农村社会广泛存在。根据《社会团体登记管理条例》(1998年)规定,"在政府机构、企事业单位、学校、社区和村庄内部开展活动的社团属于单位内部社团,它们无需到民政部门登记注册,其开展各种体育活动的范围主要是在县及县以下的广大农村之间。"

从表 3-1 统计结果可以看出,改革开放初期 G 镇民间体育组织总体上有两种类型:一种是政府主导型的体育组织,主要包括舞龙队、龙灯队、花鼓灯队、篮球队和乒乓球队。该类组织具有相对明确的目标和正式的管理结构,是在政府的帮助下形成和开展活动,一定程度上能够代表乡镇政府参加体育竞赛活动和文化娱乐活动,政府负责活动期间的组织管理和经费支出,其成员主要由街道社会青年、集体单位职工和学校教师组成。另一种是自主松散型的体育组织,主要有伙伴式、家庭式、邻里式、族群式、乡约式等组织形式。该类体育组织形式多样,没有明确的组织目标和管理要求,组织成员是由具有不同社会关系的乡民构成,活动的开展是根据不同类型群体的体育兴趣、爱好随机组合而成,不受政府的行政领导和制约,活动的开展具有民间性、季节性、松散性、或然性、不确定性等特点,是乡镇民间性体育组织的重要组成部分。

1. 恢复凋零的民间舞龙队

龙,是中华民族的图腾。由于"舞龙舞狮"活动能够表达出华夏儿女对龙的崇拜和对幸福生活的向往之情,因此在当时生产力低下、娱乐方式单一的背景下,舞龙舞狮成为广大农民群众喜闻乐见的消遣、娱乐方式之一。解放初期 G 镇就有"玩龙、耍龙灯"的地方文化习俗,舞龙队和龙灯队也是 G 镇早期成立的民间体育社团之一,两者虽内容和形式不同,但属一套人马组成,活动时一前一后同时出现(图3-4)。"文革"期间,由于受到"左"倾错误思想的影响,舞龙舞狮活动一度被禁止。直到 1982 年,随着 G 镇农村"责任制"的全面推行,农民有了生活的自主权,对精神文化需求开始增加,乡土体育项目也逐渐得以恢复。G 镇当时有两支舞龙队和龙灯队,其中街道和小河沿村各有一支队伍,该队伍主要是在每年正月期间出现,走家串户玩耍,以娱乐喜庆,祈福谋生为主要目的。也有政府安排"花鼓灯"给乡镇烈士军属拜年活动的,该活

第三章 改革开放以来G镇体育组织变迁的历史脉络

动由大队负责组织安排,并给表演者记上一定的工分。1983年、1984年、1985年连续三年,由G镇文化站牵头(政府给予一定的经费资助),帮助成立了G镇舞龙队、龙灯队。后因搬运站解体,队员老化分散,政府也不支持而解体。

据时任G镇街道业余剧团团长WZB老人回顾:

"G镇自古以来就有'玩龙、耍龙灯'的习俗,因为成员主要是由身强力壮的搬运站工人组成,当时又戏称为'罗汉队'。'玩龙'是件体力活,一条龙有龙头和龙尾,还有8个节子组成,需要十几个人才能玩起来。成员有TZG、TXY、ZMQ、YXB、ZDT、RLT等,TZG负责耍龙头,是当时的队长。每年从大年三十晚上到正月期间玩耍,一个正月每份子能得到2斗米,相当于一家人吃两顿米饭。"

"文革"期间玩龙活动被禁止,政府不允许玩,属于"牛鬼蛇神"。改革开放以后主要是以玩为主,不是为了挣钱。另外"玩龙"在当时也是地方的一个风俗习惯,也就是说逢年遇节、乔迁嫁娶时要"动动响器",表达对来年风调雨顺、美好生活的期盼。

图 3-4 民间舞龙队喜迎新春

2. 亦文亦体的民间花鼓灯队

花鼓灯,是G镇地方歌舞的一种形式(图3-5)。表演团队多达一二十人,每逢丰收年景的新年初一至十五,民间传统表演队伍开始走街串巷、进村入户进行表演。每个村庄在花鼓灯到来之时,都张灯结彩,燃放鞭炮。其中家中当年有丧事或不幸事发生的人家,花鼓灯不在此户门前表演,该户人家也不会见怪。如无特殊情况,花鼓灯表演是宁丢一村,不缺一户,免得人家见怪。表演者身着戏剧服装,伴随着锣鼓的节拍,载歌载舞,即兴发挥即兴歌唱,众人相和,十分热闹。花鼓灯表演时由四人敲打锣鼓,一人牵引花车,一个花姑娘坐在车子里面,后有一个老妈妈跟随,活动时唱有口诀如下:"小龙小龙摆摆头,东盖瓦房西盖楼。东楼西楼都盖上,东家发财我沾光。"

图3-5 花鼓灯表演者

每当唱到主人家高兴时,主人家会端出节日食品,烟、酒赏给表演者,无论给多给少,表演者一概笑纳。有主人家新造住房,遇到花鼓灯来表演时,用红纸包上钱币,放在屋檐上,花鼓灯表演者搭人梯上去用嘴叼下。鼓乐声、唢呐声、喝彩声、歌声、笑声汇成一曲丰收交响乐。这种传统花鼓灯表演流行于20世纪50年代,70年代受当时政治环境影响被禁止,80年代G镇街头兴趣爱好者又将花鼓灯队重新组建起来进行表演,90年代初随着外出务工人员增多,表演者无时间聚集训练,导致解体,实为憾事。

时任G镇街道业余剧团团长WZB老人回顾了80年代花鼓灯队产生与解散情况:

"那时候80年代玩车灯,又是一帮年轻人,老一辈子都不干了。当时是从小河沿村姓朱的人那儿负责玩起来的,具体成员有哪些现在记不

第三章 改革开放以来G镇体育组织变迁的历史脉络

起来了,反正都是从乡里找来的。他们这些人原来在乡里玩过,有经验的。G镇当时有两个队,一是街道队,另一个就是小河沿村队,我们是同行,都认识的。花鼓灯年年正月间都玩,从年三十到正月十五,持续有20～30年的时间了,但70年代都没有玩过。我们1985年玩过一次花鼓灯,当时小车灯是我私人扎起来的,现在还在我家楼上蓬着呢。后来因为政府不支持,加上家里人也反对,最后就解体了。"

3. 知青带动下的民间篮球队

篮球,是一种大众化的体育运动方式,在我国民间广泛流传。早在1954年G镇就有一支篮球队,当时代表G镇乡(G镇1958年改为人民公社,1983年恢复乡镇建制)参加六安县组织的篮球比赛,就获得了较好名次。这支队伍持续到1966年"四清运动","文革"十年(1966—1976)因为要"抓革命、促生产",只允许唱"样板戏",加上大集体的生产方式,农民为了挣工分没有业余时间,所以篮球活动被迫停止。改革开放以来,直到80年代初期,G镇几个篮球爱好者又重新组建了篮球队,后逐渐成立了G镇街道篮球队、G镇中学篮球队和G镇小学篮球队。该时期G镇篮球队的形成和发展一方面得益于老一辈篮球爱好者的参与和带动,另一方面得益于当时"下放知识青年"对篮球运动的宣传和引导。这一时期G镇民间篮球队在组织管理上有以下几个特点:第一,没有明确的规章制度,也无管理上的层级划分,篮球队的活动是以"玩"为主要目标。第二,在校学生、青年教师是篮球队的主要成员,下放知青对篮球队的形成与发展影响较大。第三,群众经常性篮球活动的开展主要依托G镇中小学体育场地和师资资源。第四,政府在篮球竞赛活动上给予一定的物力、财力支持,并支持和鼓励群众性篮球活动的开展。

据80年代G镇篮球队主力队员CHQ回忆到:

"我当时上初中的时候,G镇中学来了个女体育老师,是安徽体育学院毕业的,叫LPL。就是她给我们引导起来的,她是起到了决定性的作用,L老师是上海下放知青,现在已回城里了。她刚分来的时候,对体育这一块很重视,她天天让我们早晨五点钟起床,带我们摸篮球架子来训练,而且天天如此。她训练很有一套,几乎是专业训练,教我们怎么跑位,怎么配合,还亲自带我们在场上打篮球。我们当时都是年轻小伙子,打篮球积极性非常高,所以篮球技术提高很快。"

"那时候80年代,她一个女孩子上场打篮球,好多人都去看,稀奇得不得了。哎呀,中学来了个女体育老师,球打得好,人又漂亮,街道人都惊讶,怎么还有女的打篮球?"

图 3-6　农民参加篮球赛

4. 单位体制下的乒乓球队

单位,是实现社会整合和扩充社会资源总量为目的的制度化组织形式,是国家与个人之间的连接点[①],计划经济时期"单位体制"成为中国社会不可替代的一种制度形式,单位承担了实现个人利益需求的全部职能。体育也不例外,单位职工的体育利益需求也主要是通过单位来实现的。对于 G 镇而言,除了政府组织开展的群众性体育活动以外,集体单位行业内、系统内开展的竞赛活动也是乡镇体育的主要组织形式之一。

乒乓球是群众喜爱的体育项目之一。一方面受当时"乒乓外交"政治环境的影响;另一方面是项目本身容易开展的特点所致。当时 G 镇中小学、粮站、食品站、供销社等规模相对较大的集体单位都有自己的乒乓球台,尽管条件简陋,但还是单位职工消遣娱乐的主要方式。80年代,G 镇政府组织的文体活动一般只限于上级布置的任务和具有重要纪念意义时所搞的政治活动,一般以篮球为主,有组织的乒乓球活动开展得较少。G 镇乒乓球队的成立主要与集体单位系统内开展的活动有关。据当时 G 镇粮站职工、G 镇乒乓球队的主力队员 FM 介绍:

[①] 王凯珍. 社会转型与中国城市社区体育发展[M]. 北京:北京体育大学出版社,2004:25.

第三章 改革开放以来 G 镇体育组织变迁的历史脉络

"我小学四年级开始打乒乓球,当时 G 镇小学只有水泥台子的乒乓球台,中间用'木牵板'锯出来当的隔板,条件虽然比较简陋,但当时我们几个同学比较爱好。我 17 岁初中毕业后去当的兵,20 岁退伍后分到 G 镇粮站工作。那时候粮站是 G 镇主要的集体单位(农民上交公粮,进行粮食交易的主要场所),规模较大,工人比较多,文体活动的开展也比其他单位丰富多彩一些。1984 年、1985 年由我、粮站站长和另外一个职工代表过 G 镇粮站参加六安县粮食局组织的乒乓球比赛,当时比赛是六安市粮食局组织的,只允许粮食部门职工参加,我们粮站自己组队,政府没有经费支持。"

G 镇乒乓球队主要是粮站职工自发组织的团队,80 年代在六安县粮食系统比赛中取得过较好成绩。90 年代初,因集体单位逐渐解体,粮站职工老化分散,加上新队员爱好者少,乒乓球队就解散了。特别是当时乒乓球队的核心队员 FM,初中毕业后考到独山粮校读书,后来爱好篮球运动,自此 G 镇乒乓球队就逐渐解体。

5. 形式多样的自主松散型体育组织

这一阶段,除了行政主导型的体育组织之外,因兴趣、爱好、传统、习俗等因素随机组合而成的自主松散型体育组织,也是乡镇居民参与体育活动的主要形式之一。自主松散型体育组织是由居民自发建立的,不以政府或企事业单位为依托,比较松散的组织形式。该类组织无正式的规章制度,参加锻炼的人群完全以自愿为原则,其锻炼计划、锻炼时间、锻炼内容、锻炼方式等由参与者共同协商决定,管理比较松散,具有明显的自主性、灵活性特点[①]。依组织成员之间的关系,该阶段的 G 镇松散型体育组织有以下几种类型:

第一,伙伴式体育组织。伙伴即同伴,特指有共同目标,有共同利益、爱好、价值取向的一个集体。这一时期由于生活条件限制,加之现代体育活动项目还未在农村流行。儿童、青少年往往会三五成群地聚集在庄前屋后、田间地头,采用武术、捉迷藏、荡秋千、放风筝、滚铁环、丢沙包、抽陀螺、踢毽子、抓石子、跳方格、斗鸡、摔泥泡、砸沙包、弹弓、爬树、摔跤、赛跑等传统体育类项目锻炼身体、玩耍嬉闹。中年人则在生产劳

---

① 王凯珍,李相如. 社区体育指导[M]. 桂林:广西师范大学出版社,2005:81-85.

动之余,经常会有好事者将几个人聚在一起采用扭扁担、举石锁、掰手腕、翻石磙、抵杠子、拔河、跳绳、游泳、自行车慢骑、自行车载重、打篮球等竞技类体育项目来锻炼身体。老年人则多采用下象棋、钓鱼、抹纸牌等益智类体育项目锻炼身体、娱乐身心。伙伴式体育组织是由具有共同体育兴趣和爱好者的群体组成,他们参与体育活动没有固定的时间、地点,只要有一两个爱好者主动发起,这种小群体的体育组织随时都可以形成。(见图3-7,3-8)。

图3-7 村民在进行拔河比赛

图3-8 农民自发组织的摔跤比赛

第二,家庭式体育组织。家庭联产承包责任制的实施,使家庭作为独立经济组织的作用日益彰显,家的概念和家庭的凝聚力更加强烈。费孝通先生曾说过,农村中的基本社会群体就是家,他们通过劳动的分工过着共同的生活。有些家庭成员经常在农闲季节和劳动之余聚在一起

第三章 改革开放以来 G 镇体育组织变迁的历史脉络

玩翻花、踢毽子、打纸牌等游戏,有的在庭院里对着墙壁打乒乓球;有的在院子中间拉根绳子打羽毛球等;也有的家庭子女较多,姊妹们经常在哥哥姐姐的带领下外出放牧踏青、放风筝、荡秋千等。总之,家庭式体育也是群众参与体育活动的一种组织形式,但它是以家庭为单位组成的活动群体,由家长或兄长来组织安排,活动地点一般选择在庭院内和庭前屋后,活动具有排他性和游戏性等特征。

第三,邻里式体育组织。在我国流传一句老话叫"远亲不如近邻",特别是在农村,邻里之间关系纯朴,没有利益冲突,邻居之间互帮互助,情同手足。由于长期生活在一起,培养出了相同的生活习性和价值观念,年龄相仿的孩子们放学后会聚集在一起奔跑、嬉闹、放牧、捉迷藏等,到了冬天还会在一起打雪仗、堆雪人。而大人们在闲暇时会互相串门,打打牌、下下棋等。这种体育组织由于是邻里关系形成的,彼此比较熟悉且沟通方便,活动的组织开展具有日常性、随意性等特征。

第四,族群式体育组织。族群即由姓氏家族构成的社会群体,乡村社会中族群的种类较多,族群的观念比较强烈。族群式体育活动一般会在族群聚集的时候开展,特别是当亲戚家里操办娶媳妇、嫁女儿、建新房时或者每逢春节拜年等场合,通过组织如摔跤、掰手腕、自行车、猜拳、打牌等与体育有关的活动来营造热闹的氛围。这种活动由爱好者和好事者发起,参与的人群以家族成员为主,对场地设施要求不高,在遵循一定的规则下进行。活动的开展主要以营造喜庆氛围、娱乐身心、沟通情感为目的,具有临时性、娱乐性的特征。

第五,乡约式体育组织。乡约即乡规民约(也称习惯法),是邻里乡人互相劝勉共同遵守,以相互协助救济为目的的一种制度。乡约式体育组织是乡民在特殊时节开展体育活动的一种组织形式。最典型的乡约式体育活动形式有:(1)每年的 3—4 月插秧结束前即在秧母田(即育苗田),人们习惯"泥稻仓",把稀泥糊在栽秧人身上,嬉戏追逐,以示祝贺插秧结束,祈盼人寿年丰。(2)农历正月十五元宵节,又叫上元节、灯节,居民每年元宵节凌晨零点开始到"二道闸"进行烧香、许愿、还愿,采用与身体运动相关的祭祀仪式,以祈幸福、平安发财。

三、政府与民间性体育组织运行管理特征

通过对改革开放初期(1978—1991)G镇体育组织基本形态的考察与分析,可以看出,改革开放之初G镇政府性体育组织的产生发展与我国新时期政治体制改革和乡镇社会结构变迁关系密切,尤其是"文革"结束后,农民对精神文化生活的需求以及国家出台的相关政策文件催生了乡镇基层文化体育组织的建立。

该阶段G镇政府性体育组织在运行和管理上具有以下几个方面的突出特征:

(1)该阶段乡镇文化站作为基层文化体育组织的主要形式,在业务和行政上接受上级文化主管部门和乡镇政府的双重领导,其活动开展的形式和内容受当时的政治和经济条件制约程度较大,具有较强的"计划性"和"指令性"色彩。

(2)乡镇文化站作为政府投资建设、具有独立人员编制、提供公共文化服务、指导基层文化工作和协助农村文化市场的公益性事业单位,该阶段的主要职能偏重于图书报刊阅读、宣传教育、文艺娱乐、科普培训、信息服务等与农村经济生活关系密切的事务,对乡镇体育事业的投入和群众性体育活动的组织与开展属于消极支持状态。

G镇民间性体育组织的形成与发展与转型期,我国政治经济体制改革后,农民对体育文化多元需求的变化有较大关联,特别是家庭联产承包责任制的实施和社会主义商品经济的发展,促进了农村民间文化体育组织的形成与发展。通过以上的研究可以看出,该时期G镇的民间性体育组织具有如下几个特征:

(1)"传统项目"是该时期民间性体育组织活动的主要内容。在G镇,自古以来就流传"花鼓灯"和"舞龙舞狮"两种亦文亦体的民间文化体育活动项目,20世纪50年代G镇组建了篮球队参加了当地的竞赛活动并获得过优异成绩,这些民间传统体育活动团队在G镇民间世代流传。直到20世纪80年代末,随着计划经济下单位体制的解体,农民的文化体育利益取向发生了转变,加之老一辈成员的老化分散,花鼓灯和舞龙舞狮活动逐渐消失,实为憾事,但G镇篮球运动作为一种地方性的传统优势项目一直沿袭至今,队伍不断发扬壮大。

(2)"公共利益"是该时期民间体育组织活动的价值取向。改革开

放初期,受长期计划经济管理模式的影响,朴素的小农经济思想和集体主义意识使得民间性体育组织开展的文化体育活动淡化个人利益,注重集体利益,呈现出鲜明的"公益性"价值观。民间性体育组织开展的活动主要是基于两个方面的价值取向:一方面为了丰富农民的精神文化生活,满足组织自身生存与发展的需要;另一方面为了帮助政府开展如慰问烈军属等公益性服务活动。

(3)"兴趣爱好"是该时期民间性体育组织成员的参与动机。20世纪80—90年代初,由于我国农业生产力尚不发达,农业的生产方式主要是以传统的农业耕作为主,农民的体力活动支出较大,经济生活并不富裕,绝大多数乡镇居民没有时间和精力参与体育健身活动,也不懂得体育活动的健身价值,乡镇传统项目的体育组织成员参加活动的动机主要是"兴趣爱好"使然,以满足精神文化生活需要为主要目的。

第二节 成长:市场经济转型时期(1992—2001)的 G 镇体育组织

1992年10月,党的十四大提出了社会主义市场经济的理论,确立了社会主义市场经济体制的改革目标。这一时期,国家经济繁荣、社会稳定、改革开放不断深入。市场化改革以及由此带动的政府体制改革和政府职能转化,使得一些原来国家控制的社会空间归还社会,社会逐渐成为一个与国家相并列的资源配置者,可以独立地向社会主体提供资源和机会[1]。也因此,民间积累了一定的财力、物力和人力体育资源,原来由政府性体育组织及其附属机构一统天下的格局逐渐被打破,政府与社会性体育组织间的关系也发生了新的变化。

---

[1] 何金晖.社区民间组织兴起缘由及发展策略探讨[J].社会主义研究,2010:96-101.

一、政府性体育组织

(一)政府性体育组织建设与发展的制度背景

1992年以来,随着社会主义市场经济体制改革的深入推进,国家与社会关系开始由原来的"全能政府"向"有限政府"的关系格局发生演变,这一时期大量的公共管理职能从政府部门中开始转移出来,社会的力量不断加强。在体育事业领域,也无一例外,我国群众体育开始走向社会化和市场化的发展道路。1992年全国体委主任会议强调指出了"我国体育事业的发展,要以改革体制为关键、转换体制为核心,加快体育改革步伐,要建立与社会主义市场经济相适应、符合现代体育运动规律的国家调控、依托社会、自我发展的充满生机与活力的体育管理体制和良性循环的运行机制,形成国家办与社会办相结合、以社会为主的新格局"。该会议正式指出了政府与社会在体育事业发展中的地位和作用。1995年《全民健身计划纲要》(以下简称《纲要》)和《中华人民共和国体育法》的颁布实施,使我国农村体育从此走上了有法可依、有章可循的新阶段。其中《纲要》指出"提高农民的体质与健康水平是农村社会发展的一项重要内容,要充分发挥乡镇政府、村民委员会和各级农民体育协会的作用,并与乡镇文化站协同配合,做好农村体育工作"。进一步明确了基层政府在全民健身事业中的责任担当和历史使命。随后,国家体育总局在2000年颁发的《2001—2010年体育改革与发展纲要》,也专门就农村体育组织建设提出了更加明确的规定,要求有条件的县可以建立社会体育指导中心,乡镇、居委会可以建立体育指导站;并提出"要明确政府与社会的事权划分,管办分离,逐步理顺各级政府与社会体育组织之间的关系"。在以上宏观政策背景下,我国农村体育组织进入了一个全新的发展格局。

对于G镇来说,市场经济转型时期,乡镇文化站的体育工作职能进一步夯实,并于1995年专门成立了以镇长为组长的"G镇镇体育工作领导组",奠定了乡镇体育工作的行政管理组织基础(图3-9)。政府体育组织的建设与发展,一方面得益于国家的体育政策制度和镇政府领导对体育工作的重视。另一方面得益于乡镇企业的发展和群众对体育健身需求的增加,这些因素对改善乡镇性体育活动经费的筹集渠道、丰富群众性文化体育活动内容、组织开展群众性体育活动等方面产生了积极

第三章　改革开放以来G镇体育组织变迁的历史脉络

的影响。

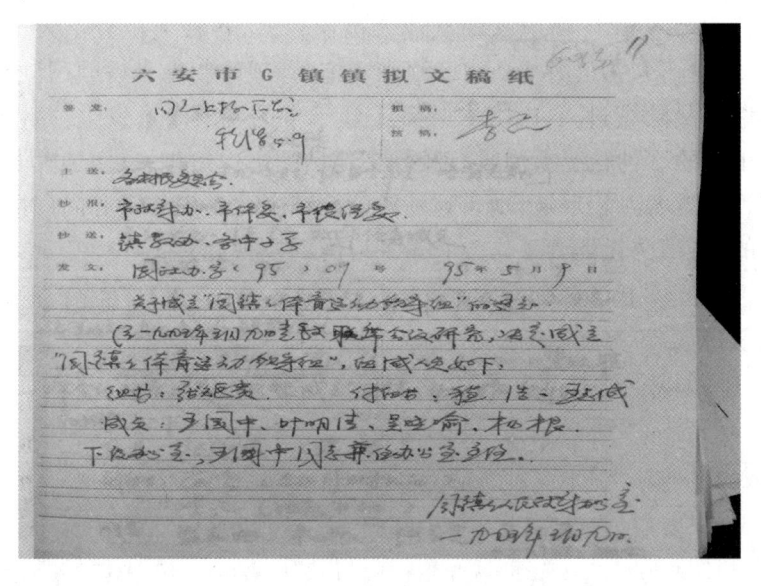

图3-9　关于成立G镇体育运动领导组的通知

（二）政府性体育组织的管理体制

1. G镇政府性体育组织的管理机构设置

1992年文化部出台的《文化站管理办法》规定了文化站是国家最基层的文化事业机构,是乡镇人民政府、城市街道办事处所设立的全民所有制的文化事业单位[①]。也就意味着国家对基层文化站的行政事业单位性质给予了明确界定。由于长期以来,农村体育工作被纳入文化活动的范畴,因此,乡镇文化站一直被认为是政府体育组织的一种形式。通过调查了解,该阶段G镇文化站的管理机构设置较1992年之前发生了较大的变化:一是将之前的"文化站"和"广播站"两个独立的机构合并为一个机构——"广播文化站",后期随着生活水平的提高和乡镇有线电视的普及,又更名为"文化广播电视站"。二是在1992年冬、1993年春六安地区全面实行"撤区并乡"政策,将原来隶属于丁集区的钱集乡和G镇镇合并为G镇大镇,撤去了原县辖的丁集区,同时将原来两个乡镇文化站的人力、物力资源加以整合,如此一来乡镇文化工作的综合

---

① 文化部.文化站管理办法[Z].文群发[1992]29号.

实力增强了,但增大了文化站的管理难度。从表3-2统计结果可以看出,该阶段G镇文化广播电视站从业人员比较多,各种岗位分工人员共有14人,但由于"撤区并乡"政策刚刚实施,管理体制尚未捋顺,其中有大量闲散人员陆续进入文化站,导致人浮于事的现象时有发生。事实上,当时出现的这种状况不但没有减轻文化站的工作负担,反而加大了文化站的管理难度。相反地,由于这一阶段乡镇文化站工作重心向广播电视方面的偏移,文化体育工作没有得到应有的重视。

表3-2 1992—2001年G镇文化广播电视站从业人员队伍结构表

序号	姓名	职务	岗位性质	序号	姓名	职务	岗位性质
1	YRG	站长	文化管理	8	WY	职员	工作人员
2	TXH	站长	广播管理	9	HZH	职员	工作人员
3	LJF	职员	工作人员	10	WJ	职员	工作人员
4	ZFE	站长	新闻宣传	11	ZPL	职员	镇聘
5	WYQ	站长	播音主持	12	ZGQ	职员	镇聘
6	WQZ	职员	广播维护	13	HSF	职员	广播维护
7	WY	职员	工作人员	14	TBR	职员	文化宣传

2. G镇政府性体育组织的行政领导隶属关系

20世纪80年代初期,我国乡镇文化站在成立之初实行的是"条块分割,双重领导,以条为主"的管理体制,即由县(市)文化主管部门和乡镇政府双重领导、以县市文化主管部门垂直领导为主的体制。这种条块分割的体制,导致地方政府在工作开展中会出现权责不清、职能交叉的矛盾。20世纪90年代初,国家按照"精简机构,逐步放权"的方针,将"人、财、物"三权下放到乡镇政府,确立了由乡镇党委、政府领导,县市文化主管部门业务指导的管理体制[①],文化管理的乡镇自主权发生了改变。

这一阶段,G镇的群众体育工作主要是在乡镇政府的领导下(一般由政府副书记、副镇长任分管领导,宣传委员主抓文化站工作),由乡镇"文化广播电视站"具体负责组织实施,业务上接受上级文化广播电视局的指导。而上级体育局也不定期组织开展乡镇体育工作,但没有对应

---

① 卜清平.乡镇文化站的历史变迁与路径转向[D].华中师范大学硕士学位论文,2014:25-26.

第三章 改革开放以来 G 镇体育组织变迁的历史脉络

的政府下设机构,因此在行政上没有隶属关系,只是在业务上有指导和被指导关系。由于该阶段六安地区实施了撤区并乡政策,将原来六安县辖 78 个乡镇,合并为 40 个乡镇,在乡镇综合实力增强的同时,各级政府的管理体制和上下级行政隶属关系也发生了变化,最为明显的特征是撤掉了县辖丁集区,将原来隶属的六安县改为县级六安市,因此,该阶段 G 镇文化体育活动开展的行政领导隶属关系也发生了相应的变化。(图 3-10)

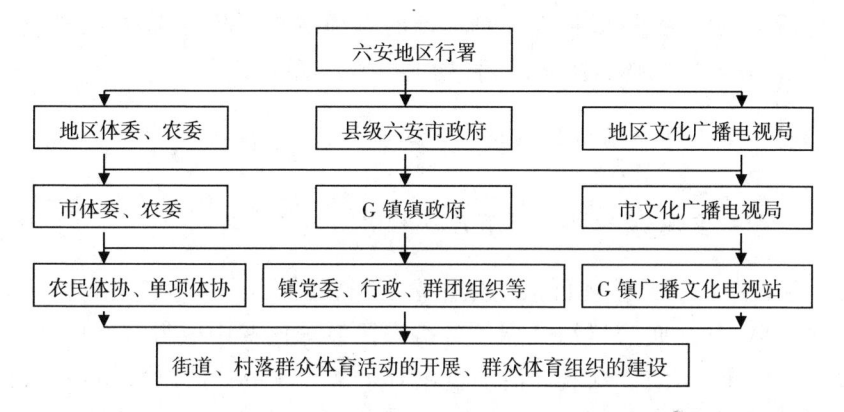

```
                    ┌─────────────┐
                    │ 六安地区行署 │
                    └──────┬──────┘
       ┌───────────────────┼───────────────────┐
       ▼                   ▼                   ▼
┌─────────────┐   ┌─────────────┐   ┌───────────────────┐
│地区体委、农委│   │县级六安市政府│   │地区文化广播电视局 │
└──────┬──────┘   └──────┬──────┘   └─────────┬─────────┘
       ▼                 ▼                    ▼
┌─────────────┐   ┌─────────────┐   ┌───────────────────┐
│ 市体委、农委 │   │  G 镇镇政府  │   │ 市文化广播电视局  │
└──────┬──────┘   └──────┬──────┘   └─────────┬─────────┘
       ▼                 ▼                    ▼
┌───────────────┐ ┌───────────────────┐ ┌───────────────────┐
│农民体协、单项体协│ │镇党委、行政、群团组织等│ │G 镇广播文化电视站 │
└───────┬───────┘ └─────────┬─────────┘ └─────────┬─────────┘
        └───────────────────┼─────────────────────┘
                            ▼
        ┌───────────────────────────────────────┐
        │街道、村落群众体育活动的开展、群众体育组织的建设│
        └───────────────────────────────────────┘
```

图 3-10　1992—2001 年 G 镇体育组织管理体制结构图

3. 政府性体育组织的阵地建设与管理

1995 年《中华人民共和国体育法》和《全民健身计划纲要》出台以来,国家对农村体育组织建设和阵地建设提出了相应的要求。1995 年《体育法》明确规定:"农村应发挥村民委员会、基层文化体育组织的作用,开展适合农村特点的体育活动。"1996 年 6 月国家体委在下发的《关于深化改革加快发展县级体育事业意见》中强调:"要充分发挥各级农民体协、乡镇体育指导站等基层体育组织及乡镇文化站、村民委员会的作用,大力开展'亿万农民健身活动'",进而提出了农村体育组织网络化建设的目标要求。2000 年 12 月在国家体育总局颁布的《2001—2010 年体育改革发展纲要》第九条中提出:"农村体育以乡镇为龙头,村民委员会为基础,农民体协为纽带,形成有辐射力的组织网络",这是政府部门第一次提出农村体育组织网络化建设问题。2001 年 8 月国家体育总局群体司发布《全民健身计划纲要》第二期工程(2001—2010年规划),再一次提出了农村体育组织网络化建设的问题。由此可见,农村体育组织建设和阵地建设已成为该时期农村体育工作的重要内容。

G 镇"文化广播电视站"是这一时期乡镇体育工作的主要阵地,1992 年乡镇合并初期,由于政府办公条件紧张,政府在 G 镇街道南面的"G 镇羽绒市场"(原电视差转台所在地)买了几间房子作为文化站的办公地点,虽然条件简陋,但文化体育工作有了阵地。1995 年办公地点搬迁至政府大院内,内设广播站、广播室、阅览室和办公室,办公条件虽有所改善,但没有专门的体育工作室。这一时期,政府没有建立公共体育活动场所和设施,群众体育活动的管理主要以政府为主导,学校为主体,依托学校的体育师资、体育场地设施优势组织开展。

(三)政府性体育组织的运作方式与特征

1. 领导重视,成立群众体育活动组织

G 镇政府历来重视群众文化体育工作,20 世纪 50 年代 G 镇就成立了篮球队,并在政府组织开展的各类农民篮球比赛中取得较好成绩,即使在"文革"期间群众篮球活动也没有中断。改革开放以来,G 镇人民爱好篮球活动的传统依然没有改变,篮球逐渐成为 G 镇群众文化生活中不可或缺的一部分。1992 年党的"十四大"确立了市场经济体制的建设目标,我国改革开放和现代化建设进入蓬勃发展阶段,在绝大部分乡镇把"大力发展农村经济"放在政府工作的重要地位,乡镇群众性文化体育活动几乎处于虚无状态下,G 镇政府依然十分重视群众文化体育工作。在 20 世纪 90 年代六安市开展的历届"小康杯"农民篮球赛中,G 镇政府积极组织,认真对待,取得骄人成绩。时任镇长 ZJG 高度重视群众体育工作,亲自指导历届农民篮球赛的组织安排工作,成立了"G 镇镇农民体育运动协会"和"G 镇体育工作领导组",对该时期乡镇体育工作起到了积极的推动作用。

2. 捐资参赛,以"小康杯"打造地方体育特色

这一阶段,G 镇政府组织开展的群众性体育活动,在内容上主要以篮球、象棋为主,在形式上主要是围绕上级文化体育部门布置的参赛任务展开的。最具代表性的活动就是六安市委市政府主办、六安市体育局承办的农村"小康杯"篮球赛及其前期的选拔赛。20 世纪 90 年代国家开始实行农村税费改革(减免农业税)政策,减轻了农民的负担,但却减

第三章 改革开放以来 G 镇体育组织变迁的历史脉络

少了地方政府尤其是基层政府的财政收入。由于农村体育工作是"软指标",没有具体的工作任务和评价标准,政府也没有相应的财政预算。因此,在当时地方财力有限的情况下,"单位捐资"成了 G 镇群众体育活动开展的主要经费筹措渠道。1997 年,G 镇 8 个镇直单位共捐资 7000 元[①](图 3-11),支持 G 镇代表队参加六安市第二届农村"小康杯"篮球赛,并最终斩获了冠军,极大地推动了 G 镇篮球运动水平的提高和群众参与体育的热情。1997—1999 年 G 镇篮球代表队连续三次获得六安市农村"小康杯"篮球比赛冠军,奠定了 G 镇在六安市农村乡镇中获得"篮球之乡""体育之乡"美誉的基础性地位,为后来 G 镇群众体育活动的开展积累了较好的人力、物力和社会关系资本。

图 3-11　1997 年 G 镇有关单位捐资参加"六安市第二届农村小康杯篮球赛"

3. 依托学校,推动群众体育活动的开展

20 世纪 90 年代,对于我国农村大多数乡镇来说,群众性体育活动的开展都是以学校为主体的,这种现象有其特定的历史背景。

第一,政府公共体育场地设施投入能力不足。该时期发展经济是乡镇政府工作的头等要务,在重头工作尚不能确保完成的情况下,很难考虑到群众体育工作的经费投入。调查了解,该阶段 G 镇政府每年在有限的事业经费预算下,首先必须处理好计划生育、文明创造、综合治理、

---

① G 镇镇政府.G 镇综合档案室[R].1997.

劳动就业、民政低保、招商引资、镇村经济、规划拆迁、党建等重头工作（尤其计划生育这一基本国策，年终考评实行一票否决制），对于上述指标，乡镇政府都不能确保完成，因此在这种情况下是很难考虑文化体育工作的经费投入的。

第二，农村学校具有开展群众性体育活动的相对资源优势。"撤区并乡"以后虽然乡镇的管理范围扩大，辖区村落较多，但每一个村落都有"完小"一所，生源也很充足。相对于其他企事业单位来说，村落学校一般配有供教学需要的操场、篮球场、乒乓球台、单双杠等体育活动场地设施。该体育场地设施除了供学生参加正常的体育课教学之外，有时也是村民自发组织起来参加体育活动的场所。除此之外，村落学校体育教师也是推动农村体育活动开展的重要力量，他们有相对专业的知识、技术和技能，既是群众性体育活动的参与者也是农村体育工作的组织者。

总体来看，市场经济体制改革推动了基层政府、企事业单位的机构改革，也促进了乡镇体育组织管理机构设置、体育组织的行政领导隶属关系以及体育组织的阵地建设与管理方式的深刻变迁。从政府性体育组织的自身建设来看，市场经济初期，由于乡镇政府的行政管理体制和机制尚未捋顺，乡镇机构臃肿，工作效率低下，文化站在职在岗人员结构混乱、人浮于事现象普遍存在。同时乡镇政府性体育组织与上级文化体育管理部门由于职责权限界线不明，形成了"多头管理"和"无人管理"的不正常关系格局。

二、民间性体育组织

（一）民间性体育组织形成与发展的社会背景

与计划经济时期 G 镇民间体育组织的形式和内容不同，该阶段随着市场经济体制在农村的深入推行，原本在单位体制下形成的 G 镇民间舞龙队、花鼓灯队相继解体，G 镇粮站、食品站、供销社等集体单位下成立的乒乓球队也日渐式微，政府主导下的民间性体育组织处于萧条发展的窘境，而自主松散的民间性体育组织却出现了多样化需求发展的态势。这种变化有以下几个方面的社会背景：

第一，"单位体制"的瓦解松动了民间性体育组织对政府的主动依附。改革开放以来，我国经历了从"计划经济（1978—1984）——商品

第三章 改革开放以来 G 镇体育组织变迁的历史脉络

经济(1984—1991)——市场经济(1992年以来)"的经济体制改革,市场经济体制的改革使得大量的公共管理职能从政府部门中开始转移出来,原来由政府直接承担的职能逐步回归到社会,放权于社会,走向政企分开、政事分开、政社分开的途径[①],这种改革必然松动了原有单位体制的核心。同样,市场经济体制的建立,也冲击了计划经济时期制度化、福利型的"单位体育"的供给[②],使原来由单位承担的文化体育服务职能出现了分化和外移,也使长期依附于单位的职工体育组织利益寻求向社会和社区转换。对于 G 镇而言,20 世纪 80 年代以搬运站、粮站、供销社等主要集体单位为依托的民间舞龙队、花鼓灯队、乒乓球队、篮球队,由于 20 世纪 90 年代单位的解体而相继解散,部分没有解体的国有单位也因职工体育活动职能外移,使原来依附于单位体制下的民间体育组织日渐式微。

第二,农村体育政策导向催生了民间性体育组织的生存土壤。这一时期,尽管市场经济体制使一向以"条条管理,单位管理"为主的民间体育组织发展受到了限制,但随着物质生活水平的提高,群众对包括体育在内的精神文化需求不断增加,特别是该时期国家出台的农村体育政策,对民间体育组织的生存和发展提供了生存土壤。1992年在广东中山召开的全国体委工作会议,提出"国家领导、社会支持、人民参与"的全民健身计划思想,开启了我国全民健身事业的新篇章;1993 年国家体委在《关于深入体育改革的意见》中进一步明确了实施全民健身计划的必要性,提出了"要改变原来在计划经济体制下,单纯依赖国家和主要依靠行政手段办体育的高度集中的体育体制,建立与社会主义市场经济体制相适应,符合现代体育运动规律,国家调控,依托社会,有自我发展活力的体育体制和良性循环的运行机制,形成国家办与社会办相结合、集中与分散相结合的格局"。[③]1995 年《全民健身计划纲要》与《体育法》出台,指出:"提高农民的体质与健康水平是农村社会发展的一项重要内容。"1996年国务院在《关于深化改革,加快发展县级体育事业的意见》中要求:"充分发挥各级农民体协、乡镇体育指导站等基层体育组织及乡镇文化站、村民委员会的作用,大力开展'亿万农民健

---

① 张勤.中国公民社会组织发展研究[M].北京:人民出版社,2008:8-10.
② 王凯珍.社会转型与中国城市社区体育发展[D].北京体育大学博士论文,2004:25-27.
③ 国家体委.国家体委关于深化体育改革的意见[Z].1993.

身活动'。"2000年国家体育总局在《2001—2010年体育改革发展纲要》中首次提出农村体育组织网络化建设问题,要求农村体育以乡镇为龙头,村民委员会为基础,农民体协为纽带,形成有辐射力的组织网络;2001年《纲要》第二期工程(2001—2010年),再一次提出农村体育组织网络化建设问题;2002年(中发〔2002〕8号)重申了农村体育以乡镇为重点的方针,并指出要注意发挥乡镇的聚集效应、辐射功能和带动作用,推动全民健身活动的普遍开展。同年继十六大召开后国家体育总局颁布了《农村体育工作暂行规定》,专门就农村体育组织建设提出了更加明确的要求,指出:"乡镇、居委会可以建立体育指导站。县、乡镇、村和居民小区适时建立和发展体育健身点。"从以上列举的政策可以看出,该时期以乡镇为重点的全民健身活动正在农村深入推进。G镇作为当地的"篮球之乡""体育之乡",政府领导高度重视全民健身活动开展,积极参加上级布置的各项群众性体育竞赛活动,并于1995年正式成立了G镇镇农民体育协会,为民间群众性体育活动的开展奠定了组织基础。

第三,市场经济体制改革为民间性体育组织的培育和发展创设了环境。这一阶段,随着改革开放和社会主义市场经济体制的深入发展,农村经济社会生活发生了深刻变化,社会经济成分、组织形式、就业方式、利益关系和分配方式日益多样化。社会利益关系更为复杂,出现了很多新情况、新问题,特别是随着"小政府、大社会"的推行,中国公民社会组织的发展也出现了新的趋势[①]。对于G镇而言,市场经济转型时期带来的最大变化就是乡镇企业和个体企业的规模化发展。G镇作为中国四大羽绒集散地之一,该时期依托地方的羽绒市场环境优势,形成以羽毛、羽绒为载体的私营企业达20多家,家庭作坊式个体工商户达200多家。乡镇企业的规模化发展使得农民的收入和分配方式出现了严重分化,进而导致乡镇不同社会阶层对文化和体育利益的需求关系发生了变化,这为培育和发展民间性体育组织创设了经济环境和社会环境。

(二)民间性体育组织的基本形态与运行特征

1. 政府主导下的"G镇农民体育运动协会"

1995年G镇出台了《关于成立"G镇镇农民体育运动协会"的通

---

① 张勤.中国公民社会组织发展研究[M].北京:人民出版社,2008:10.

第三章 改革开放以来 G 镇体育组织变迁的历史脉络

知》(G 镇办字〔95〕08 号)的文件,"G 镇农民体育运动协会"正式成立。该协会是在镇政府主导下经过上级主管部门审批备案的民间体育组织,也是当时六安地区成立较早的农村群众体育组织之一。按照民间组织登记管理要求,协会制定了章程,下设了办公室,并确立会长、副会长各 1 人,理事会成员共 33 人(图 3-12)。

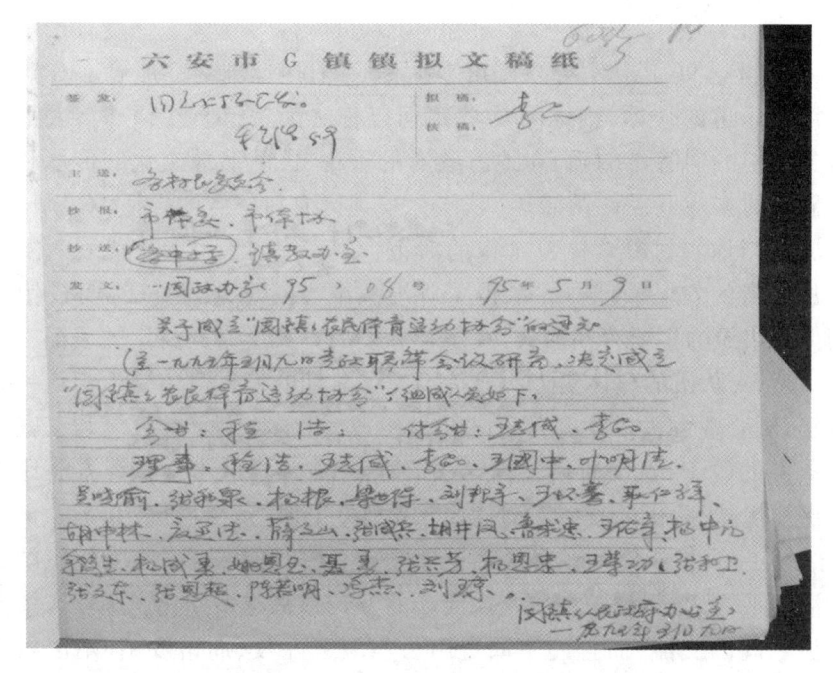

图 3-12　关于成立 G 镇镇农民体育运动协会的通知

G 镇农民体育运动协会的成立,解决了当时农村群众体育工作没有抓手的困境,对后期组织开展的六安市小康杯农民篮球赛以及乡镇全民健身活动起到了积极的推动作用。笔者通过走访进一步了解,该时期"G 镇农民体育运动协会"的成立与以下几个因素有关:一是农村群众体育政策的要求。该时期国家出台了一系列有关促进农村全民健身活动开展的政策,特别是《全民健身计划纲要》和《全民健身计划》第一、二期实施工程的出台,均强调组织开展全民健身活动是农村乡镇工作的一项重要内容,但长期以来乡镇一级没有专门的体育工作机构,群众体育工作无法具体落实到哪一个组织机构,因此成立农民体育协会可以有效缓解这方面的困境;二是时任政府领导的高度重视。事实上,乡镇体育工作的开展情况与政府主要领导的重视程度有较大的关系。时任镇长张炬贵把组织开展篮球运动作为打造G镇全民健身活动特色,是促进G镇对外交流的主要名片。鼓励并支持G镇参加上级布置的各项竞赛活动,积极成立G镇农民体育协会。除此之外,农民体育协会的成立也得益于街道社会青年对体育活动的需求和热爱。

2."小康杯"三连冠的"G镇篮球队"

20世纪90年代勇夺六安市"小康杯"农民篮球赛三连冠是G镇人民津津乐道的佳话,当你问及G镇何以称之为"篮球之乡"时,大都会得到类似的回答。的确,在地方政府的重视、民间篮球文化的传承和当地群众的支持下,"G镇篮球"成了六安地区农村体育的佳话,G镇体育也成了当地农村群众体育工作的典范,G镇篮球队也屡次代表六安市参加全省的农民篮球赛并取得了辉煌战绩。当然,作为该时期G镇民间体育组织的主要存在形式,在生存和发展方式上有其特定的表征:

第一,队伍的整体实力明显提高。该时期的篮球队主要由街道社会青年、刚毕业的大学生和部分老队员组成,由于独生子女政策和家庭生活条件的改善,这一阶段篮球队员在身高、体重、身体素质等方面比以往更加优越,队伍的整体实力比原来更强。

第二,自发组织的竞赛活动更加频繁。该时期篮球队自发组织的竞赛活动平均达到每月1次左右,活动的方式越来越多样化。不仅与镇上队员之间的交流,而且还主动走出去与城区高校、周边乡镇、辖区村落篮球队进行比赛交流,实战技能得到较大幅度的提高。

90年代,政府组织的活动每年1次,我们篮球队自己组织的活动约每月一次。主要就是跟附近的乡镇或其他单位比赛。我们有时候到六安市去跟供电局打,跟六安师专学生打,打完球以后都是朋友招待,不需要政府出钱,这样经常交流很有意思。——CHQ访谈笔录

第三,篮球队的发展得到乡镇社会精英的帮助。20世纪90年代,随着乡镇企业的发展,G镇年收入在几十万甚至上百万的私营企业老板越来越多,一些爱好篮球运动的企业老板慷慨解囊,支持赞助民间篮球队的发展。

90年代,虽然经济收入好一点了,但那时候生产、生活条件依然很简单。那一时期也不像现在这样衣食无忧,仍然是特定的历史阶段,对于G镇来讲,还是从事羽绒羽毛的小商贩子较多,相比较其他乡镇而言,确实经济"活到"一点。另外,这些小商贩们经常走出去与城市生活

接触得要多一些,所以也经常把外面见到的一些新鲜事物带回来了,然后效仿城里人的做法。那时候,一些小老板们的口袋里装有千把块钱的就算不得了了,有时候他们请吃一顿饭,安排打一场球,图个热闹高兴,对他们来讲都是无所谓的,但是对其他乡镇来讲可能达不到,活动就开展不起来。而我们乡镇能搞起来,也是群众物质生活条件逐渐好转的结果。——WYQ访谈笔录

3. 民间传统游戏的代表——G镇象棋队

20世纪90年代有线电视的普及较大程度地改变了农村居民的业余生活方式,绝大部分居民在业余时间沉溺于看电视、打牌、打麻将、赌博、宗教活动当中,较少进行体育运动。因此,这一时期G镇除了篮球这个传统项目以外,象棋也是民间文化体育活动的主要形式之一。作为一种益智性游戏,若要完全把它归属于体育运动范畴,确实显得有点牵强附会,但象棋作为规则化、竞技化的,融智力、体力于一体的活动性游戏,具有体育竞赛的成分,因此,在国际上通常把象棋比赛也纳入体育竞赛项目之中。1991年为迎接建党七十周年,G镇政府组织开展了象棋比赛,这次比赛吸引了村落、学校、街道和企事业单位代表队约200多人参加,较好地促进了民间象棋活动的开展。由于象棋比赛具有投入少、参与面广的特点,具有很好的文化、娱乐和教育价值,成了该时期政府和民间组织喜闻乐见的娱乐活动形式之一。

4. 其他自主松散的民间性体育组织

这一阶段,随着农村经济体制改革的深入和农业生产方式的现代化,农民生活水平不断提高,文化体育活动的需求也在相应增加。除了政府主导形成的民间性体育组织以外,由群众自发形成的、松散的体育组织越来越多,这些草根式的体育组织在活动开展的形式和内容上呈现出了一定的阶段性特征(表3-3)。

第一,活动内容由"传统项目"向"现代项目"转化。市场经济体制的改革在促进农村经济社会发展的同时,也使外界大量的新鲜事物进入农村,以往具有地方性、民俗性的传统体育活动项目逐渐被现代体育项目取代。对于青年人而言,桌球(台球)是这一时期他们最喜爱的体育活动项目之一,有时候会三五成群地聚集在一起玩个通宵,除此之外溜旱冰、呼啦圈、电子游戏、骑摩托车也成了这一时期乡村青少年体育

活动的主要方式；中青年人虽然没有过多的业余时间，但街道开办的舞厅、迪厅也吸引了不少爱好体育活动人群；老年人的空闲时间最多，玩麻将、扑克、象棋依然是他们主要的业余体育生活方式。

第二，活动形式由"大集体向小群体"转化。计划经济时期集体化的生产和劳动方式，培养了农民的集体主义意识和团队协作的文化性格，农民参与社会活动的方式也大都属于"集体化叙事"。20世纪90年代以来，随着农村经济组织形式的变革，以家庭和户群为单位的微观经济组织成为农业生产方式的主流，导致大集体的意识逐渐弱化，相反小群体的意识逐渐被强化，表现在体育组织形式上就是家庭式、邻里式、伙伴式、兴趣小组式的松散体育组织越来越多地出现。

表 3-3 市场经济转型时期（1992—2001）G 镇民间性体育组织的基本形态

	组织类型	组织数量	形成时间	组织规模	活动地点	形成方式	规章制度
政府主导型民间体育组织（代表队）	镇农民体协	1 个	1995 年	理事33 人	政府提供场所	政府主导	有要求
	篮球队	4 个	1992 年	20 人左右	文化站、学校	政府帮助	有要求
	象棋队	1 个	1995 年	30 人左右	文化站、学校	政府帮助	有要求
自主松散型民间体育组织（兴趣小组）	传统项目类（民间体育游戏与竞技）	若干	1992 年	若干	室外	民间自发	无要求
	现代项目类（旱冰、台球、交谊舞）	若干	1992—2001 年	若干	室内+室外	民间自发	无要求

第三，活动目的由"以劳代体"向"强身健体"转化。笔者通过对"不同阶段 G 镇居民参与体育活动情况调查问卷"的统计结果发现："1978—1991 年"期间有 73.7% 的人群认为"生产劳动就是一种体育活动"，而"1992—2001 年"认可该观点的人群减少为 36.5%；另外，"1978—1991 年"期间有 21.1% 的人群赞同"体育活动能够增进健康增强体质"，而"1992—2001 年"期间认可这种观点的人群增加到了 26.9%；由此可见，与计划经济时期相比，该阶段农民参与体育活动的目的开始从"以劳代体"向"强身健体"转化。

第四，活动空间由"开放式"向"封闭式"转化。20 世纪 80 年代农民自发性体育活动场所主要是在田间地头、庄前屋后、丘陵山坡、河道旁、树林边等开放性的空间开展,进入20世纪90年代因台球、旱冰、交谊舞等室内活动项目的兴起,改变了农村群众对"室外体育"的习惯认识,在"好奇"与"炫耀"心态的驱使下,到封闭式娱乐活动场所参与活动的人群开始增多。该时期农村体育活动空间由"开放式"向"封闭式"的转化,不仅反映了农村体育活动供需关系的变化,也折射出农民的思想观念开始从"保守"向"开放"过渡。

第五,活动时间由"季节性"向"假日性"转化。20世纪90年代以前,受传统农业生产方式的影响,农作物生产的季节性特征明显,也决定了农民的闲暇时间随着农业耕作的"节气"变化而变化。20世纪90年代以后,农业生产开始机械化,家务劳动电气化,大大地节省了必要的劳动时间,农民从繁重的生产劳动中逐步解放出来。机械化的农业生产方式节省了大量的劳动力,农民对农业生产的依附现象逐渐削弱,大量农村剩余劳动力开始在镇上的厂矿、企业打工,受"朝九晚五"的企业化作息制度影响,节假日成了他们参与体育活动的主要时间选择。而对于青少年学生和政府办事人员来说,受双休日作息制度的限制,大多也选择在节假日参与文化娱乐活动。

总体来看,这一时期,随着市场经济体制在农村的深入推进,G镇民间性体育组织呈现出非均衡发展态势,其中部分政府主导下的传统民间性体育组织处于萧条发展的窘境,而自主松散的民间性体育组织呈现出多样化发展的势头。这种非均衡性的发展态势,与"单位体制"的瓦解松动了民间性体育组织对政府的主动依附、农村体育政策导向培育了民间性体育组织的生存土壤、市场经济体制改革为民间性体育组织的培育和发展创设环境三个方面的背景有直接的关系。同时,该时期G镇民间性体育组织活动的内容越来越丰富,出现了政府主导下的"G镇农民体育运动协会""G镇篮球队""G镇象棋队"以及其他自主松散的民间性体育组织等不同的组织形态。

第三节　发展：小康社会建设时期(2002年至今)的G镇体育组织

2002年党的十六大胜利召开,提出了全面建设小康社会的奋斗目标,第一次把社会建设提到重要的战略地位。2007年党的十七大报告明确提出了发挥社会组织在扩大群众参与、反映群众诉求方面的积极作用,增强社会自治功能。2012年以来,党的十八届三中、五中全会再次提出激发社会组织活力,正确处理政府和社会关系,加快实施政社分开,推进社会组织建设的论断。不难看出,小康社会建设时期随着国家政治体制改革的深入,中国加大了由"政府推进型模式"向"社会自我生长型模式"演化的现代化进程,"大社会,小政府"的关系格局进一步确立。这种变化也使得处于社会变革中的原有体育体制造就的组织形态已不能适应民众多元化的体育需求及体育事业持续发展的要求[①],我国城乡基层体育组织形态逐渐丰富完善起来。

一、政府性体育组织

(一)政府性体育组织建设与发展的制度背景

乡镇政府性体育组织的建设与发展始终与其生存的外部环境和农村体育发展的内在要求密切相关。党的十六大以来,我国全面进入小康社会建设新阶段,农村体育事业发展模式与价值取向在不断地发生变化,这些变化对乡镇政府体育组织建设与发展起到了积极的促进作用。首先,农村改革政策加速了农民对体育文化的需求。"三农"政策的提出对我国农村的发展和稳定具有重大而深远的意义,对积极推进农村体育事业的战略性调整具有重要作用。该时期国家推行的农村税费改革政策(2002年),农村种粮补贴政策(2004年),全面取消农业税政策(2006年)等,对农业生产方式和农民生活方式影响较大。特别是在

[①] 王凯珍,汪流,戴俭慧.体育社会组织建设与管理[M].北京:高等教育出版社,2016:55.

第三章 改革开放以来 G 镇体育组织变迁的历史脉络

"十一五""十二五"期间国家加大了农村城镇化建设的政策扶持力度,使得农民收入水平快速增长,农村生活环境逐步改善,群众对体育公共服务的需求不断增加。除此之外,"乡镇文化事业发展""新农村建设""美好(丽)乡村示范点建设""乡村振兴战略"均对农村体育健身工程提出了明确的配备要求,这些政策和措施促进了乡镇体育事业的发展和政府性体育组织的建设。其次,农村体育事业发展需要基层政府加大体育组织建设的力度。小康社会建设以来,国家加大了对全民健身事业的投入和建设力度,我国城乡全民健身活动呈现蓬勃发展态势,相应的群众体育政策也进一步明确了开展全民健身活动和加强基层体育组织建设的重要性和必要性。在 2007 年《体育事业"十一五"规划》、2009 年《全民健身条例》、2011 年《体育事业"十二五"规划》、2016 年《体育事业"十三五"规划》《全民健身计划》(2016—2020 年)以及《健康中国 2030 发展规划纲要》等政策规划中,均不同程度地提出了要大力培育城乡基层全民健身组织网络建设,建立全民健身组织发展的管理和保障机制。可以看出,新时期我国全民健身事业发展和农村体育政策制度的推行为乡镇体育组织建设与发展营造了良好的外部环境。再次,"内生性压力"促进了 G 镇政府性体育组织的建设与发展。一方面,群众体育利益需求增加,迫切要求乡镇政府基于保障民生和社会稳定的角度加大对群众体育公共服务的投入力度。另一方面,G 镇"竞技体育运动"的传统优势地位和"国家级全民健身示范乡镇"的荣誉光环,对政府性体育工作的开展带来了"内部压力",构成了 G 镇政府性体育组织建设与发展的内部环境。

(二)政府性体育组织的管理体制

1. G 镇政府性体育组织的管理机构设置

该阶段,G 镇政府仍然没有设立专门的体育工作管理机构,群众体育工作主要靠政府下设的"文化广播电视站"来具体负责落实。2002 年也是安徽省乡镇事业单位机构改革实施的第一年,G 镇文化站工作人员从 2002 年前的 12 人,精简到现在的 3 人,其中有 2 人因"身体不适"和"政府工作需要"等原因均不在文化站工作,文化站实际在岗工作人员只有 1 人,除了承担整个文化站的文化、广播、电视、体育等份内工作以外,还要兼职政府的党政、计生、扶贫、包村等繁琐的分外工作(见表

3-4）。乡镇"文化广播电视站"大量裁员，一方面改变了过去"人浮于事"、政府负担过重的体制性诟病；另一方面也给现有乡镇文化体育工作人员增加了沉重的业务负担。事实上，由于这一阶段乡镇文化站管理人员队伍分流严重、管理人员社会兼职过多、文化体育工作人员任务繁重，导致难以有创造性地开展文化体育工作。

表3-4　2002年以来G镇文化广播电视站从业人员队伍结构

姓名	性别	现年龄	文化程度	工作起止年限	岗位类型	在岗情况
WYQ	男	49	大专	2002年至今	广电岗	在岗专职
ZLD	女	35	大专	2007年至今	文化岗	它岗兼职
WQZ	男	50	中专	2002年至今	广电岗	它岗兼职

2. G镇政府性体育组织的行政领导隶属关系

2002年以来，G镇历任领导班子都确立了分管文化体育工作的行政负责人，多数是由乡镇党委副书记兼任。2015年首次调整为乡镇人大主席（YG）兼任，但具体业务仍然由乡镇文化站组织实施。

1999年以来六安市"撤地设市"，把原来的六安地区更名为地级六安市，同时将原来的县级六安市划分为金安和裕安两区，G镇隶属于裕安区的行政管辖范围。该阶段，G镇文化站的上一级行政领导机构为裕安区文化广播电视（新闻出版）局（以下简称区文化局），这也是G镇文化站明确的上一级业务主管单位，乡镇文化站必须围绕区文化局布置的以基层文化活动为主体的任务开展工作，每年年终文化站长需要向区文化局述职。由于截至目前，我国政府体育行政机构的末梢只到区县一级，G镇也和我国其他乡镇一样没有设立专门的体育工作管理机构，群众体育工作的落脚点只是临时性地挂靠在G镇文化站。因此，G镇体育工作存在"多头管理"和"无人管理"的尴尬境地。所谓的"多头管理"指的是群众性体育活动的开展一般是根据活动的性质确立其上级管理单位，比如以锻炼身体、促进全民健身为主题的活动一般由上级体育部门牵头组织；以增强学生体质，促进学生身心发展为主题的体育活动一般以上级教育部门牵头落实；而以文化、艺术为主题的文体活动则以上级文化部门作为领导单位（图3-13）。

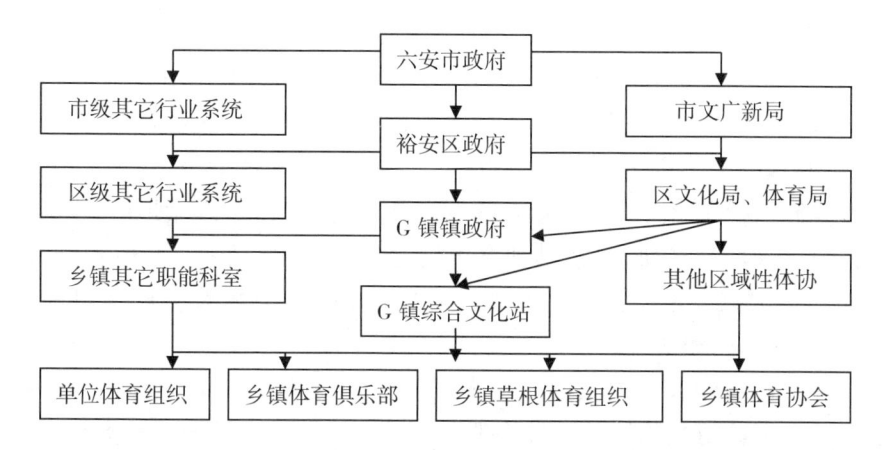

第三章 改革开放以来G镇体育组织变迁的历史脉络

图3-13 2002年以来G镇体育组织管理体制结构图

除此之外,还有系统性、行业性的上级行政领导单位也组织开展乡镇群众性的体育活动,比如区公安局、邮电局、粮食局、司法局、区农委以及区级群团组织等。有时也存在一个活动由上级多个单位共同参与管理的状况,比如近年来区政府开展的"广场舞"大赛,就是由裕安区文化局举办、体育局承办。而"无人管理"是指乡镇体育工作没有明确的管理机构和上级业务主管单位,群众性体育工作没有硬性的工作任务和要求,导致乡镇群众性体育活动的开展完全由政府随机决定,具有较大的灵活性和随意性。而对于乡镇群众体育活动的下一级承接主体——村落而言,村委会没有相对应的办事机构,更没有专门的办事人员,乡镇文化体育活动的开展通常就直接布置到村委会,由"村两委"班子(村两委班子由书记、村长、文书、民兵营长和计生专干5人组成)成员研究落实。

3. G镇政府性体育组织的阵地建设与管理

2002—2008年的G镇文化站位于G镇政府大院内,当时仅有三间平房,办公条件相对比较简陋。2009年安徽省实施第一批民生工程建设,乡镇综合文化站是其中21项建设项目之一,G镇政府把文化站作为第一批民生工程建设项目,专辟了一块建筑用地,按照当时"综合文化站房屋构造和建筑面积标准"要求,兴建了实际建筑面积达420平方米(不包括文体活动广场)的 G 镇综合文化站(图 3-14)。文化站的内部设置了"电子阅览室""文化活动室""信息资源共享室""文化科技培训室"和一个"文化活动厅",基本达到了省文化厅关于乡镇综合文化站建设需配备"四室一厅"的功能要求。同时在文化站办公楼周围配套了多功能的全民健身活动场地和设施,其中包括占地面积达 2000 多平方米的国家级全民健身示范广场 1 块,标准的篮球场 3 块(其中灯光球场 1 块、约能承载 1000 人的看台 2 座),乒乓球台 6 副,单、双杠 4 副,羽毛球场地 2 块,以及其他全民健身路径 22 套(件)。不难看出,自 2009 年实施民生工程以来,乡镇文化站的办公场所和配套建设得到了进一步的巩固和改善。

目前,G 镇文化站实际工作人员仅有 1 人,另外 2 名在其他岗位兼职,基本不参与文化站的日常管理事务。文体健身广场没有配备专门的维护人员,群众经常性健身活动的管理主要由站长 1 人来承担。乡镇健身活动场地设施的管理尚没有成文的规章制度,考虑到老百姓日常活动的季节性、时段性和气候性等特征,场地设施的管理随意性很大,主要由站长根据实际情况施行动态的、开放式的管理。尤其是在 2011 年 G 镇政府承办"安徽省第三届农民篮球大赛"期间,G 镇全民健身活动广场安装了 LED 电子显示屏和摄像头,篮球场的照明设施也采用了自动化控制系统,这些现代化的操控设备,不仅有利于方便快捷地进行信息宣传,同时也为群众性体育活动的日常管理节省了大量人力资源。

图 3-14　2009 年新建的 G 镇综合文化站夕照

第三章　改革开放以来 G 镇体育组织变迁的历史脉络

（三）政府性体育组织的运作方式

1. 开展群众性体育竞赛活动

（1）成立体育竞赛组织委员会

20 世纪 90 年代，G 镇连续获得县级六安市小康杯篮球赛三连冠，为 G 镇奠定了在区级以上农民体育竞赛的"种子选手"地位。因此，自 2000 年以来，历届领导都十分重视群众性体育竞赛活动的开展，积极主动参加上级主管部门布置的各项参赛任务，并根据赛事的规模和级别成立不同人员分工的竞赛领导小组。特别是在 2011 年独立承办的安徽省第三届农民篮球大赛和 2014 年、2015 年、2016 年作为协办单位参加裕安区宣传部、体育局、文广新局承办的第一届、第二届、第三届裕安区美好乡村杯农民篮球赛期间，G 镇政府工作人员几乎全员参与，成立了由镇长、党委书记任组长的，机关、学校、单位负责人员共同参与的体育竞赛组织委员会（图 3-15 ~ 图 3-18）。

图 3-15　2015 年 10 月 G 镇镇成立裕安区第二届美好乡村农民篮球赛组委会

（2）创新体育竞赛活动的组织形式

首先，经费来源从政府承担到企业赞助转化。在竞赛活动的经费筹集渠道上改变了以往单独依靠政府资助的被动局面，鼓动并要求乡镇企业赞助支持体育竞赛活动的组织开展，较大程度地减轻了政府的经费筹措负担。

图 3-16　2011 年安徽省第三届农民篮球赛 G 镇文体广场比赛场景

其次,竞赛活动的参与方式从"走出去"向"请进来"转变。所谓"走出去",是指政府组队外出参加上级布置的竞赛活动,主要是为了完成或者"应付"上级布置的"任务"。由于参与的面较小,一定程度上制约了乡镇全民健身效应的发挥。2011 年 G 镇政府改变了以往"走出去"的参赛形式,主动申请在乡镇独立承办省级农民篮球大赛,将省内 16 个地市代表队"请进来",实现了乡镇在体育竞赛活动参与形式上的历史性突破,有效地促进了乡镇全民健身活动的开展。

图 3-17　文体广场静态宣传花絮

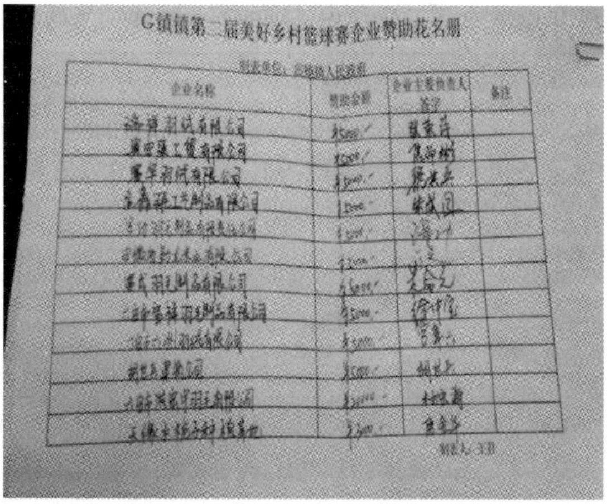

第三章 改革开放以来 G 镇体育组织变迁的历史脉络

图 3-18 企业赞助比赛花名册

再次,冠名体育竞赛,创新宣传途径。近年来,随着 G 镇群众性体育竞赛水平的提高和在区域间影响力的提升,媒体对 G 镇体育和 G 镇的关注度也在不断提高。因此,对赞助力度较大的乡镇企业进行冠名成为该阶段体育竞赛活动组织形式的一个创新举措。具体的宣传措施有两种:一种是静态宣传,主要是在"合六叶"高速路口制作巨型广告牌,在镇区主要街道印制宣传标语,在场地周边设置展板、横幅和宣传橱窗;另一种是动态宣传,主要是队员在比赛期间穿着印有冠名企业名称的服装,在观众和媒体上做动态宣传。除此之外,充分利用电视网络、报刊、杂志等新闻媒体适时报道 G 镇全民健身活动成效,创新了体育竞赛的宣传途径,扩大了乡镇群众体育竞赛活动的社会影响。

(3)丰富体育竞赛活动的主题和内容

2002—2008 年 G 镇还没有建立专门的公共体育活动场所,政府组织开展的体育活动仅局限于参加上级布置的比赛任务,一般都在举办单位安排的场地参加活动。乡镇内部组织的体育竞赛活动,通常是在 G 镇中学非标准化的篮球场进行(有时也组织村落之间的比赛交流活动,根据主客场的变化交换比赛场地),但这一时期乡镇有组织的体育活动数量和质量均不高。2009 年 G 镇新的全民健身广场落成,群众自发组织的体育活动频次显著增加,经常性的体育锻炼活动每天可见。与此同时,政府也加大了群众性体育活动的组织开展力度,区级以上竞赛活动年均 2—3 次,乡镇本级组织开展的体育竞赛活动月均 1—2 次,初步形成了政府关心体育、社会支持体育、群众参与体育的生动局面(表 3-5)。

表 3-5 2009 年以来 G 镇政府组织开展的群众性体育竞赛活动统计一览表

活动时间	活动地点	活动名称	参与人数	经费投入
2009.03	G 镇	G 镇"奥安康杯"象棋比赛	80～100	800 元
2009.07	G 镇	G 镇群众篮球赛	40～50	3000 元
2009.10	G 镇	G 镇"庆国庆"群众篮球赛	40～50	3000 元
2009.12	G 镇	G 镇"庆元旦"篮球赛	40～50	3000 元
2010.07	G 镇	G 镇"金标杯"羽毛球赛	40～60	5000 元
2010.10	六安市	六安市农民篮球选拔赛	15～18	5000 元
2010.10	阜阳市	第二届安徽省农民篮球大赛	12～15	10000 元
2010.11	G 镇	G 镇乒乓球、篮球、象棋比赛	20～30	8000 元
2011.05	G 镇	全镇中小学乒乓球友谊赛	80～100	8000 元
2011.07	G 镇	镇"庆七一，迎省赛"篮球比赛	30～40	12000 元
2011.10	G 镇	安徽省第三届农民篮球赛	10～12	120000 元
2011.11	六安市	六安市农民篮球赛	12～15	20000 元
2011.12	G 镇	G 镇"保喜杯"师生羽毛球比赛	50～70	5000 元
2012.11	安徽广德	安徽省第六届农运会篮球赛	15～16	5000 元
2012.07	G 镇	G 镇"庆七一，迎奥运"篮球赛	30～35	5000 元
2013.05	裕安区	裕安区第二届全民健身运动会	160～170	5000 元
2013.07	裕安区	裕安区广场舞大赛	60～70	20000 元
2013.10	G 镇	省第五届农民篮球赛及备战赛	12～15	30000 元
2014.11	G 镇	G 镇首届美好乡村农民篮球赛	90～100	20000 元
2014.09	裕安区	裕安区首届美好乡村农民篮球赛	12～15	50000 元
2014.10	G 镇	省第六届农民篮球赛及备战赛	12～15	30000 元
2014.10	裕安区	裕安区广场舞大赛	60～70	20000 元
2014.11	G 镇	羽毛球世界冠军来镇考察表演赛	8～10	5000 元
2015.10	裕安区	区第二届美好乡村农民篮球赛	12～15	75000 元
2015.11	安徽蚌埠	安徽省农民三人篮球赛	10～12	8000 元
2015.05	G 镇	镇"奥安康杯"羽毛球邀请赛	18～20	10000 元
2016.04	G 镇	羽毛球世界冠军来镇考察交流赛	15～20	5000 元

竞赛的主题和内容较前几个阶段更加丰富。在主题上逐渐突破了"政治性"和"节庆化"色彩，开始向娱乐化、大众化方向转变，比如以往习惯以庆祝"建党""建军""国庆""五四"等为主题的体育活动逐渐

第三章　改革开放以来 G 镇体育组织变迁的历史脉络

被以"美好乡村杯""夏日激情大学生篮球赛""返乡农民工交流赛""企业冠名争霸赛""篮球技术交流赛""羽毛球冠军邀请赛""广场舞表演赛"等为主题的活动所替代,群众体育竞赛活动突破了"节庆式"主题活动的局限,开始向"常态化""生活化"方向转变。在内容上从单纯以"篮球"为主,向"羽毛球""广场舞""棋牌""乒乓球""柔力球"等不同竞赛项目的方向转化(图 3-19、图 3-20)。

图 3-19　广场舞大妈助兴篮球比赛

图 3-20　"天缘·水栀子"美好乡村篮球邀请赛

2. 加大群众体育场地设施投入力度

这一时期,G 镇政府加大了对群众性体育场地设施的投入力度,表现在以下四个方面(表 3-6)。

第一,加大了村落小学体育场地设施的投入。随着农村义务教育对学校体育场地设施建设的需求，G镇辖区14个村级小学均不同程度地配备了篮球场、乒乓球台、单双杠以及非标准化的操场，基本满足了农村学校体育教学和村落留守群众对体育活动的需求。该方面经费一是来自G镇政府的投入，二是通过G镇中心校的努力，获得裕安区教育局给予的部分配套资金。

第二，兴建了五个村级文化乐园（含健身广场）。自2002年新农村建设以来，G镇冯郢村、小河沿村、佛庵村、青龙村和六合村先后被评为安徽省新农村建设示范村，其中农民文化乐园（含健身广场）是新农村示范村必须配套建设的工程，每个健身广场占地约1000平方米，配有篮球场1块、乒乓球台4副，健身路径8～10套件，该部分资金主要来自镇政府的投资和"安徽省农民体育建设工程"的资助。

第三，改建了G镇中心校的篮球场。G镇中心校位于G镇街道内，是从原G镇政府隶属下的教办室分化出来的独立机构，2010年由G镇政府投资，在G镇中学、G镇小学原有场地的基础上，改建了塑胶篮球场2块，同时对G镇中学的操场也进行了一定程度的维修和扩建。

第四，新建了G镇国家级全民健身文体广场。2010年10月G镇投资230万元资金（财政资金20万元，社会资金210万元）新建了占地8000余平方米、能容纳近千人座位的看台席、两片灯光塑胶篮球场、1片篮球训练场、6片羽毛球场、8张室外乒乓球桌、3套健身路径的运动区域和近千平方米的休闲功能区域的G镇全民健身文体广场。广场配有更衣室和卫生间，绿化、硬化、亮化一应俱全，具备了承办省级比赛的条件。

表3-6　G镇政府投资建设体育场地设施现状统计一览表

街道、村	篮球场	乒乓球台	操场（学校）	羽毛球场	单杠双杠	健身路径	文化乐园（健身广场）
烟墩村	2	4	1（非标准）	0	4	0	
钱集村	2	4	1（非标准）	0	4	0	
胡桥村	2	4	1（非标准）	0	4	0	
梁郢村	2	4	1（非标准）	0	4	0	
冯郢村▲	3	10	1（非标准）	0	6	10	1
小河沿村▲	3	8	1（非标准）	0	8	8	1

第三章 改革开放以来 G 镇体育组织变迁的历史脉络

续表

街道、村	篮球场	乒乓球台	操场(学校)	羽毛球场	单杠双杠	健身路径	文化乐园(健身广场)
关堰村	2	4	1(非标准)	0	4	0	
苏小店村	2	4	1(非标准)	0	4	0	
青龙村▲	3	8	1(非标准)	0	6	10	1
六合村▲	2	12	1(非标准)	0	4	0	1
杨桥村	2	4	1(非标准)	0	4	0	
汲河村	2	4	1(非标准)	0	4	0	
鱼塘村	2	4	1(非标准)	0	4	0	
佛庵村▲	3	12	1(非标准)	0	10	10	1
街道	8	15	1(非标准)	2	12	22	1

说明：该场地设施为政府投入建设，单位、企业自建场地不在本统计范围。
▲为省级新农村建设示范村。

3. 培育乡镇体育组织和社会体育指导员

2000年以来，随着安徽省小康社会建设进程的加快，农民收入水平逐年提高，群众对体育健身需求与日俱增。为积极推动全民健身活动的深入开展，G 镇镇政府帮助不同体育活动项目组建体育健身协会，规定"凡是人数在 15 人以上，有规律运动内容和习惯的，均可在乡镇备案登记为体育社团组织，有条件的可以向区级民政部门申请注册为正式的体育协会"。截至 2015 年底，G 镇先后登记备案成立了镇农民体育协会和篮球、乒乓球、羽毛球、广场舞、棋牌、舞蹈、柔力球、游泳 8 个单项体育协会，民间非正式体育组织 80 多个。除此之外，G 镇奥安康工贸有限公司已正式登记注册羽毛球协会 3 个。另外，2011 年 G 镇财富大街成立 G 镇传宗体育舞蹈、跆拳道培训班 1 所。初步形成了以政府体育组织为主导，以自发性群众体育组织为主体，以企业、个体经营的健身俱乐部为特色的全民健身组织网络体系，各类体育组织在群众体育活动中起到了载体、桥梁、纽带作用，进一步营造了"人人应是农民体育工作的参与者，人人都是 G 镇体育工作的受益者"的良好氛围。

在培育乡镇体育组织的同时，镇政府也十分重视社会体育指导员和体育健身志愿者队伍的建设，2009 年以来，镇政府年均选派 1~2 名健身爱好者参加裕安区体育局组织的社会体育指导员培训，培训的项目主要为广场舞系列、太极柔力球等。目前，G 镇已有注册一级社会体育指导员 1 名（镇文化站站长，安徽省群众体育先进个人），已登记的体育健身指导员、体育健身活动骨干 20 余人，基本能够保障镇、村两级群众性体育健身活动的组织开展。

二、民间性体育组织

（一）民间性体育组织形成与发展的社会背景

1. 政策背景

从农村群众体育发展政策来看，2002 国家出台了中央 8 号文件《关于进一步加强和改进新时期体育工作的意见》，确立了农村体育以乡镇为重点的发展战略，强调农村体育要抓好"三边工程"，即建设群众身边的场地，开展群众身边的活动，建立群众身边的组织，明确把群众体育组织建设作为推进农村体育工作的重要抓手。从农村经济社会发展政策来看，2004 年中央 1 号文件提出解决"三农"问题的新思路，把农村、农业、农民作为社会主义新农村建设的重要内容，出台免征农业税，实行农民种粮补贴等一系列新的惠农政策，农民收入快速增加，农民对包括体育健身在内的精神文化需求不断增加。尤其是党的十六大报告明确要求"加强文化基础设施建设，发展各类群众文化，扶持老少边穷地区和中西部地区的文化发展"，进一步强调把农村群众体育组织建设作为新农村文化发展的主要内容之一。从地方政府出台的政策来看，2002 年安徽省实施乡镇事业单位机构改革，乡镇文化体育工作从业人员大幅裁员，政府负担加重，乡镇政府有组织的群众性文体活动能力有限，需要借助民间性体育组织的力量推动全民健身活动的深入开展。

2. 经济背景

该时期 G 镇农民收入水平持续逐年增加，催生了群众体育健身热潮。2015 年 G 镇居民人均纯收入 9802.67 元，在六安市农村居民收入水平中排在前列。G 镇农民经济收入水平提高主要有三个方面的原因：（1）国家出台的惠农政策增加了农业生产收入。（2）大量农民工外出务工收入增加。（3）乡镇企业崛起带动了当地第三产业的发展。不难理解，随着农民收入的增加，农民生活负担减轻，对健康生活方式的追

第三章　改革开放以来 G 镇体育组织变迁的历史脉络

求越来越强烈,群众自发性的体育活动开始出现在街头巷尾。

3. 文化背景

（1）人口文化素质的提高影响了居民参与体育健身的观念和行为。农村九年一贯制义务教育的普及,乡村大学生数量的增加,以及大学生村官的引进,在教育和被教育的互动中 G 镇居民的体育文化素养不断提高。

（2）大众传媒技术的普及缩短了城乡体育文化的距离。随着小康社会建设进程的加快,农村城镇化水平越来越高。目前电视、通讯、网络等大众传播媒介已在 G 镇乡村实现全覆盖,居民可以通过大众传播媒介了解体育文化信息,学习体育健身知识和方法,尤其是当前风靡城市大街小巷的广场舞对居民影响较大,一些文体活动爱好者自发组织广场舞队,把城市开展的文化体育活动也搬到了自己的家门口。

（3）流动人口数量的增加加快了外来体育文化的传播和交流。一方面外出务工人数逐年攀升,调查数据显示,2004 年 G 镇外出务工人数为 8711 人(占全镇人口总数的 21.07%),2014 外出务工人数为 12046 人(占全镇人口总数的 28.33%),10 年期间外出务工人数增加了 3335 人。另一方面来镇经商人数越来越多,笔者通过对街道办事处吴书记的访谈得知,2010—2015 年来镇经商、务工的外来人口约 5000 人,占比街道总人口数的 1/3。外来人口主要来自浙江、江苏、新疆、甘肃,以及省内其他地区,它们在长达 3—5 年的定居生活中会不同程度地将当地的体育文化习俗引进 G 镇。同时在发达地区务工的农民工也会时不时地将城市中体育文化的所见所闻传播、移植到本地来,这种引进的、外来的"种文化"是乡镇民间体育组织形成与发展的重要基础。

（二）民间性体育组织的基本形态

表 3-7 统计了新农村建设时期 G 镇民间性体育组织的基本形态指标,总体来看,这一时期属于改革开放以来 G 镇民间性体育组织的蓬勃发展期,组织的数量和质量较前期有较大变化。这些变化主要表现在以下几个方面。

第一,组织类别更为丰富。政府主导型的民间体育组织包含了农民体协、篮球、羽毛球、广场舞、乒乓球、舞蹈、棋牌和垂钓等九大类别,其中镇农民体育协会的成立,为广大农民参与体育活动,表达体育利益诉求提供了有效的组织载体。而自主松散型的民间体育兴趣小组也从以往的竞技类和健身类发展到现在的娱乐类和休闲类。

第二,组织的数量和规模不断扩大。从组织数量上看,街道和村落共有政府主导型民间体育组织82个,尤其是篮球、羽毛球、乒乓球、象棋项目,各村落均成立了代表队,并定期组织开展活动。从组织的规模来看,参与的人数越来越多,其中篮球队和广场舞队参与人群最多,每个项目均有200人左右。另外,在自主松散型的体育组织中,参与棋牌和健身走的人群最多,均在千人以上。近年来,节假日外出旅游也成为乡镇居民休闲健身的一种时尚,尤其是中老年和老年参与人群最多。

第三,组织活动的地点可选择性增加。政府主导型的民间性体育组织活动地点主要选择在街道和村落的文体活动广场、单位、学校、企业的体育活动场所,以及街道、村落社区的公共活动空间;自主松散型的活动场地随意性较大,主要在家庭住所、户外以及专门性的休闲娱乐场所。

表3-7 小康社会建设时期(2002年至今)G镇民间性体育组织的基本形态

	组织类别	组织数量	形成时间	组织规模	活动频数	活动地点	形成方式	规章制度
政府主导型民间体育组织(代表队)	镇农民体协(已登记)	1个	2002年至今	40人	月均1次	文化站	政府主动形成	有要求
	篮球队(未登记)	20个(含村小)	2002年至今	200人	每天下午	学校、村落、广场	政府帮助形成	有要求
	羽毛球队(部分登记)	19个(含村小)	2010年至今	84人	月均3~5次	公司、学校、广场	政府帮助形成	有要求
	广场舞队(未登记)	5个(街3、村2)	2009年至今	180人	每天晚上	街道、村落、广场	政府帮助形成	有要求
	乒乓球队(未登记)	17个(含村小)	2009年至今	80人	每周1次	学校、单位、广场	政府帮助形成	有要求
	象棋队(未登记)	17个(含村小)	2009年至今	50人	月均1~2次	中心校、文化站	比赛临时组建	有要求
	纸牌队(未登记)	1个(镇代表队)	2013年至今	5人	年均1~2次	比赛举办地	比赛临时组建	有要求
	台球队(未登记)	1个(镇代表队)	2013年至今	7人	年均1~2次	比赛举办地	比赛临时组建	有要求

第三章 改革开放以来 G 镇体育组织变迁的历史脉络

续表

	钓鱼队（未登记）	1个（镇代表队）	2013年至今	5人	年均1~2次	比赛举办地	比赛临时组建	有要求
自主松散型民间体育组织(兴趣小组)	竞技类（球类、田径等）	若干	2002年至今	500人	每天随机	固定运动场所	长期自发形成	无要求
	健身类（健身走、武术）	若干	2002年至今	1000人	每天随机	家庭、公共空间	长期自发形成	无要求
	娱乐类（游戏、棋牌等）	若干	2002年至今	2000人	每天随机	固定娱乐室、家庭	长期自发形成	无要求
	休闲类（外出旅游等）	若干	2002年至今	随机	年均1~2次	休闲旅游场所	民间自发形成	无要求

第四，组织活动的频率越来越大。从表3-8统计结果可以看出，对于篮球、广场舞两个项目而言，活动的开展基本属于常态化，除非天气原因，这些健身活动每日可见。其他如乒乓球、羽毛球、象棋等比赛活动也经常开展，已基本形成了一周一小赛、每月一大赛的生动局面。而健身走、搓麻将、玩纸牌成为乡民不可抗拒的业余生活方式选择，走在G镇的大街小巷，这些现象随处可见（图3-21、图3-22）。

图 3-21 G 镇夏夜激情广场舞图

图 3-22　镇、村民间篮球队比赛交流活动场景

第五,组织的合法合规性尚显不足。从组织的形成方式来看,多数为民间自发形成,没有正式的规章制度,组织成员参与组织活动的形式不受制度约束。也有部分代表队是政府帮助形成,有一定的纪律要求,但均为口头上的管理规定,没有形成规范的文本;从组织的合法性来看,目前乡镇民间体育组织的形成和活动的开展虽具有社会合法性、行政合法性和政治合法性,但绝大多数不具有法律合法性,除了镇农民体育协会和 AAK 羽毛球协会履行了注册审批手续,具有合法性以外,绝大多数为非正式的民间草根体育组织,没有履行相应的注册审批手续,合法性缺失。

（三）民间性体育组织的运行与管理

1. 民间性体育组织经费的筹集与管理

这一阶段,随着民间体育组织活动的内容、形式、频数、规模的变化,经费成为一些组织维持正常运行的重要因素之一。尽管民间体育组织是不以营利为目的的公益性体育社会组织,但在活动开展中也或多或少地需要一定的经费支出。比如广场舞活动开展中所必需的碟片、音箱、存储设备以及电源、电线、照明设施,外请体育指导员指导等都需要一定的经费支出。因此从有利于民间体育组织发展的角度来看,经费的筹集和管理是不可或缺的重要组成部分,笔者通过对 7 位 G 镇自发性群众体育组织负责人的调查得知,该阶段有组织的民间体育活动的经费

第三章 改革开放以来 G 镇体育组织变迁的历史脉络

来源主要有企业赞助、成员缴纳会费、个人捐助 3 个渠道（表 3-8），其中企业赞助是这一时期经费来源的主要渠道。

表 3-8 民间性体育组织经费来源渠道统计表 $N=7$

	企业赞助	缴纳会费	个人捐助
N	4	2	3
%	57.1	28.6	42.9

民间性体育组织募集的经费一般由负责人来负责管理，用于组织自身的发展需要，经费的支出通常用于订制服装、支付正常活动和外出参加表演和比赛等。从 G 镇现有的民间性体育组织日常性的活动开展情况来看，一般不需要经费支出（广场舞除外），只有在组织之间开展交流活动的时候才需要一定的经费，当经费支出超出组织的承担范围时多数为乡镇企业老板赞助，当活动花费较少时一般由经济收入较好的组织成员一人承担。而缴纳会费的形式只有广场舞队采用，收费标准通常是根据组织运行的需要由组织成员在一起共同协商决定。比如 G 镇街道财富大街的广场舞队收费标准为每人每月 20 元，而西街的广场舞队收费标准为每人每月 10 元。村落广场舞队的收费标准为每人每月 5 元。由于不同广场舞队收费标准不一，部分组织成员产生了"钟摆现象"，游离于不同的广场舞队中间，这也是导致组织之间出现冲突、人员分流甚至互相竞争的主要原因。

2. 民间性体育组织成员的发展与培养

如何更多地吸纳会员参与到自发性的群众体育组织中来进行健身活动，是未来乡镇体育发展需要解决的重要问题。从目前 G 镇各类民间性体育组织发展情况来看，会员人数在不断增加，规模在不断扩大。实地访谈了解到，自发性的群众体育组织在吸纳成员上没有明确的管理规定，一般而言，凡是 G 镇居民都可以自愿参加到体育活动团队中来，可以通过自荐也可以通过朋友引荐。但长期以来，不同体育组织由于活动内容和项目本身的特点，组织成员在性别、年龄、职业、技能方面呈现出同质性特征，而这种群体特征会潜移默化地影响成员的参与动机。

从调查结果可以看出，当前 G 镇自发性群众体育组织成员总体上具有如下特征[①]：（1）在性别上，女性人群多于男性，其中女性31人（占总体的63.3%），男性18人（占总体的36.7%）；（2）在年龄上，以中青年和中老年人群为主，其中25岁以下2人（占总体的4.1%），26～35岁7人（占总体的14.3%），36～46岁17人（占总体的34.7%），46～59岁19人（占总体的38.8%），60岁以上4人（占总体的8.2%）；（3）在职业分布上，参与人群中以农业劳动者、教师、个体工商户为主，三种职业人群共36人（占总体的73.5%），而政府领导干部和机关工作人员所占的比例最少（占总体的6.1%），由此可见，基层领导干部在群众体育组织中未能发挥带头示范作用；（4）在文化程度上，呈现出低学历的参与人群高于高学历者的现象，参与人群的数量按学历排列依次为初中＞小学＞高中＞大专＞本科的特征，其中初中及以下人群27人（占总体的55.1%），这可能与乡镇居民总体文化层次不高和高学历者群体效应较低有关。不难看出，这些不同体育组织成员的特征以及长期以来形成的群体效应，实际上已经构成了"非文本化"的吸纳会员的隐性标准。比如篮球项目，由于竞技性、对抗性较强，参与人群在性别上一般以具有一定的篮球基础的中青年男性为主，在职业分布上以街道社会青年、单位在职职工、中小学老师和刚入职的大学毕业生为主。而广场舞项目，因具有较强的健身性、娱乐性和弱竞技性，参与人群在性别、年龄、职业上也具有相应的选择性特征，一般不需要技术基础，人群构成以35～60岁的女性为主体，在职业上具有类属性特征。当然，一旦队员被选到镇代表队里面，就有相应纪律方面的要求。镇篮球队的F队长说到：

一旦选到镇代表队里面，我们就要求每天下午5:00来操场训练，如果无故缺席三场，自动退出！虽然讲我们篮球队没有钱，但也不是随便进的，也有纪律方面的要求。但是我们街上的小伙子们都爱打篮球，能进到这个篮球队里面也是很光荣的，他们也都服从安排，听从指挥。

目前，G镇民间体育组织成员的培养途径主要有两种方式：一是通过日常化的练习或训练，由组织中的权威者进行指导；二是通过举办比赛，邀请外来"专家"专门进行指导，达到以赛促学，以赛促练的目的。

[①] 选取G镇篮球队、广场舞队队员为调查对象，共回收有效问卷49份，问卷采用现场发放与回收的方式。

第三章 改革开放以来 G 镇体育组织变迁的历史脉络

3. 民间性体育组织活动的运行与管理

民间性体育组织活动的运行涉及的内容比较宽泛,以下从与农村体育组织活动关系比较密切的三个方面作重点探讨。首先,从活动运行的性质来看,该阶段民间体育组织开展的活动既有政府主导的"它组织"性质,也有民间为主体的"自组织"性质。政府主导的民间性体育组织开展的活动一般仅限于代表政府参加上级布置的比赛任务或政府组织的各级各类比赛,属于"精英体育"范畴,不仅活动的频数有限,而且参与的人群几乎多年不变,具有目标政绩化和较强的功利主义特征。而民间"自组织"的体育活动,具有经常性、全员性特点,活动的组织与运行不受政府支配,属于"大众体育"范畴,是全民健身的真实主体。该阶段最为典型的例子就是乡镇的"广场舞"现象,从组织产生、组织运行到组织发展都表现出明显的"自组织"特征。其次,从活动运行的过程来看,不同组织在活动开展中都经历了"确立组织活动的目标——制定组织活动计划——安排组织活动场所——实施组织活动行为——反馈组织活动效果——修正组织活动的目标"的过程,其中组织中的负责人在整个过程中发挥了积极作用,负责人的工作热情、责任心、奉献精神和人格魅力是影响组织运行和发展的重要因素。笔者通过实地观察和访谈了解到,G 镇西街广场舞队之所以人数越来越多,与负责人的组织方式、个性品质不无关系。发起人邹某是个比较热心的组织者,他每天均在队员来跳舞之前调试好音响设备,做好相关服务工作(比如茶杯、水壶和餐巾纸等),每天对无故没有按时来跳舞的人员,会逐一打电话问询。他的手机里存有每个成员的电话号码,还建了一个广场舞成员的微信群,每天发布是否照常跳舞的信息,他通过微信交流征求成员对组织管理方面的意见和建议,因此深得群众的欢迎。再次,在组织活动的管理上,通常是民间自我管理,遇到特殊情况由政府帮助管理。比如组织的决策方式通常是负责人提出想法,然后征询大家的意见,这在组织决策方式的调查中也表明了以"大部分成员共同商定"为主,选择人数 23 人,占总体的 92.5%;组织的经费管理主要由组织者负责,组织者会根据情况不定期地口头汇报财务收支情况;在组织的冲突管理上,通常由组织出面协调,当组织无法协调时会报请政府部门协调处理。比如 2015 年 10 月居民杨某因不满广场舞扰民现象,故意骑摩托车在队伍中间穿梭扰乱并导致和队员王某发生了肢体冲突,当时负责人周某出面协调未果,

·127·

后来由镇政府安排文化站站长协调处理才最终了结；组织开展活动时的场地设施一般由负责人协调安排，活动的过程中负责人会在纪律、行为、态度等方面提出口头要求。

三、营利性体育组织

体育组织是在体育活动中，为了实现共同的目标而特意建构的各种社会实体。虽然我国现行《体育法》中并未明确营利性体育组织的法律关系主体，但在现实中营利性体育组织或企业性体育组织已成为我国体育法律关系的重要主体[①]，是我国市场经济体制下体育组织不可或缺的重要组成部分之一。近年来，乡镇营利性体育组织的出现，既是时代变迁的结果，也是社会发展的必然。对于G镇而言，该阶段营利性的体育组织形态主要有乡镇体育企业和体育健身培训班两种形式。

（一）乡镇体育企业

1. 对"体育企业"作为营利性体育组织性质的界定

何为企业？现代经济学认为，企业本质是一种资源配置的机制，是一种独立的、营利性的组织[②]。《辞海》对其解释为："从事生产、流通或服务活动的独立核算的经济单位。"而民营企业是以私人投资和积累为主体的产权明晰、自主管理、自主经营、自负盈亏的经济实体[③]。

关于体育企业性质的界定，目前在体育法律文本中尚未明晰，笔者在此将体育企业纳入营利性体育组织研究范畴，主要是基于以下几点考虑：第一，从社会科学理论和组织管理学对组织的分类来看，企业是经济领域的一种组织形式。国外社会科学研究表明，人类活动的领域包括政治领域、经济领域和社会领域，这三大领域对应了政府组织、企业组织和社会组织[④]。企业组织从事经营活动，追求自身经济利益最大

[①] 汪全胜，陈光，戚俊娣. 论营利性体育组织在《体育法》中的确立[J]. 上海体育学院学报，2010，34（5）：8-11.
[②] 王建，等. 现代经济学原理[M]. 北京：经济科学出版社，2009：103.
[③] 王钢. 中国民营企业对外直接投资研究——以温州民营企业为例[D]. 华东师范大学博士学位论文，2013：5.
[④] 汪波，李慧萌. 论多元化全民健身服务体系的概念与结构[J]. 体育科学，2011，31（2）：5-11.

第三章 改革开放以来 G 镇体育组织变迁的历史脉络

化,是经济领域的一种重要组织形式。美国管理学学者巴纳德(Chester I.Barnard)、詹姆斯·穆尼(James D.Mooney)、哈罗德·孔茨等认为,组织不仅是人的结合,而且是一种特定的体系,包括企业、机关、学校、医院等。第二,从体育类法律关系主体的角度来看,企业型体育组织可归属于营利性体育组织范畴。学者汪全胜研究认为:"从各国法律规制的角度来看,作为法律关系主体的体育组织主要有四类,即政府型体育组织、企业型体育组织、事业型体育组织和社会团体的体育组织。而这些体育组织中,政府型体育组织、事业型体育组织、社团型体育组织皆属于非营利型体育组织,企业型体育组织则属于营利性体育组织。"[1] 第三,从产权和体育理论的角度来看,体育企业可归属于营利性体育组织范畴。体育企业组织完全是依市场原则来运作的一种经济组织形式,既不同于体育行政组织也不同于公共体育组织,它有有效的激励和制约机制,与市场机制一脉相承,在追逐利润最大化的同时,会导致资源的合理配置和技术的不断革新。国内学者肖林鹏认为,体育企业是指由体育系统和社会团体、企业、个人兴办的以体育服务为主要内容、以营利为目的的体育经营组织。学者柳伯力、李万来也认为,体育企业就是从事体育产品生产、流通或服务等经济活动,自主经营、自负盈亏的营利性经济组织,是为了实现体育企业的经济目标,遵循商业原则和市场运作规则的要求,按权职结构所建立的微观经济组织形式[2]。

鉴于以上分析,笔者将乡镇体育企业纳入营利性体育组织的研究范畴,旨在为探索乡镇体育组织在推进农村全民健身服务体系建设、促进农村居民体育健身消费、推动农村体育事业的改革与发展方面寻求一个新的分析视角。

2. G 镇民营体育企业发展状况

G 镇是皖西白鹅的原产地,中国羽绒的发祥地,有着"皖西白鹅之乡"的美誉,系中国羽绒名镇、中国高精品羽绒生产制造基地、安徽省产业集群专业镇。早在 20 世纪 80 年代 G 镇就建成了羽绒羽毛专营市场,日上市万人以上,日吞吐羽绒羽毛 10 万千克左右,日交易额 1000 多万

---

[1] 汪全胜,陈光,戚俊娣.论营利性体育组织在《体育法》中的确立[J].上海体育学院学报,2010,34(5):8-11.
[2] 柳伯力,李万来.体育产业概论[M].北京:人民体育出版社,2005:94-96.

元,整个集镇内呈现出"疑是瑞雪九天来,落身不寒始知绒"的美景,羽绒交易形成了"买全国、卖全国"的格局。2000年以来,全镇先后建有羽毛球生产企业50多家。其中规模以上企业14家(表3-9),亿元企业11家,家庭作坊式个体工商户近500户。涌现出多个知名羽毛球品牌,其中"AAK""JB""HY"牌羽毛球远销日本、韩国、中国香港、马来西亚、印尼、英国、德国等十几个国家和地区,产品销量供不应求,产品质量受到羽界的一致好评。近年来,G镇按照"企业集聚、产业集群、主业突出、特色鲜明"的总体思路,凝心聚力搞建设,一心一意谋发展,举镇而为,抢抓机遇,全力推进羽绒羽毛产品工业化和产业化进程,带动了全镇经济社会蓬勃发展。2014年底,全镇实现地区生产总值49.8亿元,其中工业总产值40.1亿元,出口创汇5800万美元,财政收入3000万元,农民人均纯收入突破9000元大关。2015年实现产业产值26.1亿元,出口创汇4530万美元。

其中,六安市AAK工贸有限公司是G镇最早从事羽毛制品生产的企业之一,始建于1994年,是六安市羽毛协会理事单位。2007年公司正式挂牌成立,专业从事羽毛球的生产与销售。公司现有总资产2200万,固定资产700万元,年产值1.2亿元,现有员工210名,拥有现代化羽毛球生产设备2套,年生产羽毛球能力为110万打。公司拥有"JB""AAK""QS"三项羽毛球注册商标。特别是"JB"牌羽毛球产品已达到国际比赛要求,并以其"外形规整、洁白悦目、飞行稳定、耐打性强"而深受广大客户喜爱。多年来,公司注重人才兴企,用现代理念开拓国内外市场。坚持"质量第一、信誉第一"这一宗旨。多次被安徽省工商局评为"重合同、守合同"单位。2007年6月被六安市体育局指定为"AAK冠军杯"羽毛球赛用球,2008年获批"安徽省羽协锦标赛指定用球",2015年获"六安市体育产业示范基地"称号,公司多次荣获"民营科技企业""六安市守合同重信用企业""中国特色社会主义建设者"称号(见图3-23)。

表3-9 G镇14家羽毛制品规模企业名录

序号	单位	备注
1	安徽省皖西羽绒集团	羽绒羽毛企业
2	六安市黎源羽绒有限公司	羽绒羽毛企业
3	六安市奥安康工贸有限公司	羽绒羽毛企业

第三章　改革开放以来 G 镇体育组织变迁的历史脉络

续表

序号	单位	备注
4	六安市环宇羽毛工艺制品厂	羽绒羽毛企业
5	六安市瑞祥羽绒有限公司	羽绒羽毛企业
6	六安市天翔羽毛有限公司	羽绒羽毛企业
7	六安市富成羽毛制品有限公司	羽绒羽毛企业
8	六安市钰捷羽绒有限公司	羽绒羽毛企业
9	六安市金鑫羽毛工艺制品有限公司	羽绒羽毛企业
10	六安市军功羽毛制品有限公司	羽绒羽毛企业
11	六安市宝祥羽毛有限公司	羽绒羽毛企业
12	六安市金盛羽绒有限公司	羽绒羽毛企业
13	六安市宏达羽绒有限公司	羽绒羽毛企业
14	六安市赛华羽绒有限公司	羽绒羽毛企业

3. G 镇民营体育企业创业历程与发展困境

G 镇体育企业的发展既与 G 镇得天独厚的羽毛资源优势有关，也与改革开放以来国家政策的变迁以及国家与社会关系的转变有关。AAK 工贸有限公司 TYB 总经理讲述了该公司创业的历程：

（1）"货郎挑"收羽绒，发现鹅毛商机

我原来是搞羽绒出身的。小时候受父辈们的影响，纯粹是从"摇拨浪鼓"、挨家挨户贩鹅毛开始的，当时也叫鸡毛换糖之类的"货郎挑子"，政府不允许搞私营经济，属于投机倒把。那时候 G 镇大鹅毛是没有人要的，就是羽绒有人要。为什么这么多的羽毛没有人要呢？我就觉得这里面肯定有商机。"你们没有人干，我来干。"当时我们 G 镇的鹅毛很漂亮，于是我就抓了一把羽毛到广州去看看（听说广州有人要），我跑到广东省（当时叫）"畜产品进出口公司"以后，他们就说要这样的羽毛。我回到家后，就按照他们的要求收购后供应给他们。

图 3-23　G 镇 AAK 工贸有限公司各类证书

（2）提供原材料，供应"半成品"

之后，随着合作的深入，知道他们收这个毛是销往台湾、香港用来冲羽毛球片子的，于是我就直接生产毛片子给他们。但他们那时候需要的毛片子没有细化，我就觉得这样不规范，因为我是搞羽毛出身，就给他们进行了分类，给鹅身上不同部位的毛起了个名字，这样细化了以后，也就分成了不同的等次。但因为国外市场和国内市场要求不一样，他要求"通货"，就是要求货物要达到通用的标准，而那时候国内没有这样的机器设备，无法达到"通货"标准（比如对羽毛球的含绒量要求在70%～90%），所以还是要先经过香港公司加工细化后再出口，我就觉得这样做不对路子，于是后期我就按不同的毛片类别分好后，根据他们的需求再供应给他们。

第三章　改革开放以来 G 镇体育组织变迁的历史脉络

图 3-24 "JB 牌"羽毛球　　　图 3-25 "AAK 牌"羽毛球

（3）供应"产成品"，自创品牌路

后来，就用机器把毛片切好，这样减少了一些浪费（因为有些鹅毛片子太长，剪掉后浪费过多），当时香港那边工人分片的费用比内地高很多，所以他们也要求我们把毛片子充好后直接发给他们，这样我们也节省了一些运费（因为我们只需按原来重量的 1/6 发货即可）。后来 SL 公司、YLKS 公司、RSL 公司分别找到了我，要求给他们贴牌生产成品羽毛球。就这样，有了销路以后，我就开始着手规模生产。考虑到贴牌生产的利润有限，2007 年以后就开始打造自己的品牌，2008 年注册了"JB 牌"羽毛球，但自主品牌难以打开市场，2008 年我们借助北京奥运会的契机，利用 CCTV 在我公司拍摄的专题片——羽毛球制作，并在奥运会前的上午 9 点 30 分播放，起到了很好的宣传效果。后期我们通过赞助比赛用球等方式推介了公司注册的"AAK""QS"品牌的羽毛球（见图 3-24～图 3-26）。目前，企业正处于转型过程中，我们已经和合肥工业大学签订了协议，准备购买一套设备，实现机械自动化生产，以提升我们的市场竞争力。

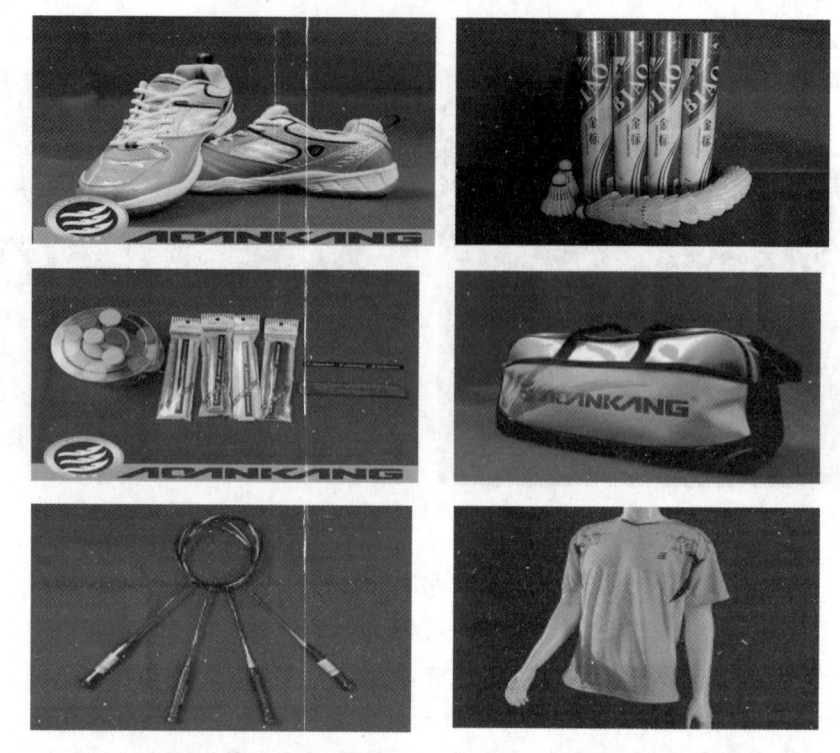

图 3-26　G 镇 AAK 工贸有限公司生产的"AAK 牌"羽毛球附属产品

4. G 镇民营体育企业助推全民健身事业的发展

近年来，G 镇体育企业对群众体育事业的发展做出了积极贡献，各类企业因经济实力不同对群众体育竞赛活动赞助的力度也有差异，企业赞助的目的也从"品牌引领战略"向"热心公益事业"转变。以 AAK 公司为例，主要做法有：

第一，支持赞助各级各类群众体育竞赛活动的开展。2005 年该公司开始赞助"淮南市运动会"羽毛球比赛用球，起初是以打造 AAK 品牌为主要目的；2007 年赞助"安徽省首届羽毛球锦标赛"，当时赞助现金 8.8 万元，比赛用球 14 箱（折合人民币 3 万多元），是单项比赛赞助力度最大的一次；后期该公司羽毛球被安徽省历届羽毛球冠军赛作为指定用球，品牌得到了社会各界的广泛认可，企业赞助的目的完全处于公益，淡化了商业性质；2013—2015 连续三年赞助省内外各类全民健身活动经费均在 20 万元左右，帮助和推动群众参与全民健身活动达上万人次。2014 年、2015 年赞助 G 镇篮球代表队参与"裕安区美好乡村杯农民篮球赛"经费达 4~5 万元,除此之外还积极支持乡镇政府和民间体育社团内部组织开展的体育训练和竞赛活动。

第二,投资 G 镇公共体育活动场馆设施建设。考虑到地方政府在公共体育活动场馆设施建设中的实际困难,以及乡镇居民对全民健身服务的实际需求。2011 年公司就提出帮助政府投资兴建"G 镇综合体育活动馆"的设想,规划建立占地 10000 平方米的五层体育健身馆,共 7 片室内活动场地(其中带看台的标准篮球场两片),同时配套洗浴等设施,规划建好后的综合馆具备承办省、市、区级单项比赛的能力。2016 年 3 月该规划报告已经过六安市政府主管部门的审批,目前镇政府正在极力推动、帮助拆迁建设。

第三,吸引优秀羽毛球运动员来镇参观交流,促进当地全民健身活动的开展。乡镇体育企业的发展,不仅可以促进居民体育消费,同时还能吸引优秀运动员来公司参观交流,扩大企业和政府对外界的影响。2015 年由省、市羽毛球协会策划,AAK 工贸有限公司承办的"AAK 杯"羽毛球邀请赛在 G 镇成功举办,比赛共四支队伍,吸引了当地近 200 名体育爱好者前来观看。2014—2016 年前羽毛球世界冠军 CY、ZJH、WYL、XGB、WPR 等分别来镇参观考察,签约品牌代言,并与当地羽毛球爱好者切磋球技,吸引并带动了当地一大批羽毛球爱好者参与体育健身活动(图 3-27)。

第四,为群众参与体育健身消费提供服务产品。2014 年中共中央、国务院出台了《关于加快发展体育产业促进体育消费的若干意见》的国发 46 号文件,将发展体育产业,促进体育消费上升为国家战略,开启了我国体育产业发展的新热潮。G 镇依托地方羽毛资源优势,大力发展羽毛球体育用品产业是新时期农村乡镇体育产业发展的创新举措,为群众参与体育运动、体育消费提供了服务产品。近年来,G 镇羽毛球为地方全民健身活动的开展、省内外羽毛球比赛提供了大量的、优质的比赛用球,支持、帮助、扶持并促进了群众性的体育健身消费需求。

当我问及"未来在 G 镇群众体育活动的支持和帮助方面是否有新的打算"时,T 总是这样说的,也一直是这样做的:

帮助、支持!只要企业存在,我都会一如既往,这也是我作为 G 镇的企业,或者是 G 镇的一员应该做的。哪个人都希望家乡人民富裕健康,不断长寿,生活过得越来越好。那么不光是羽毛球,包括其他项目,只要在 G 镇开展,推动全民健身方面我都会义不容辞,给予支持。作为

G镇的儿女,为家乡做一点事情是应该的。

民营企业的发展,是国家给的政策,群众支持我们共同进步,回馈社会理所当然。我相信,在政府的领导下,企业发展好了,企业会对社会的支持力度越来越大,将来对体育事业的支持可能就不是现在的20万,也许是200万元,这都是可能的。

图 3-27　羽毛球世界冠军 WPR 一行考察 G 镇体育产业示范基地

(左一为 AAK 工贸有限公司总经理 TYB,右一为 G 镇党委副书记 DQ。)

(二) 乡镇体育健身培训班

1. G 镇体育健身培训班的产生与形成

2011年G镇西街成立的"少儿舞蹈跆拳道培训班",是G镇最早成功举办的体育健身培训机构(同期也有人开过"瑜伽美容连锁店",但因生意萧条,消费人群有限,时间不长就倒闭了),负责人J女士是这样介绍培训班产生的:

我以前(十几岁时)学的是幼师,也当过几年幼儿园老师,后来成家了以后,就是地地道道的家庭主妇,没有什么事情可做。最近几年看到城里的舞蹈、跆拳道班办得很火爆,就想着回到G镇也办个班试试看。我原来学过舞蹈,有一定的基础,于是便租了一个房子开始办起来了。没想到,学员一开始就收到了200多人,最后那边都装不下了,然后这边(高女士)也办了一个班,于是我们就合并到一块来干了。

2014年G镇西街"少儿舞蹈跆拳道培训班"与G镇财富大街的"传宗体育舞蹈工作室"合并形成现在G镇唯一的体育健身培训机构,该工

第三章 改革开放以来 G 镇体育组织变迁的历史脉络

作室以舞蹈、跆拳道、瑜伽、形体为主要经营范围,工作室现位于 G 镇街道财富大街西侧,为两层居民实用房改装而成,活动面积约 300 平方米,内备有卫生间、洗浴、消防、监控等设施。

G 镇"传宗体育工作室"是"六安市传宗舞蹈培训学校"的分店,经营者高女士是 G 镇"真善美婚纱摄影"的老板,人脉资源比较广泛,与六安市传宗舞蹈学校的校长是长期的朋友关系,相互认识 6～7 年之久,彼此信任。前几年高女士的女儿在六安市传宗舞蹈学校学习培训期间,传宗学校的校长发现近几年乡镇有很多家长不惜代价把孩子送到城里来学习舞蹈、艺术、跆拳道等兴趣特长的现象,就建议高女士利用其人脉资源在 G 镇本地招收学员办班,并承诺教学资源由他们负责统一安排,于是双方一拍即合,2014 年 5 月开始招生,2015 年 8 月正式挂牌经营(图 3-28)。

图 3-28　G 镇两少年获六安市"四运会"跆拳道比赛银、铜牌

(其中 YDP11 岁,G 镇佛庵小学六年级学生;ZYZ12 岁,G 镇钱集学校七年级学生。)

2. G 镇体育健身培训班的运作方式与困境

(1)运作方式

通过实地观察和访谈了解到,G 镇传宗体育工作室在运行上具有下列方式:第一,从时间上看,该工作室只在双休日和节假日运行,不占用学生的学习时间。具体安排为周六舞蹈培训,周日跆拳道培训,每次两个小时。第二,从生源情况来看,每期学员保持在 180 人左右(主要为街道学员,农村来的较少);在性别上男孩子占多数;年龄层次上在 5～13

岁不等；在项目分布上，舞蹈班的人数要多于跆拳道的人数。第三，收费标准为每人每学期 500 元（除去赠送学员一套服装、安排车子接送、支付教练员车费以及 2 万元/年的场地费用外，收效甚微），同比城市的收费标准为 700～800 元每学期，但对于乡镇居民的收入水平而言，很多农村家庭难以接受，特别是孩子的爷爷奶奶辈们很不赞成子孙学习该项内容。第四，该工作室现有教练员 3 人，其中舞蹈老师 2 名，跆拳道老师 1 名。师资队伍是乡镇体育辅导机构运行的难点问题之一，教练员均为城区传宗培训学校统一派送。第五，每学期组织开展一次学习效果汇报表演，邀请城区跆拳道老师、中国舞老师、拉丁舞老师前来指导，这种形式深受家长喜爱。第六，缺乏规范化的管理制度。从实际考察中发现，现有管理制度仅仅是在墙上张贴了每期学员的分班情况统计表，对学员参加健身活动的时间、纪律和安全方面未作明确要求，也未能向家长通报不同项目的教学内容和进度安排，管理制度的规范化程度较低。

（2）运行困境

第一，农村居民思想观念相对保守，宣传工作难以有效开展。近年来农村家长"城区陪读"现象十分明显。调查了解，目前 G 镇约有 1/3 的家长为了孩子能够接受好的教育，不惜代价送他们到城区学校就读。他们普遍认为"搞好学习是第一要务，将来考上大学才是硬道理"，所以，对与文化课学习无关的兴趣、爱好、特长培训，多数家长持怀疑态度。这种现象对乡镇居民体育参与、体育消费的宣传效果带来了一些负面影响。

第二，地方政府不支持，对私人辅导培训机构的内容和形式干扰过多。当前农村教育出现了一个怪现象，就是有的教师课堂 45 分钟不认真上，课下私设小课堂，暗示或者要求学生参加，这种与其说是为了提高学习成绩，实则为了谋取私人利益的教育现象让老百姓深恶痛绝，地方政府也因此在类似培训机构的成立上面不得不严加控制，审慎行事。因此，作为与体育有关的辅导培训机构一度被政府认为是变相的教育辅导班，而不予批准。2015 年 8 月在"传宗体育工作室"没有正式挂牌之前，镇工商所、街道管理分队曾多次前来摘牌干扰，勒令停止办学，要求办理一切正规手续后才准予开班。

第三，外出务工家长增多，孩子的安全教育责任增大。事实上，农村参加体育健身培训的学员中有相当一部分是留守儿童，他们的父辈们在外地打工，每天负责接送的都是他们的爷爷、奶奶，导致很多不安全因素出现。这些孩子的父母由于常年在外,耳濡目染了城里孩子的教育方式,渴望孩子在家乡也有接受特长教育的机会,甚至希望孩子能够"全托"在这些培训机构中,他们认为这样既能学到知识,又能给老人减轻看管负担。

第四,农村人口流量少(双休日进城现象),收入水平有限,规模扩大面临诸多困难。随着农村进城务工人员的增加,加之大学生外地就读和就业的比例增加,农村现有的人口流量越来越少。近年来出现的"双休日进城"现象也是导致农村人口流量减少的重要因素,即农村大量人口(特别是上班族)在城区买房定居,工作日在乡镇工作,双休日回城区生活。这种现象导致农村出现了有体育消费需求,但体育消费人群不断流失的困境。

四、政府、民间、营利性体育组织的运行管理特征

这一时期,农村乡镇体育组织发展的外部环境发生了较大变化,不仅体现在农村经济社会快速发展和农民生活水平持续改善方面,更重要的是发展理念发生了重大变化,国家提出了"以人为本"的科学发展观,乡镇社会建设水平不断提升,社会组织呈现持续增长和不断扩展的趋势。同时国家出台了一系列推动全民健身事业发展的政策文件,群众体育组织建设被正式纳入各级政府体育事业发展规划之中,开启了城乡群众体育组织网络化发展的历史新篇章。正是在这样的背景下,G镇体育组织在形式和内容上发生了质的飞跃,呈现出相应的特征。

首先,政府性体育组织的结构和行为发生了变化。从体育组织的结构上来看,其变化表现在三个方面:一是建立了乡镇综合文化站,并根据有关政策丰富和完善了内部机构设置。但该时期由于地方推行的乡镇事业单位机构改革等相关政策,文化站工作人员大幅度裁减,乡镇文化体育工作人员任务繁重,难以开展有创造性的文化体育工作;二是由于1999年六安市实行"撤地设市"政策以来行政区域划分发生了改变,基层政府与上级政府的管理层级在缩减,农村乡镇确立了文化站归属于地方政府直接管理,在业务上接受上级文化管理部门指导的新型行政隶属关系;三是乡镇文化站的阵地建设得到了进一步的巩固和改善。随着乡镇社会的发展,群众对体育健身需求进一步增加,乡镇公共体育场地设施建设数量和质量进一步提升,从政府体育组织的行为来看,把开展群众性体育竞赛活动,加大群众体育场地设施建设力度,培育乡镇体育组织和体育社会指导员纳入乡镇政府工作的基本范畴,尤其是在群众性体育竞赛的组织和管理方面大胆革新,丰富和发展了乡镇政府性体育组织的形式和内容。

其次,民间性体育组织的形态和运行方式发生了变化。该阶段G镇民间性体育组织的形成与发展有其特殊的政策背景、经济背景和文化背景。从政策层面看:自党的十六大确立的加强社会建设作为构建社会主义和谐社会的重要内容以来,国家体育总局把体育组织建设相继纳入"十一五""十二五""十三五"建设规划目标,城乡自发性群众体育组织建设进入蓬勃发展时期。从经济层面看,该时期G镇农民收入水平逐年增加,催生了群众体育健身的热潮。尤其是国家出台的惠农政策,大量农民工外出务工,乡镇企业蓬勃发展等因素促进了农村经济收入水平的提高,为农民参与体育活动,加入群众体育组织奠定了经济基础。从文化层面看:一方面,群众自身的文化素质不断提高,对健康生活方式的理念发生了改变;另一方面,随着城乡流动人口的增加,外来的"种文化"加速了乡镇民间体育组织形成与发展的步伐。从民间体育组织的基本形态来看,出现了篮球、羽毛球、柔力球、广场舞、象棋、乒乓球、台球、纸牌、钓鱼以及农民体育协会和兴趣小组等不同类型的民间体育组织,且在数量和质量上较前期有较大的变化,呈现出组织类别更为丰富、组织的数量和规模不断扩大、组织活动的地点可选择性增加、组织活动的频率逐渐增多、组织的合法合规性尚显不足等特点。

再次,营利性体育组织成为乡镇体育组织的一种新形态。该阶段G镇营利性体育组织的类型主要有乡镇体育企业和体育健身培训班两种形式,其中,G镇体育企业是以羽毛球及其工艺制品为经营范围的营利性体育组织,其产生的背景既与G镇得天独厚的羽毛资源优势有关,也与改革开放以来国家政策的变迁以及国家与社会关系的转变有关。同时G镇体育企业的发展对促进当地老百姓的就业岗位,带动地方经济收入的增加,宣传乡镇的文化体育产业,促进G镇与社会各界的交流等方面产生了积极的作用。其中对群众体育事业发展的贡献表现在"支持赞助各级各类群众体育竞赛活动,投资G镇公共体育活动场馆设施建设,吸引优秀羽毛球运动员来镇参观交流,促进当

第三章 改革开放以来 G 镇体育组织变迁的历史脉络

地全民健身活动的开展,为群众参与体育健身消费提供服务产品"等方面。

G 镇体育健身培训班形成于 2011 年,主要是针对儿童、青少年、中青年女性开设的舞蹈、跆拳道、瑜伽、形体等培训内容,由于活动内容具有相应的时尚性、健身性、开放性而深受乡镇不同社会群体的欢迎,其产生与形成的背景与近年来农村全民健身活动的开展及城市健身热潮对农村乡镇的辐射有较大关联。另外,乡镇体育健身培训班在运行上具有活动时间的假日性、学员性别的差异性、收费标准与消费能力失调性、教练资源稀缺性和组织管理随意性等特点。同时也面临"农村居民思想观念相对保守,宣传工作难以有效开展""地方政府不支持,对私人辅导培训机构的内容和形式干扰过多""外出务工家长增多,孩子的安全教育责任增大""农村人口流量少(双休日进城现象),收入水平有限,规模扩大面临诸多困难"等诸多困境。

第四章 改革开放以来 G 镇体育组织变迁的多维分析

组织必然要进行变革,因为组织是一个不断与外在环境发生相互作用的开放系统。组织变革是适应环境和自我调整的必然要求,但组织变革并非一帆风顺,而是阻力重重。——于显洋(中国人民大学社会学系教授)

第一节 改革开放以来 G 镇体育组织变迁的观念演进分析

观念(concept)是主体对客体以及主体间的认知和信念,是思想所表达出的主体的意识形态[1]。恩格斯说:"任何事情的发生都不是没有自觉的意图,没有预期的目的的;而是有意识的,经过思想和凭激情行动的。"[2] 也就是说,任何活动都受观念的控制,观念的变化影响行为的变化。改革开放以来,随着国家权力的调整,市场和社会的力量不断壮大,G 镇体育组织在内容与形式、结构与行为上发生了相应的变迁,呈现出一定的阶段性特征和总体性发展态势。然而,透过 G 镇体育组织变迁的表象背后,首先折射出的是不同行为主体体育观念的演变。

---

[1] 张景全.观念与同盟关系探析[J].世界经济与政治,2010(9): 109-120.
[2] 邓仁娥.马克思恩格斯选集(第2版第1卷)[M].北京: 人民出版社,2012: 247.

第四章　改革开放以来 G 镇体育组织变迁的多维分析

一、从"管理"走向"服务"：政府主体的体育观念变迁

乡镇政府对待体育的态度、行为和价值观与其在特定时期社会环境中所扮演的角色息息相关，而这种角色是其职能实现过程中的一种制度化行为模式，是在政府与其他行为主体的关系和活动中体现出来的功能与作用[①]。

改革开放之初，受"总体性社会"（孙立平，2004）一元制度逻辑的影响，政府既是统治者又是制度的供给者，一定程度上保留了高度集中的管理特征，乡镇政府在群众性体育活动的组织运行上扮演了"强管理者"的角色。乡镇群众体育活动通常采用命令、控制等刚性手段，实行的是"自上而下"的单向度管理模式，以推进标准化、程序性体育活动的运行。在行为取向上主要是依赖政府的权力、制度和秩序等强制性力量对体育活动的参与者及其行为提出要求。这一时期最为典型的现象是乡镇群众性体育比赛活动的信息来源渠道单一，主要是"县—区—乡（镇）—村"这种"自上而下"的任务式线性沟通形式；政府全面介入参赛队员的组成、训练计划的安排、参赛经费的分配、比赛服装的购置、临场比赛的指导、比赛结果的宣传等组织管理过程，呈现出基于"理性经纪人"的假设，以实现组织目标或管理者的意愿为出发点，强调利用层级节制的组织结构、清晰合理的法律规章、标准化的运行流程来完成工作任务的"强管理者"角色特征。

市场经济转型时期，随着政府权力空间的让渡，市场和政府各自发挥其功能和作用，并随着政治经济条件的变化沿着各自的轨迹而发展，政府的角色逐渐由"强管理者"向"代理者"转变。从实践上来看，乡镇政府作为上级政府的派出机关，主要是完成上级政府的指令和交办的各种文化体育工作任务，并通过制度供给引导参与者按照政府规范的实施行为，以"代理人"的身份实现由权力行政转向规则行政。事实上，不论是"强管理者"还是"代理者"，乡镇政府都是借助工具理性和技术理性来达成维护秩序、提高效率、实现组织目标的管理职能。换言之，在市场化转型的浪潮中，乡镇政府组织开展文化体育活动客观上属于"不

[①] 李长源.新型农村社区建设过程中乡镇政府角色定位与重塑[J].江西行政学院学报，2015，17（2）：22-28.

得已而为之"的行为。而与生俱来的经济因子促使乡镇文化站在财政经费不足的情况下主动自筹活动经费,"以文养文,以文补文""体育搭台,经济唱戏",是这一阶段乡镇开展文体活动的主要价值立场。比如该阶段 G 镇政府在财力有限的情况下积极支持乡镇篮球队参与上级政府举办的竞赛和与兄弟乡镇进行篮球比赛交流活动,政府在表面支持的背后,实则是依托篮球这一传统优势项目扩大 G 镇的社会影响力,为招商引资,吸引外来力量投资创业奠定基础。

十六大以来,我国全面进入小康社会建设阶段,"公共服务"明确定位为政府的基本职能,行政改革确立了"服务型政府建设"的总体目标,我国政府开始实现由社会管理向社会治理转变。尤其是 2005 年 3 月 5 日,时任总理温家宝在第十届全国人民代表大会第三次会议上进一步强调了"要加快转变政府职能,努力建设服务型政府",从而明确提出了建设服务型政府的改革指导思想。为充分调动各种力量积极参加社会建设,从而构建一个多元组织、多种层次和多种行为主体共存的"服务型"社会结构,地方政府承担起了协调者和服务者的角色。近年来,以行政审批制度改革为契机,各级政府纷纷开始了创建服务型政府的探索和实践,在农村乡镇、村委会也可以看到"某某村为民服务中心""为民服务、利国利民"的治理标语和符号。小康社会建设以来,基于群众对文化体育服务的实际需要,乡镇文化体育事业成了民生工程建设的主要内容之一,地方政府基于"服务性"建设的理念背景,从"管理"到"服务"的政府价值观在乡镇体育工作中不同程度地渗透和彰显:一是政府弱化了刚性的体育组织管理手段,对群众性体育活动的组织开展不再作命令性、规范化、流程式和标准化的设定,而是把提高体育公共服务水平,满足群众体育健身服务需求作为政府治理目标。二是政府基于"自下而上"的群众体育利益诉求,致力于建立集体的、共享的公共体育利益观念和共同责任,既注重形式理性又注重价值理性,实现"管理"与"服务"的有机结合。

事实上,"管理"与"服务"都是治理的手段,但却蕴含着管理主体行为与价值观念的差异。公共行政理论认为,管理是依托组织存在的,既包括组织内部的规范性活动,也包括对组织外部对象的约束性行为,侧重于"任务"的完成。而服务是指一方提供物品、活动或者益处,以

第四章 改革开放以来 G 镇体育组织变迁的多维分析

满足另一方需求的过程,强调对"人"的需求的满足[①]。乡镇政府从"管理"走向"服务"的体育价值观嬗变,是对农村体育事业、群众体育需求、农民体质健康状况在地方政府和社会治理中地位和价值认识的历史性超越,但也绝不意味着两种理念之间是对立与冲突的关系,而是相辅相成、协调互补的有机整体。有学者认为"新中国要走好从体育大国向体育强国转型的治理之路,体育行政管理色彩必须淡化,让体育真正回归到大众日常生活中去"。因此,把管理倡导的"硬性化、制度化"与服务倡导的"柔性化、人本化"理念共同置于乡镇体育组织的治理体系之中,并逐步淡化"管理"色彩,强化"服务"意识,应该是未来我国农村体育组织发展中政府价值观的合理选择。

二、从"手段"走向"目的":社会主体的体育观念变迁

马克思认为,需要是人由于内部不平衡和环境的不平衡,为维持和恢复平衡的状态而产生的一种动态依赖关系和倾向,价值是从人们对待其满足需要的外界物的关系中产生的[②]。从发生学的意义上分析,需要是价值观形成的前提条件,也是我们建立体育价值观的基础。改革开放以来,乡镇社会结构的巨变改变了人们对物质和精神生活的需要,乡镇社会体育参与的态度、情感和行为也在这种需要的结构变化中发生着改变。

改革开放之初,农村实行了各种形式的农业生产责任制,农民对生产空余时间和农闲时间有了一定的支配权,参与体育活动的可能性增多。尤其是农业增产以来农民的生活水平有了进一步的改善,"农民不愁吃不愁住,就愁文化生活不丰富",广大农民热切期望能在空余时间参加丰富多彩的、有组织的文化体育活动。然而,这一阶段农民并不了解体育的真正意义,视体育为一种文化工具和体力活动方式,绝大多数群众认为"劳动就是体育","劳动可以代替体育"。实地考察也进一步表明,这一时期农民劳动生产积极性高,体力支出大,乡镇政府有组织的文化体育活动少,业余文化生活十分匮乏。部分群众参与体育活动的目

---

① 麻宝斌.管理与服务关系的反思与前瞻[J].上海行政学院学报,2016,17(1):39-45.
② 孙月霞.社会转型期中国体育价值观重构[J].北京体育大学学报,2014,37(5):16-21.

的是为了缓解劳动压力和完成上级对乡镇体育活动布置的任务,体育活动的参与是偶然性和非自觉性的,参与的目的不在体育价值本身,而是以响应号召、振奋精神、联络感情、丰富文化生活和提高生产效率为目的,呈现出"要我参与"的手段性体育特征。

市场经济转型时期,农民生活水平有了进一步提高,农民思想更加开放、思维更为活跃、主体意识不断增强。在市场经济体制和全民健身政策双重逻辑的推行下,农村体育场地设施条件得以改善,政府、学校、企事业单位、集贸市场等公共空间开始新建或改建体育活动场所,乡镇街道和村落配有乒乓球台、简易篮球架、单双杠等器材设施,加之乡镇政府开展的以"全民健身"为主题的系列活动,活跃了农民的文化体育生活,冲击着农民对传统"手段式"体育的固有认识,逐渐意识到体育所具有的超越外在的"锻炼身体""康复疾病""缓解压力""促进交往""娱乐身心"等的内在价值。从乡镇体育组织的形式和内容来看,出于兴趣、爱好自发形成的体育组织数量、种类增多,开展活动的频次增加。一些社会青年、体育爱好者养成了规律锻炼习惯,部分家庭还购买了哑铃、拉力器、握力器等健身器械,"体育健身""花钱买健康"的理念逐步形成。可以看出,这一阶段乡镇社会的体育价值观逐渐从"要我参与"向"我要参与"转变。

小康社会建设以来,随着农村城镇化进程的加快,农民生活产品不断丰富,闲暇时间越来越多,对品质生活的追求开始成为新的社会需求。未来学家格雷厄姆·莫利托曾指出:"2015年人类将走过信息时代的高峰期进入休闲时代,休闲将成为人类生活的重要组成部分。"世界休闲组织也曾预测,当人均GDP达到1000美元时,就会产生休闲需求;当人均GDP达到2000美元时,是休闲需求急剧增长的门槛。统计资料显示,2004年G镇居民人均可支配收入为2064元(全国平均2936元),2016年达12822元(全国平均12363元)。由此可见,当前乡镇居民已进入休闲需求急剧增长的门槛。近年来,"美好乡村""美丽乡村"建设加速了农村体育资源的配置,由居民自发组织、自我生长的广场舞、健步走现象流行于乡镇街头和村落广场,以娱乐、休闲、游戏、体验快乐为目的的自发性群众体育组织逐渐增多。毫无疑问,一种以"休闲娱乐""追求生命质量""促进主观幸福感(刘米娜,2017)"为目的的价值观开始进入农民的体育生活世界,体育本源中所强调的自由、娱乐和人性等"以人为本"的价值观逐步得以彰显。

第四章 改革开放以来 G 镇体育组织变迁的多维分析

从以上分析可以看出,在不同的社会制度背景下,体育对人及社会所呈现出来的意义是不同的。体育不仅是人的生存需要,也是发展的需要[1]。在陈琦教授看来,农业和工业社会体育对社会的意义在于培养体格健壮的劳动者以从事社会生产;进入后工业社会后体育价值的重心开始向提高人们身心健康水平、丰富社会文化生活,振奋民族精神,推动经济发展等方面倾斜。体育对人与社会发展及人类文明延续呈现出来的意义,除了作为手段满足社会的发展需要外,更重要的是实现体育自身的意义,即促进人类及其自身的发展[2]。也就是视人本身的需要和发展为体育参与的终极目标——体育目的论。程志理教授认为身体运动理论可分为两种运动观,即运动手段论和运动目的论。运动手段论强调把运动作为手段来培养某一特定历史条件所需要的人才,运动的目的在于运动之外,它往往以制度的要求制定体育的培养目标,对身体运动的评价亦非对运动本身的评价[3]。运动目的论是相对于运动的手段论而言的,其意义在于使身体运动取得独立的价值和乐趣,并以游戏论为其理论基础,以余暇体育为其表现形式,强调运动的非功利性特征。学者焦素花认为,现代社会的发展,使个人变得狭隘、畸形、单一,变成了工具……运动中人之为人的价值被遮蔽[4]。因此,从改革开放以来乡镇社会体育组织中行动者的参与动机和行为可以得出:从被动的、工具理性的,追求功利化和制度化的"手段论"体育观到主动的、非功利的,追求自由、娱乐、人性的"目的论"体育观的转化,应该是未来社会对"以人为本"体育价值观认知的理性回归。

三、从"排斥"走向"认同":市场主体的体育观念变迁

社会排斥理论是由法国学者勒内·勒努瓦(Rene lenior)提出的,主要是指由于种种原因,在国家、社会组织和社会利益集团等施动者的作用下,致使个人、群体等受动者不能公平地享受到应该而且能够享受

---

[1] 周学荣,吴明.全民健身上升为国家战略的时代背景及价值[J].体育学刊,2017,24(2):39-44.
[2] 陈琦,杨文轩,刘海元,等.我国当代体育价值观研究[J].体育科学,2006,26(8):3-9.
[3] 程志理.余暇运动论[J].成都体育学院学报,1990,16(3):7-11.
[4] 焦素花.近代以来我国体育本体属性遮蔽的观念史考察——以赫伊津哈的游戏论为分析视角[J].北京体育大学学报,2016,39(3):34-41.

到的权利和待遇,导致能力削弱和机会丧失,以致处于边缘化困境的一种社会机制[1]。社会认同理论是 Henny Tajfel 于 1986 年为解释群体行为提出的。该理论认为,社会认同是一个人自我概念的重要组成部分,会影响到群体中成员们的社会态度和行为。从词源学上讲,"排斥"是指用推力使别人或事物远离自己一方,表达的是一种动作行为;"认同"即认可、赞同。乡镇企业作为农村市场化组织的重要代表,其运行方式和价值观念同样具有行为主体的特征。因此,借鉴西方的社会排斥和社会认同理论来分析改革开放以来乡镇企业的体育观念变迁,同样具有积极的理论与现实意义。

乡镇企业是中国内地农民继家庭联产承包责任制后的又一伟大创造。改革开放初期,农村发生了一系列深刻的变革,突破了"以粮为纲"的单一结构,农村产业结构和劳动力就业结构进行了重大调整,发展了多种经营和乡镇企业,开始了史无前例的工业化进程。但由于受我国长期以来"城乡分治、一国两策"制度性壁垒的影响,农村经济基础薄弱,农村工业化发展滞后,乡镇企业是在政府领导下运行的乡办或村办企业,是带动农村经济发展,推动农村第一、第二产业发展的重要引擎。这一时期,由于乡镇企业享受国家优惠政策,其主要任务是吸收农村剩余劳动力,提高农民收入,支援农业,推进农业和农村现代化,促进农村经济发展。因此,作为在当时不能产生积极经济效益的第三产业,且缺乏广泛的社会需求和制度供给的体育元素,基本被排斥在乡镇企业经营范畴之外。

市场经济转型时期,政府加强了市场化改革力度,乡镇民营企业有了自主生存的制度空间。1996 年《中华人民共和国乡镇企业法》明确规定"农民合伙或者单独投资设立的乡镇企业,其企业财产属于投资者所有",因此,这种"自负盈亏、自主经营、自我生长"的政策逻辑迫使乡镇民营企业转型升级,突破传统产业结构固有观念的束缚,开始依托市场需求和地方资源优势重新选择产业经营范围,部分企业向第三产业领域延伸。这一时期,随着群众体育政策制度的变迁,国家提出了体育社会化和体育产业化的发展思路,体育产业在社会产业结构中呈现出"万绿丛中一点红"的发展态势。此外,全民健身政策的推行,社会对全民健身服务需求增加,伴随而来的体育用品和体育产品的需求量也在增

---

[1] 银平均.社会排斥视角下的中国农村贫困[D].天津:南开大学,2006.

第四章 改革开放以来 G 镇体育组织变迁的多维分析

加。我国内地很多乡镇出现了专门经营体育产品的企业组织,如江苏省盐城北蒋镇、安徽省滁州腰铺镇、广州中山沙溪镇、浙江富阳上官乡先后建立了体育用品生产企业。体育元素进入乡镇企业的视野。

十六大以来,党中央确立了全面建设小康社会加快推进社会主义现代化的奋斗目标,我国产业结构进一步优化,服务业的比重不断提升,体育作为一种朝阳产业显示出其旺盛的生命力。据统计:截至 2012 年末,中国城乡居民全年人均体育消费水平为 593 元,而且以购买体育用品等实物性消费为主[①];2016 年《中国百强体育企业》中,体育制造企业的数量达到 70% 以上。由此可见,随着居民生活水平的不断增长,体育消费成为居民的生活消费方式,体育制造业得到了企业组织的广泛认同。从对 G 镇的实地考察来看,2000 年以来 G 镇先后建立了羽毛球生产企业 50 多家,家庭作坊式经营户 500 余户,企业的主要经营范围从以往的非体育产品(羽绒羽毛工艺制品)转向体育产品(羽毛球及其附属装备产品),足见体育用品市场已成为 G 镇企业组织的主打市场。从全国范围来看,2014 年国家提出了"加快发展体育产业、促进居民体育消费"的战略规划;2017 年国家体育总局提出体育特色小镇建设规划,2018 年中央一号文件《中共中央、国务院关于实施乡村振兴战略的意见》指出"实施乡村振兴战略是解决人民日益增长的美好生活需要和不平衡不充分的发展之间矛盾的必然要求",一定程度上为乡镇体育产业发展建立了制度空间。因此,接纳并认同体育元素,打造具有地方资源优势的乡镇体育企业,将成为促进体育产业发展、推动体育特色小镇和新型城镇化建设的重要举措。

社会排斥理论认为,社会排斥的成因体现在功能性和结构性两个方面。其中功能性的社会排斥是因为被排斥的个体、群体和组织因其自身功能上的欠缺而造成的;结构性的社会排斥是因为社会结构(主要是指社会制度)的不合理而造成的。根据社会排斥理论,可以看出改革开放初期乡镇体育企业之所以排斥体育元素,是因为体育既缺乏相应的市场化社会制度,又没有彰显出自己独特的社会功能,在两者都不具备的情况下乡镇企业对体育产品和服务持"排斥"态度。市场经济体制改革以后,体育在结构和功能上具备了相应融入市场的条件,一定程度上得到

---

① 阮伟,钟秉枢.中国体育产业发展报告(2014)[M].北京:社会科学文献出版社,2014:108-120.

了乡镇企业的认可,但由于该阶段体育的社会化和市场化改革刚刚起步,乡镇社会对体育的需求十分有限,体育的企业化效应还处于较低水平。小康社会建设以来,由于体育的多元功能得以彰显,体育的社会化和市场化不断深入,作为外群体的"体育产品与服务"的市场需求量增加,与作为内群体的"乡镇企业"所追求的市场效益形成了群际比较,根据社会认同理论,"通过内群体和外群体之间的社会比较,一个人或组织的社会认同得以确认。"因而,随着这种内、外驱力差异性的缩小,乡镇企业对体育产品和服务的"认同感"不断提升。

第二节 改革开放以来 G 镇体育组织变迁的特征分析

美国著名的战略管理研究大师劳伦斯·纽曼认为:"社会科学研究的终极目标一方面是为了得到科学的、合理的解释……发现与记录人类行为的普遍特征;而另外一个重要原因,是为了了解世界的运作规律,这样人们才能控制和预测事件的发生"[1]。通过对改革开放以来 G 镇体育组织"共时性"与"历时性"演变脉络的梳理,它们经纬交织地表明了乡镇体育组织变迁特征的可循性。因此,总结和把握改革开放以来 G 镇体育组织变迁所呈现出的特征,对探讨未来我国乡镇体育组织发展具有重要的理论与现实意义。

一、政府性体育组织变迁的特征

(一)体育组织管理机构设置的变迁:从"分散性依附"到"专门性依附"

在中国,自古有"皇权不下县"的说法,学术界长期以来流行一种基于历史想象和个别经验形成的夸张说法,即所谓"皇权不下县,县下惟宗族,宗族皆自治,自治靠伦理,伦理造乡绅"[2](秦晖,2005)。事实上,

---

[1] [美]劳伦斯.纽曼.社会研究方法——定性和定量的取向[M].郝大海,译.北京: 中国人民大学出版社,2007: 91.
[2] 陆学艺.当代中国社会结构[M].北京: 社会科学文献出版社,2010: 356.

第四章　改革开放以来 G 镇体育组织变迁的多维分析

自古以来真正皇权不下县的行政管理领域为数不多,而体育却是其中之一。学者谭延敏认为:"当前我国全面建设小康社会的重点、难点在农村,但政府的体育管理机构到县级就戛然而止,在农民的健身休闲需求得不到政府满足的情况下,在村落内自发形成了大量的体育组织。"[①] 学者卢兆镇也研究认为:"目前,我国农村体育的体育行政组织的最末端只达到了县一级,其他各类非行政体育组织也基本未能深入农村基层。"[②] 截至目前,我国体育行政管理机构的末梢只到了县区一级,未能延伸到农村乡镇,乡镇体育管理工作一直没有与县区一级对应的、专门性的体育管理机构。我国乡镇体育工作管理机构主要是挂靠在乡镇其他相应的党政机关,是一种"名不正言不顺"的归属关系,表现出了明显的"依附性"特征,这也是制约我国农村体育事业发展的重要瓶颈因素之一。改革开放以来,随着农村社会制度的变迁,农村体育发生了波澜壮阔的变化,G 镇也不例外,其体育组织管理机构设置经历了相应的变化,但总体上呈现出从"分散性依附"到"专门性依附"转变的特征。

改革开放初期,受"文革"的影响,农村文化体育发展没有得到各级政府的重视,当时 G 镇政府机构设置也很不健全,只有党政办公室、共青团、妇联、人武办、教育办公室等基本的办事机构,上级政府布置的农村文化体育活动任务只能由党政机构联合组织落实,没有明确的负责人和办事机关。1982 年根据国家的政策要求成立 G 镇文化站以后,文化站成为 G 镇体育活动的主要组织阵地,制订了《1982—1984 年 G 镇文化工作三年规划》,将开展群众性的体育活动,成立篮球队、乒乓球队等群众性体育组织纳入规划之中。但该时期,农村体育工作的组织机构较为分散,并非文化站一个机构组织开展文体活动。其中共青团每年组织开展了"五四青年节"篮球比赛活动,G 镇教办室每年举办以中小学学生为主体的田径运动会。除此之外,乡镇国有事业单位也经常开展系统内的职工体育竞赛。总体来看,1992 年之前,G 镇体育工作的行政领导机构较为分散,政府性体育组织管理机构表现出"分散性依附"的特征。1992 年六安市进行了行政区域划分管理体制改革,G 镇政府在原来基础上进行了合并,规模扩大后的 G 镇政府内部机构越来越健全,成立了

[①] 谭延敏,张铁明,等.农村村落体育组织生存现状的调查与分析[J].邯郸学院学报,2009,19(3):99-106.
[②] 卢兆镇,傅建霞.新世纪我国农村基层体育组织建设的困境与抉择[J].山东体育学院学报,2009,25(1):26-29.

所谓的"七站八所"。与此同时，G镇教育办公室也从政府机构中剥离出来，建立了G镇中心校，不再承担乡镇性群众体育活动的组织任务，而群众性体育活动的开展转向以G镇广播文化站、G镇政府宣传部、办公室等几个部门来牵头落实。2002年以来，六安市乡镇事业单位进行了改革，G镇成立了综合文化站，体育工作作为文化的一部分，就这样顺理成章地落在了文化站一个部门的肩上，综合文化站同时成为"专门性"的政府体育管理机构。

（二）体育场地设施建设的变迁：从"依托性建设"到"专门性建设"

体育场地设施建设是政府开展群众性体育活动的物质基础。改革开放以来，城乡居民体育健身服务需求不断增加，公共体育场地设施建设也逐渐成为政府公共服务建设的重要内容。改革之初，由于基层政府财力有限，农民体育健身意识薄弱，对群众性体育健身场所没有特别要求，乡镇政府组织开展的群众性体育活动主要是依托学校和国有企事业单位的体育活动场所来进行的。80年代中后期，农村实行有计划的商品经济，政府性的体育活动基本上不开展，农村体育工作主要是以学校为重点，政府对群众性体育场地设施的建设投入少，主要体现在对学校体育场地设施的建设与维护上。事实上，就是象征性地拨点经费给学校安装几个简易篮球架子，买点篮球、乒乓球等，满足体育课教学需要而已。90年代，乡镇社会发展日新月异，农村学校体育场地设施条件有了一定的改善，原先土质的篮球场地有的已换成了水泥地面，操场上的土坯跑道更新为煤渣跑道，有的学校甚至有了室内乒乓球桌，学校体育场地设施条件的改善，不仅体现在质量的提高上，还反映在数量的增加上。1995年，随着《全民健身计划纲要》的推行，在《全民健身计划》一期、二期工程实施过程中，G镇政府开始在除学校之外的公共场所（主要为农贸市场）安装了篮球架和乒乓球台供老百姓健身用，但这种非专门性的体育活动场所，后来成为一种应付上级检查的"摆设"，失去其本来的价值。2000年以来，随着小康社会建设和新农村建设进程的加快，乡镇社会环境、经济环境和人文环境发生质的改变，农民的精神文化生活需求越来越高，体育健身逐渐融入农民的日常生活之中。安徽省实施的民生工程项目将乡镇综合文化站建设纳入其中，公共体育活动场所是综合文化站建设等级评定指标之一。2009年G镇政府在新落成的综合文化站中，投资230万元（其中政府资金20万元，社会资金210万元）专

第四章　改革开放以来 G 镇体育组织变迁的多维分析

门性地建设了"G 镇全民健身广场",场地总面积达 8500 平方米,2011年 10 月被国家体育总局授予"国家级乡镇全民健身示范广场"的荣誉称号,实现了 G 镇群众体育活动场地从"依托性建设"向"专门性建设"的历史性转变。

（三）体育活动经费投入的变迁：从"政府单一供给"到"社会多元赞助"

经费是体育事业发展不可或缺的要素之一,乡镇体育的发展同样离不开政府的经费投入与支持。改革开放初期,G 镇体育活动的经费投入主要用于支持中小学开展运动会、组织民间舞龙队的节庆活动、参加六安县组织的篮球比赛,由于当时社会力量还比较薄弱,企业和事业单位参与群众性体育活动的意识不强,经费投入全部靠"政府单一供给"。1992 年,市场经济体制改革以来,国家与社会的关系发生了变化,政府放权,乡镇民营企业异军突起,社会力量逐渐凸显起来,企事业单位开始捐资政府组织的体育竞赛活动。其中 1997 年 G 镇篮球队参加"六安市第二届小康杯篮球赛"时,G 镇营业所、教办室、企办室、土管所、信用社、供水站、卫生院、电管站 8 个单位共捐资 7000 元,用于镇篮球队的比赛花费,开启了群众性体育活动由单位捐资的先例。1999 年以来,农村实行新一轮财税政策改革,乡镇财力受到较大影响（资料显示,2001年 G 镇农业税下降 16.2%,政府财政收入大幅降低）,2006 年国务院出台文件要求全面取消农业税,中国延续几千年的农业税成为历史。农村税费改革政策的实施,切实减轻了农民经济的负担,改善了干群之间的关系,但乡镇不再像以往那样可以从农民头上收缴的税收中留出一部分开展文化体育活动,只能从乡镇财政中挤出一点开展文化体育活动,而大量的群众性文化体育活动的经费主要来自企业和社会赞助。2010 年,G 镇年产值在亿元以上的规模企业达 10 多家,企业赞助体育竞赛活动的现象越来越普遍,在商业化运作和社会公益事业的双重压力下,赞助企业已从过去的"被动捐资"向现在的"主动赞助"方式转变。据调查了解,2011 年在 G 镇举办的"安徽省第三届农民篮球赛"期间,G 镇企业赞助经费达 30 余万元；2015 年由 G 镇瑞祥羽绒有限公司、奥安康工贸有限公司、赛华羽绒有限公司、金鑫羽毛工艺制品有限公司、军功羽毛制品有限公司、安徽省勤龙米业有限公司、富城羽毛制品有限公司、六安市六州羽绒有限公司、胡世兵建筑有限公司、六安市宏宇羽毛有限公司、天缘·水栀子种植基地等多家企业赞助 G 镇参加"六安市裕安区第二届美好乡村篮球赛"共 7.3 万元,成为同期比赛中社会赞助力度最大的乡镇。从近年来 G 镇组织开展的各类群众性体育活动来看,政府不再是经费筹措的唯一主体,企业、单位和个人已成为群众性体育活动经费来源的主要力量,基本形成了乡镇性体育活动"社会多元赞助"的良好局面。

(四)体育活动组织管理方式的变迁:从"被动管理"到"主动管理"

开展群众性体育活动是乡镇体育工作的出发点和落脚点,因为体育工作的成效要最终落实到群众的体育参与上来。改革开放以来,乡镇体育活动组织管理要素的变迁是乡镇经济社会发展的综合体现,也是衡量乡镇体育事业发展理念和政府管理能力的重要方面。通过对改革开放不同阶段 G 镇体育组织变迁脉络的梳理,可以发现,政府性体育活动的组织管理方式呈现出从"被动管理"到"主动管理"的总体特征。具体表现在以下几个方面:

(1)政府对体育活动的重视程度从"消极重视"到"积极重视"转化。领导重视是基层体育工作有效开展的前提,改革开放以来,G 镇政府经历了 7 任领导班子更替,但由于不同时期的政策形势和领导个人的兴趣爱好有差别,不同阶段的政府领导对体育工作的重视程度有所不同。20 世纪 70—80 年代,乡镇群众性体育活动没有得到应有的重视,政府主要是被动地接受上级布置的比赛任务,对体育工作属于"消极重视"状态。90 年代以来,G 镇传统篮球项目得以快速发展,时任镇长 ZJG 亲自指导 G 镇代表队参加"六安市小康杯篮球赛",并在人员、经费和后勤保障上给予大力支持,也使得 G 镇篮球队获得三连冠的优异成绩。2000 年以来,镇党委政府加大对体育工作的重视力度,着力打造 G 镇"篮球之乡"的名片,把开展全民健身活动纳入政府工作计划。特别是 2009 年以来,政府加大对体育经费的投入,全民健身服务的主体责任显著提高。尤其是 GJ 书记任职期间,积极发扬 G 镇传统体育项目优势,但凡群众体育工作亲力亲为,组织开展了一系列相关主体的全民健身活动,对推动 G 镇经济、社会、文化事业的繁荣与发展起到了积极的促进作用。

(2)体育活动的开展形式从"走出去"向"引进来"转化。据时任文化站站长杨瑞国介绍,20 世纪 80—90 年代 G 镇经常组队参加各级

第四章　改革开放以来 G 镇体育组织变迁的多维分析

各类篮球比赛,但比赛均为"走出去"的模式,一般是在区县级及以上单位专门性的比赛场地进行,G 镇尽管有较好的篮球氛围和群众基础,也取得过较好的成绩,但因为没有专门性的场地,不具备承办相应比赛的能力,群众体育活动的社会影响力有限,未能对当地的全民健身起到很好的宣传和示范效应。2009 年以来,G 镇"国家级全民健身示范广场"落成,镇政府领导积极转变观念,开始谋划独立承办大型体育赛事,实现了从"走出去"向"引进来"的模式转变。2011 年独立承办"安徽省第三届农民篮球大赛",2014—2016 年连续三次作为北区主赛场协办六安市裕安区第一、第二届美好乡村农民篮球赛活动,2014—2016 年连续三年吸引了羽毛球世界冠军来镇参观、考察与交流。这种"引进来"的体育活动模式,不仅促进了 G 镇与外界的交流,而且有效地掀起了当地老百姓参与全民健身运动的热潮。

（3）体育活动关照对象从"精英群体"到"普通大众"转化。近年来,随着老百姓健身意识的增强和健身需求的增加,政府从过去的关照"精英群体"向关照"普通大众"转变,让尽可能多的群众参与到体育健身活动中来,享受体育活动的乐趣,老百姓的主体地位逐渐得以彰显。2014 年 G 镇举办了"G 镇美好乡村杯篮球比赛",其中安徽六隆羽绒代表队、G 镇公安系统队、G 镇烟墩村代表队、六安宏宇羽毛代表队、G 镇教育系统队、G 镇冯郢天缘、水栀子代表队共 6 个镇直单位、街道、村委会代表队参赛。除此之外,政府经常举办镇"AAK"杯羽毛球赛;镇中小学生"保喜"杯乒乓球赛;镇暑期回乡大学生夏夜激情篮球友谊赛;镇"迎奥运"农民篮球赛;镇广场舞邀请赛等活动,进一步把活动的关照群体扩展到了普通大众。

（4）体育活动的组织形式由"文化站单枪匹马"到"镇政府多部门联动"转化。随着乡镇性体育活动的规模、档次和频数的增加,体育活动的组织管理过程变得更加复杂多变,文化站作为政府性体育组织已无法独立承担大型体育活动的组织管理任务,镇直单位、群团组织、政府机关、相关部门都成为体育活动的组织者、管理者和参与者。其中,2011 年 G 镇举办的"安徽省第三届农民篮球赛"期间,G 镇政府举全镇之力,组织镇村约 300 余人参与这次活动。市区农委、教育局、体育局以及区公安系统也安排了一定的人力参与本次活动的组织管理,实现了乡镇大型体育活动多部门联动的组合效应。另外,从近年来政府举办活动的内容来看,突破了以往以"篮球"为主的项目局限,广场舞、羽毛球、乒乓球、柔力球等新兴项目也成为政府性体育活动的内容之一,体育活动中的组织管理人员也从"行政精英"向"文化精英"转变。目前,G镇政府在参与体育竞赛活动的心理上也发生了较大变化,由过去的"重在参与"到现在"保冠压力"转化,参赛队员的身份认同也从"农民身份"向"准市民身份"转化。

总体来看,改革开放以来,随着国家与社会关系的转变,群众的主体意识逐渐增强,对文化体育活动的需求不断增加。政府作为公共文化体育服务的供给方,主体责任显著提高,主导地位不断上升。政府在群众性体育活动的组织管理形式和内容方面发生了系列变化,呈现出了明显的阶段性特征和总体性特征。

二、民间性体育组织变迁的特征

(一)民间体育组织数量规模的变迁:从"简单形态"到"复杂形态"转变

改革开放初期,G镇民间体育组织不仅数量较少而且规模较小,呈现出由"简单形态"到"复杂形态"转变的特征。田野调查显示,当时自发性群众体育组织共有6个团队,其中舞龙队2个(20~30人),花鼓灯队1个(10~20人),篮球队3个(20~30人),乒乓球队1个(5~10人),由于受计划经济时期"单位制"管理惯性的影响,组织成员主要来自街道搬运站、食品站、粮站、学校等集体单位职工。相反,村落作为一个村民自治组织,伙伴式、家庭式、邻里式、族群式、乡约式的松散体育小组却大量存在。社会主义市场经济转型时期,农民的土地所有权和生产自主权得以回归,G镇民间体育组织出现了短时"波浪式"的发展状态,在因"单位体制"弱化使得传统舞龙队、花鼓灯队消失的同时,家庭收入水平的提高以及农民精神文化需求的增加,加速了民间体育组织的兴起。该阶段有政府主导的"G镇农民体育协会"1个(其中会长1名,副会长1名,理事33名),篮球队4个(20~30人),象棋队1个(30人),而篮球队成了这一时期G镇民间体育组织的"代名词"。除此之外,以传统体育项目和现代体育项目为载体的自主松散型民间体育组织(兴趣小组)在街道和村落广泛存在。小康社会建设以来,新农村建设和一系列农村体育建设工程的实施,G镇民间体育组织进入蓬勃发展阶段,出现了政府主导的镇农民体协1个(40人左右)、篮球队20个(200人左

第四章 改革开放以来 G 镇体育组织变迁的多维分析

右)、羽毛球队 19 个(80 人左右)、广场舞队 5 个(约 180 人)、乒乓球队 17 个(80 人左右)、象棋队 17 个(50 人左右)、纸牌队 1 个(5 人)、台球队 1 个(7 人)、钓鱼队 1 个(5 人)等多种民间体育组织形态。另外,大量竞技类、健身类、娱乐类、休闲类的民间自主松散型体育组织也遍及街头巷尾。

(二)民间体育组织参与主体的变迁:从"中坚力量的流失"到"健身带头人的涌现"

改革开放初期,农村经济组织从人民公社、生产大队、生产队等宏观领域向合作社、互助组、承包户等微观领域转型,家庭成了农村经济活动的基本单位。受土地承包的生产性压力和城乡人口流动的政策性限制,农民基本固守在家乡附近从事生产劳动,社会交往圈子比较狭窄。1984 年乡镇企业的发展,更是从根本上解决了农村剩余劳动力的当地就业问题,农村的中青年群体成为该时期家庭、经济和社会活动的中坚力量。而这一时期出于娱乐、生计和政府性活动需要形成的民间玩龙队、篮球队、乒乓球队和其他文艺团体,参与主体也主要为中青年群体。1984 年我国实行居民身份证制度,为居民走出家门提供了便利,农民外出流动不再被赋予"盲流"的标签而受到身份管理的排斥。1992 年,中共十四大提出了建立社会主义市场经济体制的目标,在这些背景的影响下,大量农村中青年人群流往沿海发达省份的厂矿企业打工就业,老人、妇女、儿童反而成了农村体育活动的主导。作为乡镇体育组织发展的中坚力量——中青年群体大量流失,不仅大大削弱了农村体育组织发展的后劲,也造成了很多民间传统体育项目传承的断裂。因为缺乏农村中坚力量的参与,农村体育组织发展不得不做出相应的调整,以适应变化了的客观情况,部分留守的中老年人开始以娱乐健身为主导,组建花鼓队、文艺队、演出队等娱乐健身组织,在农闲季节组织农民以自愿参加、自由组合、互教互学、自娱自乐的方式开展各种文体活动。这些中老年健身精英或健身带头人的涌现,成了新时期农村体育组织活动的重要动力源,更关键的是激活了农村体育组织的活动主体,使留守人员成为新农村文化建设的主要力量[1]。

---

[1] 张铁明,秦更生,韩斌,等.新农村建设中村落体育组织的发展困境与实践模式[J].西安体育学院学报,2014,31(1):45-49.

（三）民间体育组织活动内容的变迁：从"传统项目"向"现代项目"转变

在计划经济体制没有完全解体之前，农村国有事业单位职工的文化体育利益需求主体主要来自单位。这一时期，G镇搬运站、粮站、食品站、供销社等单位仍然存在，经常开展系统内、行业内的文化体育活动，但由于缺乏与外界的交流，活动内容主要为舞龙舞狮、花鼓灯、篮球、乒乓球等民间传统体育项目。1985年以后，计划经济体制下的单位制逐渐退出历史舞台，依附于国有事业单位的乡镇民间体育组织相继解体，以兴趣、爱好为基础形成的自主松散型的体育组织成为这一阶段民间体育组织的主体，活动项目转为篮球、乒乓球、象棋、掰手腕、摔跤、抵杠、泥稻仓，以及在青少年儿童之间开展撞拐、运沙包、老鹰捉小鸡等民间传统体育竞技和游戏类项目。90年代以来，随着市场经济体制的确立，G镇居民加大了与外界的联系，外出经商户和大量的农民工群体积极地将城市流行的现代体育活动项目引进来。这一时期除了G镇传统的球类项目之外，溜旱冰和交谊舞等现代体育项目开始在农村乡镇流行，儿童少年喜爱的电子游戏和电子竞技类玩具也开始出现。新农村建设以来，G镇镇容镇貌和村落环境发生了较大的改观，为居民参与体育活动创造了客观条件。特别是2008年北京奥运会以后，农村居民体育健身观念发生了较大改变，"锻炼身体，康复疾病"、"花钱买健康，向健康投资"的理念逐渐深入人心。目前，G镇"国家级乡镇全民健身示范广场"、"美好乡村文化乐园"、村落学校操场、居民住宅小区空地、街道边、马路边等公共场所建设，为群众参与体育健身活动提供了良好的空间环境。如今，走在G镇的大街小巷，随处可见散步、暴走、骑行等参与健身的人群，广场舞、篮球、羽毛球、乒乓球、台球、棋牌、柔力球等现代项目已成为乡镇居民喜闻乐见的体育活动内容。

（四）民间体育组织活动时空的变迁：从"有序时空"向"无序时空"转变

穿梭在G镇的田间地头，不禁被新农村建设的场景所震撼。一望无际的"规模化"种植的农作物，"一村一品"理念下的现代化农产品生产基地，统一规划的村落生活社区，现代化的农业生产和收割方式，稀疏的农业劳动者身影，农林水利、阡陌交通，尽收眼底！在你有意无意

第四章　改革开放以来 G 镇体育组织变迁的多维分析

之间感叹于新农村建设给现代农民生活带来的美好图景时,不得不去思索改革开放以来中国特色的城镇化道路,到底给农民文化体育生活带来怎样的时空变迁?

从时间上看,传统受限于农业生产季节性变化的特征越来越被现代科学技术所改变,农民参与体育活动的时间越来越充裕、越来越随机。当前,机械化、电气化、信息化深刻地改变着农民的生产和生活方式,现代灌溉技术、温控技术、病虫害防治技术、施肥技术、耕作与收割技术已较大程度地突破了自然环境对农业生产节律性的束缚,也节省了大量的、必要的生产劳动时间,农民体力劳动支出大大缩减,参与体育锻炼的需求和机会增加。据了解,农民一年约有三分之二的时间处于农闲季节,农忙以后绝大部分留守村民无所事事,打麻将、玩纸牌、花鼓、戏曲等民间自发组织的文体活动已成为农民不可抗拒的休闲生活方式选择。如今,村落广场每天晚上随处可见参与体育健身人群的身影,乐曲声、欢笑声、喝彩声此起彼伏,汇聚成一幅幅凝聚着丰收色彩的健身活动交响曲,乡镇民间自发性体育组织的活动时间正在从传统的"有序"向现代的"无序"转变。

从空间上看,改革开放以来,不同阶段由于乡镇社会发展进程和民间体育组织的类型与规模不同也呈现出差异。市场经济前期,民间体育组织没有相对专门性的活动空间,小群体的活动场所主要是在田间地头、庄前屋后进行,民间舞龙舞狮队的活动场所主要为走街串户进行展演;除此之外,简易的学校操场和土制露天的乒乓球台也成了民间体育活动爱好者的聚集场所。市场经济转型时期,乡镇街道出现了经营性的室内体育活动场所,最典型的有旱冰场、舞厅和台球室等;与此同时,学校体育活动场地设施条件在数量和质量上也有了较大的改善,成了民间篮球和乒乓球、羽毛球爱好者的主要活动地点。小康社会建设以来,政府投资新建了专门性的全民健身广场、村落文化体育乐园,乡镇综合文化站、乡镇企业和县区政府在乡镇的派出机构也建有室内文化体育设备,宽阔的街道、马路和居民住宅小区空地等,构成了这一时期乡镇群众健身的主要舞台。特别是,近年来 G 镇乡镇企业(AAK 工贸有限公司)自主兴建的健身活动中心和个体工商户经营的健身培训工作室、棋牌室、歌舞厅等,不断拓展了不同消费群体的体育健身活动渠道和需求。不难看出,改革开放以来,随着乡镇居民思想观念的解放,民间体育组织活动的空间正在从传统"封闭性空间"向现代"开放性空间"转化,居民的体育健身消费正在从"无偿"—"低偿"—"有偿"的消费模式变迁。

（五）民间体育组织指导方式的变迁：从"低技术载体"向"高技术载体"转变

改革开放以来,生产力水平的提高和科学技术的发展,深刻地改变着人们的体育生活方式、体育价值观念和体育组织的指导方式。传统体育是以人的身体为介质进行指导健身与娱乐的,指导方式以语言传授和直观的身体展演为主,传播的范围有限。20世纪70—80年代,农村生产力发展还处于较低水平,体育组织的指导方式主要以老人们的口碑相传和民间艺人的言传身教为主,受指导者的知识、能力和素质水平的影响,指导的对象和效果受到限制,因此,民间体育组织成员的构成具有鲜明的家族性和邻近性特征。90年代,随着农民经济收入的增加以及科学技术成果在农村的广泛应用,电视、电影、录像、影碟等现代影视设备走进了寻常百姓家,家庭获得公共资源的渠道增加,口碑相传式的低技术指导方式已不能满足农民的需求,而通过购买健身指导类光盘、观看电视里的体育健身节目等方式成为民间体育组织新的指导方式。2000年以来,有线电视、手机、互联网技术、无线存储设备在农村的普及和应用,使广大农村普遍存在着戏曲、健身、舞蹈等多种电子载体。目前短信、QQ、微信、飞信等新媒体技术的发展,使得民间自发性体育组织的沟通和指导变得更加迅捷。民间体育组织指导方式的变迁,不仅体现在"技术载体"上,还体现在"指导途径"上,传统民间体育组织的指导是一种建立在以"发起者的威信"为基础的指导形式,指导者一般不具有相应的资质,也很少与外界交流,随着组织环境的变化,指导者的身份发生了变化。近年来,民间体育文化精英、社会体育指导员、体育专业技术人员、大学生健身爱好者、政府领导干部也不同程度地参与到民间体育组织的指导行列中来,对推动民间体育组织的发展起到了积极促进作用。

不难看出,众多高科技载体的集成,使农村体育组织的健身技术指导方式发生了极大变化。传统音乐指导开始在农村出现断裂,在人工现场的乐器敲击和吹打由播放机和光碟代替的同时,也造成了乐器敲击和吹打技术的失传。由于传统文化理念在居民心态层面上的反映,直接涉及一系列较为抽象的思维方式、人生价值、终极意义等文化准则,也直

第四章　改革开放以来G镇体育组织变迁的多维分析

接涉及一系列较不具体的生活习惯、行为模式、心理倾向等社会文化现象。城市化速度的加快固然已经影响到农村,但大众体育传媒的传播指导作用的凸现还需要一个长期过程。

（六）民间体育组织管理形式的变迁：从"被组织"向"自组织"转变

自组织理论的兴起,在为我们观察系统复杂性带来全新视角的同时,也带来了一个全新的概念——自组织(self-organize)。德国物理学家哈肯指出："如果一个体系,在获得空间的、时间的或功能的结构的过程中,没有外界的特定干扰,我们便说该系统是自组织的。这里的'特定干扰'是指那种结构或功能并非是外界强加给体系的,而是外界通过非特定的方式作用于体系的。"[1] 自组织概念的提出,使我们观察一个现实系统有了两个完全不同的视角,一个角度是自组织,另一个角度是被组织[2]。自组织是从系统内部各要素间丰富多彩的关联出发,审视系统是如何在这些关联关系的作用下,自我演化、自我发展、不断从无序走向有序、从简单奔向复杂的。而被组织则是指系统要想获得空间、时间或功能上的结构,必须借助外界特定的干扰才能达到。它主要是从系统控制的角度入手,探讨什么样的外部力量才能控制和组织系统向人们所需要的目标进发。基于此,国内学者汪流认为"体育自组织"是相对于以往以行政指令为特征的体育活动而言,是一种依靠社会自发、自主开展体育活动的形态。唐永干认为农村体育的"自组织"是指"农民在依法、自愿基础上形成的以自我服务、自我管理、自谋发展、自我维权为目的的民间体育组织"。[3] 孙志海认为"被组织"是指不能自行组织、自行创生、自行演化,不能够自主地从无序走向有序,而只能依靠外界的特定指令来推动组织向有序演化,从而被动地从无序走向有序。"[4]

改革开放初期,G镇篮球队、舞龙队、乒乓球队等民间体育组织主要是在政府的帮助下形成的,组织开展的活动具有较强的官方色彩,是

---

[1] H.Haken, Information and self-organization: A Macroscopic Approach to Complex System, Springer Verlag, 1988: 11.
[2] 邵桂华.体育教学的自组织观[M].北京：人民体育出版社,2008: 16.
[3] 唐永干,王正伦.从他组织到自组织：农村体育的历史抉择——从江苏农村体育说起[J].体育文化导刊,2004,11: 3-6.
[4] 孙志海.自组织的社会进化理论方法和模型[M].北京：中国社会科学出版社,2004: 115.

一种在特定背景下代表政府利益的"被组织"行为。典型的如：20世纪70—80年代G镇民间篮球队参加上级政府安排的篮球赛，通常是在镇政府的统一安排下，由文化站具体负责，临时组队训练，负责运动队的服装、装备、交通、食宿等相关事务，篮球队自身无法实现这样的参赛过程，比赛一旦结束，队伍就暂时性解散。这种临时性的民间运动队不具有自我发展、自我演化、自行创生的特征，是一种典型的"被组织"行为。随着生活水平的提高和体育健身观念的改变，篮球逐渐成为爱好者们用来健身、娱乐、交往的工具，这种内生性的动机促进了篮球队参加活动的自觉行为，代表政府参赛只是一种使命而非主要目的。近年来，出于健身、娱乐、休闲为目的而自发形成的晨晚练、广场舞、羽毛球、乒乓球、篮球、棋牌、健身走等民间体育组织越来越多，组织的数量和规模却越来越大，组织的社会资本不断充实，对政府的依赖逐渐减弱，一种自我生成、自我运行、自我管理的民间体育组织发展形势正在悄然形成。

第三节　改革开放以来G镇体育组织变迁的规律分析

规律是事物内部的本质联系和发展的必然趋势。事物的联系构成了运动，事物在运动中形成了各种联系，其中固有的本质的必然的联系就是规律，具有必然性、普遍性、客观性、永恒性。列宁说："规律就是关系"，即"本质的关系或本质之间的关系"[1]；毛泽东认为："客观事物的内部联系，即规律性。"[2] 事物内部的本质的联系总是带有必然性的联系，它制约着事物运动发展的秩序和趋势。所以，规律深刻地体现了事物的联系和发展，它是事物本身的根本性质，决定着事物一定要发生的、不可避免的基本秩序和必然趋势[3]。农村乡镇体育组织的变迁也是有规律可循的，这种规律是乡镇体育组织变迁过程中因多种因素的合力

---

[1] 中共中央编译局.列宁全集（第26卷第2版）[M].北京：人民出版社，1984：57.
[2] 中共中央编译局.列宁全集（第55卷第2版）[M].北京：人民出版社，1984：128.
[3] 国家教委社科司.马克思主义原理[M].北京：高等教育出版社，1995：95.

第四章 改革开放以来 G 镇体育组织变迁的多维分析

表现出的现象与变迁实质之间的内在联系。G 镇体育组织的变迁规律,与这片土地特殊的自然和人文环境是分不开的,也与外部环境的变化紧密相连。这种规律性的特征,不仅反映了改革开放以来 G 镇体育组织变迁过程中的特质,也有助于我们解释未来我国乡镇体育组织变迁的走向和趋势。

一、乡镇体育组织变迁与农村经济社会发展水平相适应

首先,乡镇体育组织发展与农村经济发展规模和速度相适应。经济发展规模和速度是反映一个国家和地区经济发展水平的常用指标,所谓发展规模主要是指一个国家或地区在特定时间范围内能够生产出来的财富总量,通常用国内生产总值(GDP)作为衡量指标,而在经济发展速度方面,通常用"GDP 的增长率"作为衡量指标。发展规模反映的是一个国家或地区的综合实力,对包括体育在内的公共服务投入档次和比例具有决定性意义;而发展速度反映的是经济增长的快慢和幅度,对包括体育组织在内的社会组织变迁程度具有较大影响。

改革开放初期(1978—1991),G 镇经济发展水平和 GDP 的增长率均处于较低层次,资料显示,1982—1986 年 G 镇人均 GDP 从 222.30元增长到 280 元,年均增幅 6.4%。由于该时期群众的精力主要用于土地承包和提高收入水平上,物质生活还不能得到应有的满足,民间自发性的体育组织仅仅停留在初级社会群体的层次上,体育组织开展活动的规模、层次较低,活动的内容与生产劳动紧密相关,如农闲时节开展的拔河、掰手腕、泥稻仓、踢毽子、挑担比赛和游戏等。镇政府组织的"任务式"体育竞赛活动,也仅限于篮球、乒乓球等传统体育项目,不仅活动的内容和形式单一,而且政府在经费的投入方面也较少。市场经济转型时期(1992—2001),随着乡镇企业和私营经济的发展,G 镇依托地方白鹅产品资源和全国性羽绒集散地的区位优势,经济发展水平有了质的提高,其中 1996—1998 年人均 GDP 从 1496.30 元增长到 1912.14 元,年均增幅 13.9%。尽管该时期物价上涨速度过快,但相比 20 世纪 80 年代而言,农民可自由支配收入显著增加,恩格尔系数水平逐年降低。这一时期随着农业现代化的发展、农村家庭人口数量的减少(1976 年我国开始实行计划生育政策,80 年代农村核心家庭数量逐渐增多)、农村义务教育和农村税费改革等一系列惠农政策的实行,农民生活负担切实减

轻了,在物质生活相对富裕的背景下,农村留守老人、妇女和儿童参与文化体育活动的积极性和主动性明显增强。尤其是1995年《全民健身计划纲要》的颁布实施,各级政府推陈出新,积极开展全民健身活动,政府有组织的体育活动更加频繁。由于政府的重视,群众体育经费投入的增加,G镇篮球队连续三年获得六安市"小康杯"篮球赛冠军,这对推动乡镇群众性体育组织的发展起到了积极作用。进入小康社会建设时期,农村城镇化建设步伐加快,乡镇企业迅猛发展。同时,国家进一步加大了对农业的扶持和投入力度,"三农"问题被提上议事日程,在减免农业税的同时,新增了种粮补贴,"三免一补"及农村税费综合改革政策的落实,使农民种粮积极性进一步提高,收入水平大幅增加。资料显示,2010—2014年G镇人均GDP从5205.00元增长到8302.90元,年均增幅14.87%。新农村建设以来,G镇政府极力贯彻"生态立镇、工业强镇、特色兴镇、商贸活镇"的小城镇发展策略,努力打造"羽绒重镇""篮球名镇"的名片,不断创新全民健身活动的体制和机制,有组织的全民健身运动蓬勃发展,政府性体育事业投入经费年均达30万元,为群众体育组织的发展努力做好方向引导、政策支持和条件保障。近年来,随着G镇经济发展水平的提高,跆拳道、舞蹈等营利性的体育健身培训与辅导机构的出现,也是对这一表征的有力诠释。

其次,乡镇体育组织发展与农村城镇化发展进程相适应。城镇化是中国特色城市化的一种制度形式,是我国从传统农业社会进入工业社会时代后出现的,农村人口向城镇人口转移和集聚的现象,包括城镇人口和城镇数量的增加及城市经济社会化、现代化和集约化程度的提高。城镇化水平,是目前衡量一个地区城镇化程度和水平的指标,通常以居住在城镇的人口占总人口的比例来表示[①]。党的十七大报告明确指出,走中国特色城镇化道路,按照统筹城乡、布局合理、节约土地、功能完善、以大带小的原则,促进大中小城市和小城镇协调发展。党的十八大进一步提出,中国推进城镇化,要走工业化、信息化、城镇化、农业现代化"四化"同步发展的路子。2012年12月中央经济工作会议提出,要积极稳妥推进城镇化,着力提高城镇化质量,走集约、智能、绿色、低碳、"以人

[①] 汪波.城市化进程中六安市社区体育发展现状分析与对策研究[D].南京师范大学硕士学位论文,2007:5-6.

为本"的新型城镇化道路[①]。可以看出,城镇化是继人口红利之后的发展新红利,将成为当前中国城乡一体化发展的新抓手。农村城镇化建设不仅促进了农村经济、社会服务、生活水平、环境质量、信息交通、公共设施等多个领域的发展,而且对促进农民向市民身份的转化,推动农民生活方式的转型均起到了积极作用,这些变化对乡镇体育组织的培育和发展产生积极影响。

改革开放以来,G镇城镇化建设步伐稳步推进,镇区空间结构、商贸流通、通信网络、交通条件、生态环境、基础设施、公共服务、社会生活等领域取得较大进展。2005年六安市进行城东湖蓄洪区改造(G镇地理位置特殊,汲河流经镇域地区均属霍邱县城东湖的蓄洪区,常遭受洪涝灾害,全镇地面高程在海拔25.5米以下的面积有41.74平方千米,约占全镇用地的47%。在全镇15个行政村街中,仅冯郢、梁郢不在蓄洪区范围内,其他村街或全部或部分位于蓄洪区范围内。蓄洪区范围内人口约25608人,占全镇总人口的70.3%。),G镇迎来了移民建镇的历史机遇,政府统一安排部分村落搬迁至集镇居住,集镇规模扩大、人口数量大幅增加,城镇化建设逐步走向了合理布局、规范建设的轨道,人居环境得到明显改善,中心镇面貌正在发生变化,特别是羽绒羽毛工业园区及绒都大道的建设,为G镇的经济发展搭建了良好的平台。

表4-1和表4-2统计显示,1981年G镇集镇常住人口比率为11%,2014年集镇常住人口比率达42.33%,在33年期间人口城镇化率增加了31.33个百分点,年均增幅0.95个百分点。从2014年来看,虽然超过同期六安市41.44%的城镇化水平,但与同期安徽省和全国的平均水平相比还有距离。城镇化在带动农村区域经济的发展、促进农村人口向镇域空间的集聚、加快农村与城市文化的交流与融合的同时,也推动了乡镇体育组织的形成及其实践活动的进程:(1)城镇化改善了乡镇体育组织发展的外部条件以及群众的体育健身氛围。(2)城镇化加速了农民向"市民身份"的转化,有利于市民化体育组织行为在农村的模仿和复制。

---

① 张占斌,丁德彰,黄琨.城镇化进程中农民工市民化研究[M].石家庄:河北人民出版社,2013:9.

表 4-1　2005—2015 年人口城镇化率统计情况一览表[①]　(%)

年份	2005	2006	2007	2008	2009	2010	2011	2012	2013	2014	2015
全国	42.99	43.9	44.9	45.7	46.6	47.5	48.7	52.6	53.7	54.8	56.1
安徽省	35.5	37.1	38.7	40.5	42.1	43.2	44.8	46.5	47.9	49.2	50.5
六安市	28.7	30.1	33.5	35.4	36.9	35.9	37.4	38.9	40.19	41.44	42.58

表 4-2　改革开放以来不同阶段 G 镇镇区人口比率[②]　(%)

年份	1981	1985	1993	1998	2004	2008	2014
街道户籍人口比率	9.5	9.99	9.18	9.01	5.73	10.34	10.24
集镇常住人口比率	11	16.66	13.13	15.25	24.19	33.4	42.33

二、乡镇体育组织发展与群众体育利益需求非衡性演进

唯物辩证法认为,矛盾是推动事物发展的根本动力,事物发展的根本原因不是在事物的外部而是在事物的内部,在于内部的矛盾性。任何事物内部都有这种矛盾性,因而引起了事物的非衡性演进和发展[③]。对立统一的矛盾规律告诉我们,矛盾是普遍存在的,矛盾双方既斗争又统一,当矛盾运动发展到一定阶段,双方会发生向自己对立面的转化,从而使原有矛盾得到解决,同时又产生出新的矛盾。20 世纪 70 年代比利时化学家普利高津(I.Poligogen)在他的"耗散结构"理论中也指出,开放系统是不断自我演化、转变和发展的,非线性是系统要素间的主要关系,远离平衡态的系统在随机涨落的作用下,具有丰富的演化方向,平衡和稳定与封闭系统紧密相连,其导向是系统混乱无序的"死寂"状态[④]。认知心理学派的代表人物皮亚杰,在他 1970 年创立的"发生认识论"理论中认为,个体的认知发展就是通过同化和顺应日益复杂的环境而达到平衡的过程。当个体面临环境中的新的刺激,总是先试图去同化,如同化成功,便得到暂时的平衡;如原有图式无法同化新刺激,个体

---

① 中华人民共和国国民经济与社会发展公报(2005—2015)[R];安徽省国民经济与社会发展公报(2005—2015)[R];六安市国民经济与社会发展公报(2005—2015)[R].
② G 镇综合档案室;G 镇派出所档案室;G 镇街道办事处档案室,2016.
③ 中央编译局.毛泽东选集(第 2 版第 1 卷)[M].北京:人民出版社,2014:301.
④ 邵桂华.体育教学的自组织观[M].北京:人民体育出版社,2008:72.

第四章 改革开放以来 G 镇体育组织变迁的多维分析

便会做出顺应,即调节原有的图式甚至重建新图式,以达到新的平衡状态。通过不断地同化和顺应,个体图式沿着"平衡—非平衡—更高水平的平衡"状态一直向前发展,这也是人的智慧发展的实质所在[①]。

通过以上不同学派对事物发展规律的认识,可以得出,矛盾的斗争性和同一性存在于一切事物发展的过程之中,对立面之间的非平衡关系是一切事物发展的基本方式和基本条件。乡镇体育组织也不例外,同样在发展过程中存在矛盾运动规律,乡镇体育组织的发展始终与农民对体育利益的需求相辅相成,两者之间对立统一、螺旋式发展,呈现出非平衡演进的规律。对于 G 镇而言,改革开放初期,群众的体育利益需求较低,政府组织开展的活动也仅限于参加上级布置的比赛任务和一般性的政治活动,关注的重点是"政治利益"而非"群众利益",有组织的体育活动不仅数量少,而且质量低;自发性的体育组织也仅限于民间开展的游戏和娱乐。20 世纪 80 年代中后期,随着农民精神文化生活需求的增加,原来政府组织开展的文化体育活动形式和内容已不适应群众对多元化体育利益的需求,政府专门性的文化体育组织机构开始设立,乡镇体育竞赛活动、学校体育运动会、村落间、单位间的体育比赛越来越频繁。进入 20 世纪 90 年代,国民体质健康问题得到党和国家的高度重视,国家提出了全民健身计划,老百姓的健身观念发生了改变,体育健身的需求越来越高,G 镇政府成立了"农民体育协会""体育运动委员会"等体育组织,同时政府的群团组织和企事业单位也不同程度地参与群众体育活动的组织中来。新世纪以来,城镇化建设缩短了城乡之间的距离,农民对公共体育服务的需求进一步增加,政府加大了对公共体育场地设施的建设力度,加上自发性群众体育组织的相继产生,群众体育健身利益需求得以有效缓解。学者易剑东认为,无论对个人、企业还是其他社会组织乃至国家、民族来说,在人类体力退化和理性过渡的普遍现实面前,我们必须选择体育这个最神奇的"拐杖",来挽救异化的身体和心理,来弥补失去的灵性和浪漫。当前,"健康中国 2030 规划纲要"提出了创新、协调、绿色、开放、共享的五大发展理念,在这一新的理念关照下,老百姓的体育健身利益需求会更加强烈,原有的乡镇体育组织体系需要向更高

---

① 吴庆麟,胡谊.教育心理学——献给教师的书[M].上海:华东师范大学出版社,2003:31.

层次的方向发展,才能形成一种新的供需平衡,满足老百姓的健身利益需求。

乡镇体育组织与群众体育利益需求之间呈非衡性演进的规律,不仅与国家制度形式的演变有关,还与以下两个方面的因素有关:第一,不同阶段乡镇社会阶层结构的变迁。改革开放以来,伴随着经济体制的深刻变迁和工业化、市场化、城镇化的推进,我国社会阶层结构发生了深刻变迁,从改革前的工人阶级、农民阶级、小资产阶级、民族资产阶级的"四大阶层"结构到社会主义计划体制下的工人阶段、农民阶级和知识分子的"两阶级一阶层"结构,转变为经济转型以后的包括国家与社会管理者阶层、私营企业主阶层、经理人员阶层、专业技术人员阶层、办事人员阶层、个体工商户阶层、商业服务业从业人员阶层、产业工人阶层、农业劳动者阶层和无业失业半失业人员阶层的"十大社会阶层"结构(也有学者将其分为社会上层、中上层、中中层、中下层、底层共五个社会等级),社会阶层的分化加速了对社会资本供需结构的失衡状态。农村乡镇社会阶层结构也在这种宏观背景下发生类似的变迁,由于不同社会阶层拥有的体育资本和机会存在差异,故而产生了不同的体育利益需求,这种需求结构的差异性决定了参与乡镇体育组织活动的机会和程度的非均衡性。第二,不同阶段乡镇体育健身环境的变迁。体育组织的产生发展与体育健身环境的改善相辅相成,因为体育组织开展的活动需要在一定的时空和场域背景下才能更好地发挥效应。从生态环境来看,一个交通便利、卫生良好、设施齐备、场地安全、空气清新的空间环境容易唤起人们参与集体活动的热情;从社会环境来看,一个健康有序、文明和谐、团结友爱、自由平等、归属感和认同感强的健身氛围容易促进群体化大场面叙事的形成[①]。改革开放以来,G镇城镇化建设不断加快,镇容镇貌不断改善,体育健身的生态环境、人文环境、社会环境也发生了相应的变化,这些变化共同推进了乡镇体育组织的发展演变。

三、乡镇体育组织间的关系随国家与社会关系的转变而变化

关于国家与社会的关系,西方学者在很早以前就有众多争论,在霍

---

① 杨继星.个体化时代的集体行动:社区草根体育组织的动机诉求与矛盾冲突——以广场舞为例[J].体育与科学,2016,37(5):82-88.

第四章 改革开放以来 G 镇体育组织变迁的多维分析

布斯、洛克和卢梭等近代自由主义哲学家那里,认为社会的份量大于国家。他们从"市民社会先于或外于国家"以及国家权利源于人民的权利出发,推断出市民社会决定和制约国家的结论。黑格尔[①]则认为,市民社会具有自己无法克服的种种缺陷,只有通过国家才能将这些缺陷予以纠正,因而国家高于市民社会。马克思则认为,国家是人类社会发展到一定的历史阶段,随着阶级的产生而产生的,必将由于人类社会进入无产阶级社会而自行消亡。在政治学领域,也有学者从国家和政府的角度看,将历史上存在的国家与社会关系模式划分为"有限国家"和"一元主义国家"两种类型,认为西方国家的政治发展过程就是这两种关系模式的相互交替。从中国的历史演变来看,国家与社会的高度一体化以及国家权力至高无上是中国政治结构的主要特点,因此,"一元主义"和"全能主义"国家被视为中国国家与社会关系的基本模式。然而,随着我国经济社会的发展,国家与社会一体化的弊病已严重阻碍了社会的发展,在改革开放的今天,完成国家与社会关系的整合已成为历史性整合的时代课题,单纯的国家不足以保证一个社会持续稳定、健康地发展,只有使国家与社会同时进行有效的互动,保持一种适当的张力,才能创造出有利于社会发展的最佳环境。

计划经济时期,我国实行高度集权的政治和经济体制,形成了国家包揽和控制社会、"权利"遏制和侵吞"权力"的非均衡、不正常状态,在国家和社会关系上一直采取的是"非此即彼"的逻辑,突出国家地位,压制社会的正常发展。市场经济的发展,国家与社会的关系经历了较大的调整:(1)国家对社会的控制幅度明显收缩,国家直接控制的社会资源相对量和绝对量都已经大大减少。(2)国家对社会控制的手段渐趋多样化,改变了以往几乎完全依靠行政命令与计划指令的状况,经济手段、法律手段等其他社会控制方式的作用越来越大。(3)国家自身的权力结构也在进行相应的调整,地方分权、企业经营自主权乃至公民个人占有与处置社会资源的自主权不断扩大[②]。而这些变化,也同样影响到了农村乡镇政府与民间体育组织之间的关系。改革开放以来,G 镇政府与民间体育组织之间的关系总体上可归纳为三个发展变化阶段。

---

① [德]黑格尔.法哲学原理[M].范杨,张企泰,译.北京:商务印书馆,1961:102.
② 张勤.中国公民社会组织发展研究[M].北京:人民出版社,2008:62.

（一）从"抵制"到"附属"阶段——改革开放初期政府与民间体育组织的关系

计划经济时期，政府是制定农村体育发展计划和目标、调节体育资源配置等几乎唯一的行为主体，并通过刚性的计划、组织、控制、管理、操作等手段，强行介入农村体育的发展中，农村民间体育组织难以有自主生存和发展的空间。改革开放头几年，我国实行的是高度集权的计划经济体制，受"文化大革命"思想的影响，G镇庐剧团、花鼓灯表演队、舞龙舞狮队等传统的民间文化体育组织被视作"牛鬼蛇神"而受到政府的抵制和排斥，G镇民间文化体育组织因难以有生存的空间而相继解散。1985年到1991年，国家实行了有计划的商品经济体制，随着群众对精神文化生活的需求，高度集权的计划经济体制开始松动。与此同时，国家要求地方各级政府要结合当地的民俗传统文化特色积极开展活动，丰富群众的文化体育生活。G镇戏园子、花鼓灯队、玩龙队、篮球队开始复苏，但这一阶段民间体育组织只是代表政府的利益开展相应的活动，与政府之间是一种事实上的"附属"关系。

（二）从"旁观"到"扶持"阶段——市场经济转型时期政府与民间体育组织的关系

市场经济改革以后，我国政府推进政治体制改革的重要目标是从"大政府，小社会"逐渐向"小政府，大社会"过渡，在这一目标指引下，农村体育组织之间的关系发生了新的变化：一方面，政府的管理模式由过去的"全能型"向"服务型"转变，政府不再运用行政手段直接掌控农村体育开展；另一方面，政府大力扶持农村体育组织的发展，把原来独自承担的农村体育服务职责部分转移给民间自发性的体育组织。20世纪90年代初，由于市场经济体制刚刚建立，乡镇社会发展还处在摸索阶段，政府发展的重点是经济建设，对文化体育活动重视仍然不足，只是作为"旁观者"看待民间体育组织的发展。1995年以后，随着《体育法》和《全民健身计划纲要》的出台，G镇政府加大了对群众性体育活动的投入力度，学校、单位的体育活动场地设施条件逐渐改善，G镇民间传统体育项目组织活动开展也较为频繁。这一阶段，G镇民间篮球队、乒乓球队、羽毛球队、象棋队除了代表政府参加各级各类比赛以外，政府在经费投入和政策保障上对民间体育组织自主开展的比赛活动也给予

第四章 改革开放以来 G 镇体育组织变迁的多维分析

了一定的支持。

（三）从"主导"到"融合"阶段——小康社会建设时期政府与民间体育组织的关系

十六大以来，市场经济体制改革的深入，为中国共产党执政方式创新提供了丰富的政治资源，不仅对民主、法治有着本能的强烈要求，而且造成了国家与社会的适度分离。十七大指出，政治体制改革的目标是发展社会主义民主政治，党的领导必须改变包办一切的方式。十八大强调必须继续积极稳妥推进政治体制改革，发展更加广泛、更加充分、更加健全的人民民主，提出全面建成小康社会的奋斗目标。十九大提出中国特色社会主义已进入新时代，必须建立充满活力又和谐有序的社会治理格局，决胜全面建成小康社会。这就意味着社会作为一个变量对党和国家的监督、控制在增强，与此相连，市场经济的发展引起了社会系统的变动，社会的异质性空前提高，个体自主性日益显现，利益格局多元化，形成了各种利益群体，社会力量逐渐由原子化向组织化、集体化发展，社会力量日渐成熟。对于 G 镇体育组织来说，小康社会建设时期，农民生活水平大幅度提高，群众健身观念和行为发生了质的变化。这一阶段，政府专门投资兴建了公共体育健身场所，配套全民健身路径和其他体育活动设施，政府指派专门的社会体育指导员帮助群众体育组织开展活动，为群众体育组织活动提供了便利，政府在群众性体育活动中起积极主导作用。近年来，随着民间体育组织的类型、人数和规模的扩大，自发性民间体育组织活动逐渐成为常态化，民间体育组织自我服务、自我管理能力加强，对政府的依赖越来越小，呈现出两者互为融合的发展态势。在 2011 年 G 镇政府承办第三届安徽省农民篮球大赛期间，民间体育组织积极参与啦啦操表演、广场舞表演和赛事期间的联络、通讯、卫生、安保等相关志愿服务活动，为圆满完成赛事任务做出了积极贡献。与此同时，G 镇政府对民间体育组织开展活动也积极给予政策、人力、物力和财力支持，帮助民间体育组织解决活动的场地、电力、设备、技术指导和群众性纠纷事件等，逐步在内容和形式上实现了与民间体育组织之间的融合。

第四节　改革开放以来 G 镇体育组织变迁的影响因素分析

组织变革是对现有状态的修正和改变,目的是为了更好地适应内、外环境的变化,以便能顺利地实现组织目标。每个组织都有它确定的生命周期,有些组织会长久地生存下去,有些组织只具有暂时性的特点。但无论如何,组织都必须使自身不断适应环境变化的需要,以便使一个系统能够生存下去。换句话说,每一个组织都需要稳定性和连续性,同样也需要适应性和变革性。组织变革之所以发生,是多种因素相互作用的结果,但归结起来,主要有两个方面:一是外在环境;另一是内在环境。根据组织—环境匹配理论[①],组织变革是外部动力(情境动力)与内部动力(触发动力 precipitating dynamics 和使能动力 enabling dynamics)共同作用的结果。组织变革的外部动力不受组织决策者直接控制,主要涉及政治、法律、生态、文化和科技等诸多外部环境因素;组织变革的内部动力受组织决策者的控制,主要包括需求、技术、人员和管理方式等内部环境因素。改革开放以来,G 镇体育组织的变迁,既有政治、经济、文化、科技等外部环境变化的原因,也有管理方式和组织自身建设等内部环境变化的原因。

一、改革开放以来 G 镇体育组织变迁的外部影响因素

(一)政治体制因素

政治是上层建筑领域中各种权利主体维护自身利益的特定行为以及由此结成的特定关系,是人类历史发展到一定时期产生的一种社会现象。美国著名的马克思主义文学理论大家弗雷德里克·詹姆逊在《政治无意识》中指出:"一切事物都是社会的和历史的,事实上,一切事物

[①] 范柏乃,张电电,余钧.政府职能转变:环境条件、规划设计、绩效评估与实现路径——基于 Kast 组织变革过程模型分析[J].浙江大学学报(人文社会科学版),2016,46(3):180-200.

第四章　改革开放以来 G 镇体育组织变迁的多维分析

说到底都是政治的。"这当然不是说,一切事物都是政治事物,而是说政治是事物呈现自身的一个场域、空间,同样地,政治视角就构成"一切阅读和解释的绝对视域"[①]。组织是在国家的政治体制范围内进行的活动,国家会出于多种原因,不仅会不断调整法律、政策和制度,而且还会有意识地利用法律、政策和制度去刺激组织进行变革。改革开放以来,乡镇体育组织的变迁同样受国家政治环境的影响较大,主要体现在以下几个方面。

1. 政治体制改革是乡镇体育组织变迁的根本动力

政治体制是指一个国家政府的组织结构和管理体制及相关法律和制度。乡镇体育组织的出现也是伴随着国家政治体制改革的深入推进而不断丰富完善的。改革开放以前我国实行的是高度统一的计划经济体制,政府依靠单位制度、户籍制度和身份制度,运用行政力量对社会政治、经济、文化生活各方面实行严格的管辖和控制。国家不但垄断着绝大部分既有的资源,而且在新的资源出现后,也总是利用国家的强制性权力,将其置于自己的直接管控之下。对于任何潜在的控制稀缺资源的竞争对手,也是利用政治或行政的力量加以摧毁,从而没有政府以外的其他社会组织生存和发展的空间。1978 年改革开放以后,一方面经济体制的改革使得社会中开始出现自由支配的资源和自由活动的空间,并由此产生了一些自下而上的纯民间组织和官方的非营利组织;另一方面,虽然政府机构的改革和政府职能的转变主要还是导致了"政企分开",但客观上也产生和发展了大量沟通政府和市场的中介性组织,进一步培育了社会组织的力量。同样,农村政治体制的改革为乡镇体育组织的产生与演变提供了根本动力。新中国成立以来农村体育经历了波浪式发展阶段,特别是"文革"期间农村体育看似表面轰烈,实则属于自上而下的"革命体育",由于高度的计划色彩,赋予了农村体育组织管理浓厚的官办色彩,几乎没有社会体育组织产生的空间。改革开放以后,政府越来越重视法律和法治,国家逐步向社会放权,开始转变职能,政府不再履行直接的管理职能,公民社会组织得到了迅速发展,数量越来越多,规模越来越大,公民的结社自由开始具有实质性的意义。同时,国家制定了相应的改革发展政策,直接或间接地为乡镇体育组织的产生与发

[①] 罗骞.马克思的政治概念[J].马克思主义与现实,2009(2):42-53.

展提供了根本动力。

改革开放以来,对 G 镇体育组织建设而言,影响最大的政策有:1982 年中共中央发出《关于关心人民群众文化生活的指示》,G 镇文化站作为农村文化体育事业的政府管理机构被正式建立起来,乡镇体育工作朝着阵地化、经常化、组织化的方向发展。2000 年以来,国家推行"新农村建设工程""民生工程""农村公共文化服务体系建设""美好乡村建设""乡村振兴战略"等相关农村政策体制改革,G 镇政府以此为契机,加大了对农村体育场地设施建设、农村群众性体育组织建设和群众性体育活动的开展力度,进一步推动了乡镇体育组织的发展。2010 年《关于发挥乡镇综合文化站的功能,进一步加强农村体育工作的意见》,提出"不断完善综合站组织机构,建立健全各级各类农村社会体育组织网络,有效发挥其对开展农村体育工作的桥梁和纽带作用"。"形成以综合站为龙头、社会体育组织为纽带、社会体育指导员和体育教师为骨干的乡镇体育组织网络。"《意见》还进一步明确了今后农村体育组织建设的人员编制、经费安排、组织功能、活动内容、组织任务、组织目标等组织建设内容,这是一项迄今为止较系统的、较完备的专门针对农村体育组织建设的发展规划,体现政府对农村体育组织建设的重视。

2. 乡镇机构改革和政府职能转变推动乡镇体育组织的发展

1978 年以后,随着农村改革的进行,中国乡村社会原有的"三级所有、队为基础"的人民公社管理体制也开始变革。1983 年中共中央、国务院发布了《关于实行政社分开,建立乡政府的通知》,指出"随着农村经济体制的改革,现行农村政社合一的体制显得很不适应。宪法已明确规定,在农村建立乡政府,政社必须相应分开"。1984 年,全国各地普遍废除了人民公社,建立起了乡镇政府。到 1985 年底,全国废除人民公社、建立乡政府的工作基本结束。1986 年 9 月,中共中央、国务院联合发出《关于加强农村基层政权建设工作的通知》,"要求简政放权,健全和完善乡镇政府职能"。1992 年,全国开展转变政府职能,以适应社会主义商品经济发展的需要为目的的乡镇机构改革,改革的方向是"小机构、大服务"。1997 年 9 月,中共十五大提出要按照社会主义市场经济的要求,转变政府职能,实行政企分开。根据精简、统一、效能的原则进行机构改革,建立办事高效、运转协调、行为规范的行政管理体系,"严格控制机构膨胀,坚决裁减冗员"。1998 年,中共中央《关于农业和农村工作

第四章 改革开放以来 G 镇体育组织变迁的多维分析

若干重大问题的决定》要求乡镇政府要切实转变职能,精简机构,裁减冗员,目前先要坚决把不在编人员精简下来,做到依法行政,规范管理,在全国范围撤并乡镇,精简乡镇机构和人员,转变乡镇政府职能[①]。1999年全国各地也开始进行新一轮的"撤并乡镇、精简机构"的改革,对乡镇采取适度撤并、压缩财政供养人员、归并事业站所等措施。同时,第一次提出乡镇机构改革要与农村税费改革密切配合。2000 年,国家开始在安徽进行农村税费改革试点,安徽省把乡镇机构改革作为农村税费改革的配套措施之一。2004 年,中央发出了《关于促进农民增加收入若干政策的意见》的一号文件,提出进一步精简乡镇机构和财政供养人员,积极稳妥地调整乡镇建制,有条件的可实行并村。按照中央部署,各地再次掀起了撤并乡镇、精简机构和人员的改革热潮,并取得了一定成效。2006 年我国全面取消了农业税,这不仅标志着我国农业财政时代的结束,而且意味着乡镇政府不再承担国家从乡村社会汲取资源工具的使命,这为乡镇政府的职能转变提供了良好制度环境。2009 年 1 月,中央下发了《中央机构编制委员会办公室关于深化乡镇机构改革的指导意见》,指出乡镇机构改革要"以转变政府职能为核心,理顺职责关系,创新体制机制,优化机构和岗位设置,严格控制人员编制"。2012 年基本完成乡镇机构改革任务[②]。从改革开放以来乡镇机构改革的实践历程可以看出,一是乡镇数量减少,二是内部机构设置和工作人员的精简和调整。由于政社分开,机构减少,原来由政府承担的文化体育服务职能,不得不向社会转移,从而促进了乡镇体育组织形式和内容上的转变。

乡镇机构改革和政府职能转变对 G 镇体育组织的影响主要表现在两个方面:一是 1992 年六安地区实行的撤区并乡政策。六安县根据省委省政府皖发(1992)3 号、行署六发(1992)16 号文件精神,为切实加强基层政权建设,适应乡镇经济发展的需要,根据"精简效能"的原则,撤销全县 11 个区公所和苏埠镇,将全县 84 个乡镇合并为 35 个乡镇(其中镇 18 个)。核定全县乡镇编制人员 1636 名,其中党政群机关编制 1172 名,乡镇企业编制 304 名,加强村级领导编制 160 名。并根据乡镇党政群机关所在地人口、面积、交通、工作难易及经济状况等因素,将全县 35 个乡镇分为三类,一类乡镇 21 个(平均定编 35 名),二类乡镇 10

[①] 郁士东.乡镇机构改革的实践与探索[D].中共中央党校硕士论文,2008.
[②] 曲延春.乡镇机构改革三十年:实践演进与理论研究的双重审视[J].东岳论丛,2014,35(8):136-144.

个(平均定编 30 名),三类乡镇 4 个(平均定编 26 名)。G 镇作为二类乡镇,合并原钱集乡、G 镇建立了 G 镇镇,核定党政群机关编制人员 44 名,其中党政机关 31 名,乡镇企业 9 名,加强村级 4 名。撤区并乡以后,乡镇文化体育工作的行政领导隶属关系发生了改变,将原来由区公所的间接指导变为县体育局、文化局的直接领导,乡镇文化体育工作的组织管理跨度缩小,效率增加。二是 2001 年六安市实行的乡镇事业单位机构改革政策。1992 年六安地区撤区并乡以来,乡镇很多事业单位由于管理不顺,大量人员进入政府机关,G 镇由原来政府核定的 44 名党政群机关编制人员增加到后来的 110 多人,导致"人浮于事""吃闲饭"现象严重,给国家带来严重的经济和社会负担。2001 年根据国家综合配套改革政策要求,六安市实行新一轮的事业单位机构改革,通过考核、竞争上岗等方式,最终保留了 25 个事业单位编制,大量工作人员从乡镇事业单位分流出去。对于 G 镇文化站而言,工作人员由原来的 14 人,精简为 3 人,其中 1 人是根据"改革前夫妻双方均在岗的,可以保留一人在岗"的乡镇机构改革政策,只是补充进岗尚未入编;目前文化站在岗在编人员只有 2 人,但由于另一名在岗人员因身体疾病常年在家休养,文化站实际工作主要由站长一人承担。改革的结果导致乡镇文化体育管理者工作负担量过大,群众体育活动的组织开展无法深入进行。

3. 体育政策改革是乡镇体育组织产生演变的制度依据

1978 年 12 月 22 日,党的十一届三中全会通过了《农村人民公社工作条例(试行方案)》,其中第十一条第一章 46 款规定:"开展业余文化体育活动,活跃社员的文化生活。"1979 年,国家体委《关于进一步加强群众体育工作的意见》明确农村体育的工作延续,开展节约、多样、因时、因地、因人的群众业余体育活动,农村体育的组织形式开始由大集体向以个人爱好和自愿参加为前提的体育活动转变。改革前几年,体育管理措施未及时调整,农民的兴奋点主要在土地承包上,注意力集中到了脱贫致富上,与对物质生活的追求相比较,农村体育暂时退居到次要位置。

1984 年江苏省丹阳县的 29 个乡镇,520 个行政村,共有农民篮球队 850 个,绝大部分公社都建有文化站,多个县都建了体育技术辅导中心。1984 年 12 月 20 日,国家体委发出《关于加强县级体育工作的意见》,指出:"优先发展经济比较富裕和体育基础较好的乡镇体育,是带动和

第四章 改革开放以来 G 镇体育组织变迁的多维分析

加快全县体育工作前进步伐的一个重要环节。"1986年9月成立"中国农民体育协会,是中国农村体育发展历史上的一个标志性的事件",乡土体育项目得以恢复,民间体育组织十分活跃,如舞龙舞狮、耍龙灯、龙舟竞渡、踩高跷、踢毽子等。1987年春节,江苏省盐城市所辖191个乡镇,形成运动会制度和节假日比赛制度。此外农村体育组织也逐渐形成网络化,盐城市的191个乡镇已全部成立了体委,江阴的30个乡镇,有26个体委配备了专职体育干部,群众性体育社团层出不穷,1992年底,成立县级体育辅导中心673个,其中148个县成立实体,1988年举办了第一届全国农民运动会,带动了农村体育整体水平的提高。1990年2月开展的以乡镇为基本单位的"亿万农民健身活动",对广大农民形成良好的生活方式,远离"黄赌毒"恶习,建立社会主义精神文明,产生了良好作用。1995年国家颁布了《体育法》和《全民健身计划纲要》以及与此相配套的"全民健身工程""雪炭工程",对改善农村贫困地区体育场地设施条件,推动农村体育组织发展起到了极为重要的作用。国家体育总局将2004年定位为"农村体育年",确立了"体育三下乡"活动,提出"农民体育、农民健康、农民健身"是"三农"中的应有之意。2006年,《中共中央、国务院关于推进社会主义新农村建设的若干意见》,进一步明确了,要推动实施"农民体育健身工程",随后国家体育总局及时颁布了《关于实施农民体育健身工程的意见》,强调指出,随着国家社会经济的发展,我国农村体育工作的重点已从县逐渐转移到乡镇,现在基本具备延伸到村庄的条件。

2007年《"十一五"农民体育健身工程建设规划》提出农村体育组织发展目标:"到2010年在全国完成10万个行政村农民健身场地设施建设,使六分之一的行政村建有公共体育场地设施,并形成一定规模的农村体育组织网络和体育骨干队伍,促进当地农民体育健身活动经常开展。"2009年《全民健身条例》第17条规定:"基层文化体育组织、居民委员会和村民委员会应当组织居民开展全民健身活动,协助政府做好相关工作。"第18条规定:"鼓励全民健身活动站点、体育俱乐部等群众性体育组织开展全民健身活动,宣传科学健身知识;县级以上人民政府体育主管部门和其他有关部门应当给予支持。"2011年国务院关于印发全民健身计划(2011—2015年)的通知国发〔2011〕5号,在目标任务第六条中提出:"60%以上的农村乡镇建有体育组织,50%以上的农村社区建有体育健身站(点)。形成遍布城乡、规范有序、富有活力的社会化全民健身组织网络。"2014年《关于加快发展体育产业促进体育消费的若干意见》国发〔2014〕46号,推进实施农民体育健身工程,在乡镇、行政村实现公共体育健身设施100%全覆盖。2016年国务院出台《2016—2020年全民健身计划》,强调把全民健身评价指标纳入精神文明建设以及全国文明城市、文明村镇、文明单位、文明家庭和文明校园创建的内容,将全民健身公共服务相关内容纳入国家基本公共服务和现代公共文化服务体系。并提出要重点培育发展在基层开展体育活动的城乡社区服务类社会组织,形成架构清晰、类型多样、服务多元、竞争有序的现代体育社会组织发展新局面。2017年农业部、国家体育总局联合颁发的《关于进一步加强农民体育工作的指导意见》,进一步提出发展农村体育事业是实施乡村振兴战略的重要组成部分,要在乡村着力培育发展农村基层文化体育组织,逐步形成并完善农民体育社会组织网络。可见,改革开放以来,农村体育政策变化促进了乡镇体育组织的形成和发展,也使得不同阶段乡镇体育组织形态发生了变化。

(二)经济条件因素

经济是社会发展的基础,也是体育事业发展的基础。体育事业的发展规模、水平和速度,归根到底取决于经济发展水平,取决于经济发展所能够为体育事业提供的物质条件。组织变革的力量场理论认为,组织变革的过程就是动力不断克服阻力的过程,而组织变革的结果也常常表现为两种力量对抗的结果。诚然,经济条件的改善不仅增加了组织变革的外部动力,而且积蓄了组织变革的内生需求。改革开放以来,农村经济发展对体育组织的影响,主要表现在政府对体育事业的经费投入和群众参与体育组织活动的时空要素两个方面。

首先,经济制约着群众体育事业的投入水平。通常,一个地区的经济发展水平越高,政府和社会投向群众体育的资金就越多,组织开展的活动也会增多,反之亦然[1]。我国经济发展程度不同地区的体育场地设施建设状况也说明了这一点[2](见表4-3)。其次,经济影响着个体参与体育组织和有组织体育活动的积极性、主动性和创造性。当个体和家庭

---

[1] 汪波.城市化进程中六安市社区体育现状分析与发展对策研究[D].南京师范大学硕士学位论文,2007:19-20.
[2] 国家体育总局政策法规司编写组.国家体育总局体育软科学研究成果汇编(2001-2003)[Z].2003.

第四章 改革开放以来 G 镇体育组织变迁的多维分析

经济收入水平提高时,参加群众体育组织和有组织体育活动的可能性则相应增加。美国心理学家马斯洛的需求层次理论告诉我们,当人的物质生活需要得到满足时,会开始向精神生活需要转变。体育健身属于人类高级精神需要的一部分,是以物质生活水平的提高为前提的,在一个为生计奔波的时代,人们是不可能花费大量时间和精力去参与体育健身活动的。近年来,随着我国小康社会建设步伐的加快,群众经济收入不断增加,物质生活水平逐年提高,城市随之兴起的晨晚练、广场舞等大众健身消费热潮,以及自发性的群众体育社团是对这一现象的有力诠释。

表 4-3 经济发展程度不同地区的体育场地设施情况 单位:元

地区	人均 GDP 总额 (1996)	排序	人均场地投入总额 (1949—1996)	排序
上海	20452.43	1	100.40	4
北京	12833.44	2	194.65	1
天津	11628.69	3	77.91	6
浙江	9549.53	4	34.64	10
广州	9365.23	5	149.09	2
江苏	8444.74	6	20.43	16
云南	3690.30	25	16.88	18
四川	3687.66	26	13.47	29
陕西	3288.70	27	7.63	22
甘肃	2894.93	28	12.67	28
西藏	2654.10	29	25.19	23
贵州	2024.84	30	6.91	30

资料来源:国家体育总局体育软科学研究成果汇编(2001—2003)。

改革开放以来,G 镇农村历经了从"计划经济—有计划的商品经济—社会主义市场经济—小康社会建设—新农村建设"改革下的不同发展阶段,农民的经济收入也发生了深刻的变迁,生活消费结构开始向健康效应转化,这种收入分配结构上的变化对群众参与体育组织和有组织的体育活动产生了积极影响。

1. 农民收入水平不断增加

资料显示,1977 年 G 镇人均分配收入仅为 39 元,绝大部分的家庭尚不能解决温饱问题,但当时在转移支付、实物配给和福利补贴等平均主义分配制度下，基本"抹平"了社会不平等问题，使得农民的收入差距较小。1978年改革开放以后，家庭联产承包责任制的实施打破了大集体的生产与分配方式，家庭成为基本的经济组织，农民的生产积极性大大提高，收入水平不断增加。由表4-4统计结果可以看出，1979年农民人均收入为146.5元；1982年G镇农民人均收入提高到了222.3元；1997年十五大召开后，市场化步伐加快，农村民营经济进一步发展壮大，农民人均收入突破了1800元；2015年G镇农民人均纯收入达到了9802.67元（扣除价格因素），是1982的44.09倍，33年间人均增长290.31元。

表4-4　1979—2015年G镇农民人均纯收入情况一览表　单位：元

年份	人均纯收入	分配人口数	年份	人均纯收入	分配人口数
1979	146.50	1364	2004	2064.00	37461
1982	222.30	18696	2005	2200.00	38655
1986	280.00	21152	2007	2894.40	39251
1996	1496.30	36700	2010	5205.00	38588
1997	1828.00	36969	2011	6005.00	37388
1998	1912.14	37120	2014	8302.90	38765
2015	9802.67	38404			

资料来源：G镇综合档案室（1977—2015）；G镇财政所。

2. 外出务工成为当前农民收入的重要来源

20世纪90年代以来，随着科学技术的发展，传统的农业生产方式逐步被现代化的生产方式取代，原来需要一家人共同参与的劳动，现在1~2个人就可以完成，因而大量的农村剩余劳动力被解放出来。加之改革开放政策使得沿海发达城市对劳动密集型人才需求的增加，20世纪90年代初兴起的"打工潮"现象，使外出务工成为农村剩余劳动力的当然选择。

由表4-5统计结果显示，2004年G镇外出务工人数为8711人，2014年增加到12046人，已接近总人口数的28.33%，10年期间增加了3335人。外出农民工人数的持续攀升，不仅是因为农村剩余劳动力增加的客观原因，更重要的是因为外出务工的收入远远超过在家乡从事农业生产的收入。从表中可以看出，2004年G镇农民外出务工收入为3146万元，占当年 G 镇经济总收入的 25%;2010 年外出务工收入为 8672.84 万元,占 G 镇经济总收入的 28.14%;2015 年外出务工收入达 23154 万元,占全年经济总收入的 41.08%。不难看出,外出务工收入已成为当前 G 镇农村家庭收入的重要组成部分。

表 4-5　2004—2015 年 G 镇经济收入情况统计一览表　万元

年份	2004	2007	2010	2011	2014	2015
经济总收入	12581	18213.76	30819.85	36384.33	49370	56366
外出打工收入	3146	4722.2	8672.84	9007.5	20641	23154
占总收入比例	25%	25.9%	28.14%	24.76%	41.81%	41.08%
外出打工人数	8711	10023	11598	9975	12046	13242

资料来源:G 镇综合档案室(2004—2015)、G 镇财政所、G 镇政府网站。

3. 不同群体收入差距逐渐扩大

《中国统计年鉴》相关统计数据表明,2000—2008 年农村 20% 的高收入群体的人均纯收入差距倍数从 6.5 倍扩大到 7.5 倍,极差年均增加 13.7%,极比年均增加 1.8%[①]。另据《中国统计年鉴 2008 年》统计结果显示,城镇 20% 高收入群体的收入是 20% 低收入群体的 5.5 倍,而农村 20% 最高收入群体的收入是 20% 最低收入群体的 7.3 倍,这些数据表明了农村内部收入差距较城镇还要大。《当代中国社会结构变迁研究》课题组通过对 2001 年和 2005 年调查的数据比较得出,1980 年前我国月均最高收入阶层是国家社会管理者阶层,1980 年后是私营企业主阶层,与最低收入阶层(农业劳动者)的极比,从 1971—1980 年的 3.8∶1 跃升到 2005 年的 19.9∶1。可见,改革开放以来,我国城乡不同阶层收入差距越来越大。

2014 年 9 月,笔者前期通过对 G 镇 287 名居民进行的分层随机问卷调查,得出的结果进一步表明农村不同阶层在收入分配上差距比较明显。表 4-6 统计显示,G 镇九个阶层(经理阶层不包括在内)之间收入差距较大,其中私营企业主的月均收入最高,3500 元以上者占总数的 68.75%;个体工商户收入次之,相对而言高收入群体占到了总数的 10.25%;国家与社会管理者、专业技术人员收入相对比较稳定,收入在

---

① 李实,史泰丽,别雍.古斯塔弗森.中国收入分配研究之三[M].北京:北京师范大学出版社,2008:17.

2000 元以上者占到了总数的 80%;机关办事人员、商业服务业人员、产业工人收入总体上集中在 1000～2500 元之间;而 87.3% 的农业劳动者收入在 500～2000 元之间,农业劳动者的收入在有固定收入的阶层当中处于最低层次;另外,乡村个别无业失业者群体,主要靠打散工、打零工获得收入,总体较为微薄,只能勉强维持生活。

表 4-6　2014 年 G 镇不同阶层月均收入情况统计一览表[①]　(%)

收入(元)	Ⅰ	Ⅱ	Ⅲ	Ⅳ	Ⅴ	Ⅵ	Ⅶ	Ⅷ	Ⅸ
500 以下	0	0	0	0	0	5.7	0	3.6	60
500～1000	0	0	2.6	0	9.1	14.3	4.8	21.8	25.7
1000～1500	0	0	5.1	4	54.5	28.6	19.0	36.4	14.3
1500～2000	0	0	5.12	8	22.7	37.1	38	29.1	0
2000～2500	33.3	0	23.1	20	9.1	5.7	26.2	5.5	0
2500～3000	44.4	6.25	34.5	48	4.5	5.7	11.9	3.6	0
3000～3500	22.2	25	15.4	16	0	2.8	0	0	0
3500 以上	0	68.75	10.25	4	0	0	0	0	0

说明:Ⅰ、国家与社会管理者(18 名);Ⅱ、私营企业主(16 名);Ⅲ、个体工商户(39 名);Ⅳ、专业技术人员(25 名);Ⅴ、机关办事人员(22 名);Ⅵ、商业、服务业员工(35 名);Ⅶ、产业工人(42 名);Ⅷ、农业劳动者(55 名);Ⅸ、无业、失业、半失业者(35 名)。

4.收入分配结构的变迁对体育组织发展的影响

从目前来看,在市场化和行政化因素的共同作用下,农民收入差距持续扩大,将会导致不同社会阶层对包括体育在内的精神文化需求的差异逐步扩大。一部分高收入者群体将在体育机会的获得、体育权利的享有、体育服务的需求方面占有越来越多的主动权,他们在物质生活得到满足的情况下,将会寻求以体育健身娱乐的方式,消解和释放在财富创造中的精神压力。至于农村大量的农民工群体,他们在外出务工的过程中,也接触了大量的新鲜事物,对城市流行于大街小巷的广场舞、健身操等大众健身娱乐活动和服务既充满羡慕又渴望拥有,在他们心中已经不同程度地播下了在家乡开展体育文化活动的"种子"。不难想象,他

---

① 该数据来源于 2014 年 9 月笔者在前期探访式考察中,借助 G 镇文化站的力量发放的《G 镇居民体育健身现状调查问卷》——"个人基本信息"部分的统计结果。

第四章　改革开放以来 G 镇体育组织变迁的多维分析

们在城市参与劳动创造的过程中对城市体育文化现象的所见所闻,将会对推动农村体育组织的培育和发展产生积极影响。

除此之外,农村经济发展水平逐年提高,乡镇财政收入增加,对文化体育事业的投入也在不断提高。2009 年由安徽省"民生工程"下拨 40 万元兴建 G 镇综合文化站(其中 10 万元用于内部设施配置),镇政府配套 30 万元修建 G 镇全民健身广场及附属建设设施。2011 年政府投资、社会集资 35 万元在 G 镇组织开展"第三届全省农民篮球大赛",2012—2014 年年均投入 8～10 万元用于群众性体育活动的组织开展。不难看出,随着农村乡镇经济水平的提高,G 镇群众性体育活动的组织化程度在逐渐提高。

(三)文化氛围因素

文化与组织变革具有较强的关系,在 Milliken & Martins 看来,多元化的文化氛围有助于组织变革中采用更具创造性、有效性的解决途径[①]。而沙因(Schein, E.H.)则认为,组织战略和结构都属于文化范畴,也就是说组织变革的实质就是文化变革[②]。文化氛围作为蕴涵在一切环境与气氛中的文化现象与文化特征对农村体育有着重要影响。第一,文化氛围影响农村体育活动项目的开展。民族传统体育文化作为一种文化氛围在我国有着悠久的发展历史,是中华民族传统文化的一部分,它源于人们生存和生活需要,并在传统思想文化的影响下继承沿袭,它的内容丰富、形式多样,具有浓郁的民族色彩。第二,文化氛围可以培养农民的社会认同感、体育价值观。体育价值观是个人或社会对体育的意义和价值的认知与判断,它控制着体育的发展方向。一个人有什么样的体育价值观,它就会产生什么样的体育行为。第三,文化氛围可以促进农村体育组织的培育和发展,从而带动农村体育事业的发展。电视体育节目与各种体育报刊都有对城市全民健身活动和社会体育组织的宣传和报道,农民受到这些宣传的影响,可能加大对体育参与的自觉行为。近年来,农村兴起的广场舞现象、晨晚练现象、暴走群、运动队等体育健身

---

① F.J.Milliken & L.L.Martins, "Searching for Common Treads: Understanding the Multiple Effects of Diversity in Organizational Groups," Academy of Management Review, Vol.21, No.2 (1996), pp. 402-433.
② Schein, E.H.The Corporate Culture Survival Guide[M].San Francisco: Jossey-Bass, 1999.

团队,在很大程度上是对城市体育文化的模仿和复制。不难理解,文化氛围可以提高人们对体育的认识,改变人们的观念,可有力地促进人们主动参与到体育活动中去,在体育锻炼中不断地塑造自我。

近年来随着农村城镇化进程的加快,农民的生活方式、行为方式、价值观念都在动态变化之中,特别是农村基础教育和大众传播媒体两种主流文化源对农民体育活动的渗透和影响,推动了农村体育组织的发展与演变[①]。

1. 农民文化素养的变化

文化素养影响人们体育参与的态度、行为和价值观,容易营造健康有序的体育文化氛围。有研究表明,文化程度与体育健身参与总体上成正相关。改革开放初期,农村经济基础微薄,农民基本上生活在以地缘、血缘为中心的亚文化圈子里面。20世纪80年代以来,受国家教育政策的影响,G镇农民文化素质不断提高,对生活意义和生存理念的理解有了新的变化,这种变化对农民参与体育健身的行为方式产生积极影响。20世纪70年代至80年代中期,在延续了以集体化劳动——挣工分为主要生计方式的时代后,G镇农村家庭成员的文化素质教育几乎被束之高阁,学龄青少年能否成为劳动力是绝大多数家庭的无奈选择,也因此,农民的文化程度普遍较低。据《G镇镇志》记载:"1982年第三次人口普查结果显示'不识字或识字很少'的人数达G镇总人口的42.5%。"1986年4月我国颁布了《中华人民共和国义务教育法》,这是我国首次把免费的义务教育用法律的形式固定下来,虽只有18条,但标志着我国基础教育发展到了一个新起点。20世纪80年代后期随着国家推行普及初等教育、扫除青壮年文盲和免收学杂费等措施,G镇的学龄儿童入学率大大提高,人口文化素质得到了较大的改善。据2008年10月G镇普及九年义务教育统计结果显示,G镇小学适龄人口入学率为100%,初中适龄人口入学率为99.6%。15~50周岁青壮年文盲率为0%,50周岁以上成人文盲率为0%。2010年以来,随着家庭收入和生活水平的不断增高,尤其是在独生子女政策背景下家长对孩子教育的重视,虽然农村教育"空壳化"现象越来越严重,但不少家庭将子女送

---

① 汪波.城市化进程中六安市社区体育现状分析与发展对策研究[D].南京师范大学硕士学位论文,2007:19-20.

第四章 改革开放以来 G 镇体育组织变迁的多维分析

到镇区、城区就读,也有部分家庭不惜一切代价将子女送到国外接受教育,尤其是近年来 G 镇考取大学的人数也在逐年增多。整体来看,改革开放以来 G 镇青少年人群的文化素质显著提高。

农民文化素养的提高对农村体育组织发展的影响主要体现在:第一,学校体育教育中培养了学生体育锻炼的技能和组织化体育活动的习惯。九年义务教育政策的推行,使占农村 1/3 人口的学生群体都有机会接受正规的学校教育,加之体育被纳入初中升学考试的成绩评价体系的压力,儿童、青少年基本掌握了 1~2 项体育运动技能。同时,多年组织化的体育课堂教育,培养了儿童、青少年适应集体性体育锻炼方式的习惯,这种习惯会潜移默化地推动乡镇群众体育组织的发展。第二,随着农民自身文化素养的提高,农民接受新生事物的能力增强,对体育健身价值的认识更加趋于理性,对农村体育政策的理解更加积极主动,对现代体育文化的接受和认知能力逐渐增强,在这些变化的共同作用下,容易培养出具有时代特征的农村体育组织文化性格。

2. 大众传播方式的变化

郭庆光认为,"所谓大众传播,就是专业化的媒介组织运用先进的传播技术和专业化手段,以社会上一般大众为对象而进行的大规模的信息生产和传播活动。"[1] 任广耀主编的《体育传播学》(2004)教材编写组认为,所谓大众传播,即职业大众传播者通过大众传媒向受众传授信息、知识、思想等的行为和过程。从不同研究者对大众传播的理解可以得出,大众传播是一种人类社会信息交流的方式,传播过程中承载着指导、教育、文化和娱乐等功能。纵观人类社会的进步,人类传播的发展史就是传媒技术的发展史。自 19 世纪 30 年代《便士报》等真正意义上的大众报刊出现以来,大众传播开始诞生,发展至今已经历了文字传播、印刷传播、电子传播和网络传播四个阶段。从体育信息传播的角度来看,大众传播媒体被看作体育文化传播的工具,其文化功能首先表现为对本土体育文化的承载和延续;其次表现为对各民族、各地区体育文化的传递与引领;最后表现为对其他体育文化的隐性创造与发挥上[2]。在当今社会文化多元、群体认同多极化的生存空间里,体育信息、体育

---

[1] 郭庆光.传播学教程[M].北京:中国人民大学出版社,1999:111.
[2] 任广耀.体育传播学[M].北京:高等教育出版社,2004:49-51.

报道承载的传播功能对受众体育观念的转变、体育行为的产生具有特殊意义。

从 G 镇文化传播方式的发展历史来看,也无一例外地经历了从传统到现代传播方式的转化,农村大众文化传播方式的转化改变了农民了解事物、认知事物、接受事物的习惯和方式。20 世纪 60—70 年代,G 镇开通有线广播,广播进村入户,带给百姓无限惊喜,G 镇公社成立放大站,大队安装高音喇叭,使农村文化精神生活得到了改善。改革开放初期,由于农村没有通电,农民业余生活方式比较匮乏,流动电影成为 G 镇农村文化传播的主要工具。20 世纪 80 年代初随着收音机的普及,有线广播逐渐退出历史舞台。20 世纪 80 年代中后期,G 镇通电后,电视入住 G 镇,20 世纪 90 年代电视机数量逐年增多,外来文化逐渐充斥着农民的生活。1995 年 4 月因 G 镇地势低洼,电视信号很差,镇区开通了有线电视,(原电视差转台停止播出)。1997 年 7 月 G 镇钱集村建成有线电视前端,该村也是 G 镇第一家开通有线电视的行政村;2005 年 12 月,镇区有线电视实现与裕安区文广局光纤联网,原镇有线电视前端废除。2005 年 8 月 G 镇冯郢、烟墩、苏小店、六合等村相继开通有线电视,2006 年六合、佛庵接通高压电、鱼塘村实现与镇区光纤联网,2008 年 11 月 G 镇实现全镇光纤联网,率先完成"村村通"工程,2014 年无线局域网实现了镇区全覆盖。

大众传播方式的变化不仅缩短了城乡之间的"时空距离",而且改变了农民的业余文化生活方式。20 世纪 90 年代以来,随着农村文化娱乐方式的多元化,越来越多的群众参与到体育健身行列中来,极大地促进了农村体育文化的繁荣和发展。首先,大众传播方式的变化改变了人们获取信息的方式,缩短了人与人之间的时间与空间距离,使不同类型的体育文化可以快速、便捷地传播与交流。其次,大众传播方式的变化改变了现代体育文化对传统体育文化浸染的广度和深度。在以报纸、期刊、书籍、广播、收音机等平面媒体为基础的大众传播时代,农村体育活动方式主要以民俗和传统体育活动项目为主,农民的健身观念固守在生产劳动之余的游戏、放松、缓解压力为核心的认知基础上,对外来体育文化了解不深,具有较强的防御心理。而在以电影、电视、手机、电脑、互联网为基础的电子媒体和网络媒体时代,城市中兴起的时尚的、流行的体育文化元素,能够快捷、迅速、立体化、全方位地向农村区域传播,农民不再是乡土体育文化的守卫者,而成了城市体育文化的践行者。与

第四章 改革开放以来G镇体育组织变迁的多维分析

1990年我国承办的亚运会相比,2008年的北京奥运会对农村体育文化、农民健身参与具有较强的影响力和渗透力。无疑,这种现象与大众传媒技术的改变、大众传播效应的强弱不无关系。

3. 体育健身观念的变化

广义的文化是指人类所创造的物质财富和精神财富的总和,其结构有物质文化、精神文化两分说,物质、制度、精神三分说,物质、制度、风俗习惯、思想与价值四分说等。但不论采取哪一种文化分类方式,都少不了构成文化的心理要素,即精神和观念层面的文化。体育文化也不例外,主要包括体育观念文化、体育制度文化和体育物质文化三个层次,一般而言,体育的精神文化是内核,物质文化是外表,而行为制度文化处于两者之间。可以说,从精神层面理解,观念决定行为,一个人有什么样的体育价值观就决定了他将会有什么样的体育健身行为[①]。因此,对于乡镇体育组织来说,组织成员的体育观念决定了他参与体育健身活动的动机和行为。计划经济时期,农民参与的工间操、田间操、忠字舞、各种体育竞赛活动,主要是在政治要求的环境下进行的,是一种强制性压力背景下的被动行为,农民对体育价值的认识比较模糊。商品经济时期,农民以发展生产力为主要生计目的,繁重的生产劳动淡化了体育锻炼的价值。市场经济体制改革以来,农民生活条件在得以改善的同时,社会竞争压力增大,部分高收入群体开始意识到身体健康的重要性,把参与体育锻炼作为一种缓解精神压力,提高工作效率的有效途径。新农村建设以来,随着农村城镇化速度的加快,农村体育具备了发展的主客体要素,以休闲、娱乐为目的的体育健身观开始引领农民的健身行为,出现了一些类似城市流行的体育组织形态。

表4-7统计了不同阶段G镇居民对体育健身活动的认知情况,在一定程度上能够反映G镇居民体育观念文化的变迁脉络。1978—1991年,73.7%的人群认为"劳动就是体育,不必专门花时间去健身",20.1%的人群认为"体育健身耽误工作和劳动时间",10.5%的人群认为"体育健身是时尚行为,在农村不流行",而认为体育健身能够"增进健康""缓解压力""康复疾病""提高效率"的选择人群,分别占总体的21.1%、15.8%、13.2%和4%;1992—2001年,32.7%的人群认为"劳动就是体

---

① 杨文轩,陈琦.体育概论[M].北京:高等教育出版社,2013:159-162.

育,不必专门花时间去健身",25% 的人群认为"体育健身耽误工作和劳动时间",23.1% 的人群认为"体育健身是时尚行为,在农村不流行",而认为体育健身能够"增进健康""缓解压力""康复疾病""提高效率"的选择人群分别占总体的 26.7%、30.8%、13.5% 和 7.7%;2002 年以来,21.9% 的人群认为"劳动就是体育,不必专门花时间去健身",0% 的人群认为"体育健身耽误工作和劳动时间",0% 的人群认为"体育健身是时尚行为,在农村不流行",而认为体育健身能够"增进健康""缓解压力""康复疾病""提高效率"的选择人群分别占总体的 40.6%、65.6%、34.4% 和 15.6%。

从表 4-7 的调查统计结果可以看出,改革开放以来,随着时间的推移,越来越多的群众认为体育健身对工作、劳动、身体健康、生活质量的改善具有积极作用。毫无疑问,农村经济社会发展影响农民的体育价值观。1978—1991 年农村经济社会处于恢复发展阶段,农民对体育健身活动的认识还处于较低层次,绝大多数农民认为体育锻炼没有必要、既耽误工作又影响生产劳动,农村体育组织建设极为匮乏。1992—2001 年,随着我国市场经济体制的建立,农村经济社会处于快速发展阶段,农民逐渐走出乡村,接触大量外界的新鲜事物,对体育的认识发生了根本性的转变,支持和反对体育活动参加者人数处于相对均衡的状态,群众自发性的农村体育组织开始兴起。2002 年以来,党的十六大提出了全面建设小康社会的奋斗目标,农村城镇化进程加快,农民生活条件大幅度改善,自由支配时间增多,业余文化生活不断丰富和活跃起来,绝大多数农民认为参加体育健身是有利于个体和社会发展的健康行为。农民不再视早起锻炼的老人为"另类"群体,而能习以为常地看待这样的锻炼行为,并能有选择地参与到健身的行列当中,形成不同类型的体育健身组织。

表 4-7 不同阶段 G 镇居民对体育健身活动的认知情况统计一览表

对体育健身活动的认知	1978—1991 年		1992—2001 年		2002 年至今	
	频率	%	频率	%	频率	%
劳动就是体育,不必专门花时间去健身	84	73.7	51	32.7	21	21.9
体育健身耽误工作和劳动时间	24	21.1	39	25	0	0
体育健身是时尚行为,在农村不流行	12	10.5	36	23.1	0	0
体育健身能够提高工作和劳动效率	9	7.9	12	7.7	15	15.6

第四章　改革开放以来 G 镇体育组织变迁的多维分析

续表

对体育健身活动的认知	1978—1991年		1992—2001年		2002年至今	
	频率	%	频率	%	频率	%
体育健身能够缓解压力,给人带来快乐	18	15.8	48	30.8	63	65.6
体育健身能够康复疾病,延年益寿	15	13.2	21	13.5	33	34.4
体育健身能够增进健康,提高生活质量	24	21.1	52	26.7	39	40.6

说明:该问卷所设选题为多项选择题,其中"1978—1991年"的有效调查人数为114人,"1992—2001年"的有效调查人数为156人,"2002年以来"的有效调查人数为96人。

(四)科技发展因素

科技(science and technology)是科学技术的简称,科学是人类在长期认识和改造世界的历史过程中所积累起来的认识世界事物的知识体系。技术是指人类根据生产实践经验和应用科学原理而发展成的各种工艺操作方法和技能,以及物化的各种生产手段和物质装备。科学技术的进步,为组织变革带来了机遇:一方面影响组织的工作方式、决策方式和信息处理方式,迫使组织改变结构以适应新的环境;另一方面影响组织成员的价值观念和思维方式,为组织中的行动者参与组织活动创造主客观条件。改革开放以来,随着科学技术的发展,农业生产方式科技化和农民生活方式现代化对农村体育组织的形成与发展产生了积极影响。

1.科学技术改变了农业生产方式

改革开放初期由于科学技术不发达,农业生产方式主要以传统的人力、畜力为主;20 世纪 90 年代以来,随着科学技术的发展,机械化、电气化的生产方式在农村广泛应用,促进了 G 镇农民生产方式、生活方式、消费方式和行为方式的变革。在农业灌溉技术方面,20 世纪 70 年代 G 镇农村农田灌溉主要靠人力水车,遇天干旱,从汲河堰塘取水,水车多部相接,虽然人力众多,但取水量少,木质水车易毁,效率低下;20 世纪 80 年代起用抽水机提水,水量大,但这种机械笨重,安装费工费时,不利于一家一户使用;20 世纪 90 年代至今 G 镇农村提水主要用电动机,大、中、小型吸水泵安装容易、插电即抽十分方便,一直在农田灌溉和农家生活用水时使用。在农业耕作技术方面,G 镇先民从原始社会的刀耕火种开始,经历了封建社会木犁耕田,主要畜力靠水牛;20世纪90年代开始农业机械化逐渐普及,各种农业机械增多,如犁田机、打田机、插秧机、收割机等。目前,G镇农村基本实行规模化生产,机械化耕作越来越普及。在农业施肥技术方面,改革开放初期G镇农业基础薄弱,G镇农民习惯于使用农家肥,常用塘沟淤泥作肥料,这种施肥方式费工费力,肥源狭窄,缺肥现象十分严重。20世纪90年代左右G镇每年靠种红花草发展绿肥,后期主要施用氮肥(碳铵)、磷肥(P_2O_5)和尿素等化肥为原料。在农作物病虫害防治及化学除草技术方面,20世纪80年代为防治棉花和水稻病虫,开始用六六药粉、乐果水剂等农药,由于这些农药毒性大、残留多,易造成人畜中毒,后来改用杀虫双、敌杀死等低毒、低残留农药。当时的农药喷洒技术主要采用手动喷雾器和机械喷雾器,费时费力。而现在G镇农民不再使用人工除草,油菜田、小麦田、水稻田除草剂在农村普遍使用,这种生产技术上的变革节省了大量的时间和劳力。

农业生产技术的变革,促进了农村体育事业的发展。一方面机械化的农业生产方式节省了农民大量的必要生产劳动时间,农民的体力活动支出减少,为参与体育活动提供了时间保障。另一方面规模化的生产方式,促进了农民生活空间的集聚,为组织开展文化体育活动营造了空间环境。1978年继农村责任制的实施,以家庭为单位的生产方式得以落实,为方便生产劳动,G镇农民的居住方式主要为分散的小型村庄(每个村庄平均由8~10户组成),村庄周围即为田地,几乎没有多余的生活休憩空间。20世纪90年代初期六安市开始实行"农村居民点"规划建设,将原来较为分散的小型村庄集中到一起,统一安置成为一个居民点。经过规划后的农村居民点,平均约80~100户人家,成为一个人口相对密集的生活聚居区,不仅节省了大量的农用良田,而且增加了农民的文化娱乐生活空间,为村民闲暇劳动之余参与文化体育活动创造了主客观条件。

2. 科学技术改变了农民的生活方式

科学技术的发展对G镇农民生活方式的影响主要体现在以下几个方面:第一,交通工具的发展扩大了农民生活交往的范围。在以"手推车""自行车"为主要出行工具的时期,农民由于出行不便,生活范围基本限定在以住所和村落为轴心的地域空间里,人际交往主要是建立在

第四章 改革开放以来 G 镇体育组织变迁的多维分析

以宗族和农业生产为主题的生活圈子里面。20世纪90年代以来随着"摩托车""电瓶车"在农村家庭的广泛使用,农民的出行方式突破了原来以村落为中心的地域范围,农民的生活和劳动范围扩大到乡镇和城乡之间,不少农村剩余劳动力日夜奔波在城乡的建筑工地和厂矿企业之间,成为频繁出现在城乡之间的、"早出晚归"的新型农村社会阶层——"候鸟一族"。"新农村建设"以来,农民生活水平不断提高,农村家庭购买小轿车现象开始出现(实地访谈了解到,目前G镇街道拥有小汽车的家庭数量约占总体的1/3),农民的生活圈子进一步扩大,城乡之间的人口、商品、技术、信息交流更加频繁,一些在城市中流行的新鲜事物迅速地在农村传播蔓延,促进了城乡文化交流的进程。第二,通信技术的发展改变了农民信息沟通的方式。据G镇镇志记载,G镇邮政局成立于建国之后,20世纪70—80年代开通了电话、电报业务;20世纪90年代以来随着通信事业的迅速发展,G镇开设了电信分局;2008年全镇固定电话装机达4300部,各行政村都开通程控电话,镇区电话普及率达45%;G镇镇内现建有移动通信公司铁塔2座,联通公司铁塔1座,其中G镇移动公司下设办事处门市部6家,联通公司下设办事处门市部2家,主要服务于手机投号、维修、收费等服务业务。目前,G镇街道、村落的手机用户达到90%以上,街道内已实现无线网络信号全覆盖,人们可以通过电话、短信、微信等方式传递信息,交流感情。第三,家务劳动方式的演变增加了农民可自由支配的时间。科学技术的发展在改变农民生产方式的同时,也大大地改变了农民的家务劳动方式,尤其是家务劳动的电器化,较大程度地节省了家务劳动时间。20世纪80年代末期之前,G镇街道和村落都没有通电,农民的家务劳动方式还是以传统的手工为主,在生产劳动之余还要花费大量的时间用于家务劳动之中。20世纪90年代以后,电饭煲、洗衣机、冰箱、微波炉、热水器等常用家用电器在农村家庭的广泛普及,加上沼气、煤气等新型能源的使用,节省了大量的家务劳动时间,使以休闲娱乐为主要目的的体育参与成为可能。

二、改革开放以来 G 镇体育组织变迁的内部影响因素

(一)管理方式因素

组织的发展离不开管理,美国著名管理学教授史蒂芬.P.罗宾斯(Stephen P. Robbins)认为:"在所有类型和规模的组织,在组织的所有

层级和所有工作领域,在任何地域的组织,管理都是不可或缺的。"[1] 尽管现代管理理论经历了基于经济人假设的科学管理——基于社会人假设的人际管理——基于自我实现人假设的需要层次管理——基于复杂人假设的领导权变管理思想的演变,但任何一种管理思想或理论都离不开对组织中人的本质的认识,人既是管理的客体也是管理的主体,不同时代对人的主体性的认识,则标志着不同阶段组织管理理论的发展进程。的确,组织的发展需要科学有效的管理,同样管理的方式也会影响组织的变革。改革开放以来,在不同阶段的国家与社会关系背景下,政府管理职能和农村体育管理方式的转变影响乡镇体育组织的变迁。

1. 政府管理职能转变为社会体育组织发展提供了机会和空间

一般认为,政府管理职能就是"政府在国家和社会生活中所承担的职责和功能"。[2] 新中国成立以来,我国实行的是高度集权的计划经济体制,在这种经济体制下,我国政府是全权政府,社会的资源配置由政府统一分配、统一安排。政府同时还是一个全能型政府,集宏观经济管理职能、微观经济管理职能和社会管理职能于一身。当然,政府这种全能身份在当时经济社会背景下是必要的,曾发挥过积极作用。但随着改革开放的不断深化和国民经济的不断发展,全能型政府的弊端逐渐凸显,大量的具体事务使得政府机构设置臃肿,管理部门出现结构性膨胀。同时,在公共产品和公共服务的提供方面,形式单一,效率低下,难以回应社会的需求。改革开放后,政府管理理念逐渐由"全能政府"转向"有限政府"和"服务政府";管理方式由微观管理变为宏观调控,由直接管理变为间接管理,由行政控制转变为服务指导。与之相适应,我国政府机构改革也确立了"小政府、大社会"的目标,要求转变政府职能。1992年,党的十四大首次明确提出政府职能的转变是"上层建筑使用经济基础和促进经济发展的大问题",在内涵上提出加强宏观调控和监督部门,强化社会管理职能,减少具体审批事务和对企业的直接管理,做到宏观管好,微观放开。1998年,国务院提出"把政府职能切实转变到宏观调控、社会管理和公共服务方面来",明确了政府职能转变的目标定位,为

---

[1] 史蒂芬.P.罗宾斯(Stephen P. Robbins).管理学(第11版)[M].李原,译.北京:中国人民大学出版社,2012:17.
[2] 刘光军.政府职能界定与政府职能转变[J].河南社会科学,2007,15(5):120-122.

第四章 改革开放以来 G 镇体育组织变迁的多维分析

我国切实转变政府职能奠定了理论基础。2002 年,党的十六大把政府职能定位为"经济调节,市场监管,社会管理和公共服务"。党的十七届五中全会通过的《中共中央关于制定国民经济和社会发展第十二个五年规划的建议》在推进政治体制改革方面明确提出,进一步转变政府职能,深化行政审批制度改革,加快推进政企分开,减少政府对微观经济活动的干预,加快建设法治政府和服务型政府。党的十八大以来,改革的步伐稳步推进,一些改革措施陆续实施,尤其以转变政府职能、减政放权为突破口,取消和下放了 100 多项行政审批事项,进一步激发了市场和社会活力,这些都为全面深化改革做了铺垫。政府职能的转换一方面意味着政府职能内容的变化与转换,另一方面意味着政府职能运行方式的变化与转换,即调整政府权力的运行范围及方式,把本应由社会履行的职能还给社会。随着政府职能转变的不断深入,政府包办一切、管理一切的现象得以扭转,政府应履行的管理与服务职能也逐渐明晰。

伴随着政府管理职能转变的总体形式和要求,体育领域也无不例外地进行了相应的适应和变革。20 世纪 80 年代,体育部门就实行了体育管理体制改革的探索。20 世纪 90 年代开始,体育行政部门开始加强转变职能,实行政事分开,下放权力,把一些事务性工作交给社会。1993 年《国家体委关于深化体育改革的意见》指出:"体育行政部门要按照精简、统一、效能的原则,转变职能,调整内设机构,实行政事分开,将大量事务性工作交给事业单位和社会团体,把工作重点真正转移到宏观调控上来。"2002 年,《中共中央、国务院关于进一步加强和改进新时期体育工作的意见》,对体育改革进一步提出了要求:"要明确政府和社会的事权划分,实行管办分离,把不应由政府行使的职能转移给事业单位、社会团体和中介组织。"2014 年 8 月,国家体育总局局长刘鹏在接受新华社和中国体育报记者专访时指出:"转变政府职能是党中央、国务院部署各级政府的第一要务和重中之重。这就要求我们按照'统筹考虑、试点先行、分类推进、分步实施'的原则,遵循'政企分开、政资分开、政事分开、政社分开'的要求,结合体育社会组织的公益属性,在厘清体育行政部门、事业单位与体育社会组织职能的基础上,对体育社会组织管理模式和运行方式进行科学分析和设计,分级分类,分步推进各项改革。"政府职能转变,也必然要求政府充分发挥枢纽型体育社会组织的优势和作用,让一切来自全社会的劳动、知识、技术、管理、资本活力在推进全民健身事业中竞相迸发,让一切为提高人民健康水平提供服务的社会源泉充分涌流,不断激发和调动各方面关心体育、支持体育、投身体育的热情和活力,努力拓展体育工作的社会面和延伸度。总之,改革开放以来我国政府职能的转变,为体育社会组织的发展拓展了空间,体育组织结构也因此发生了一系列新的变化,在纵向层次、横向种类上均有较大突破。毋庸讳言,随着不断深入的政府职能转变,我国城乡体育社会组织发展的空间也会越来越广阔。

2. 农村体育管理方式转变加速了体育组织演变和发展的进程

农村体育管理从其理论与实证意义上来看,是指对农村体育所进行的计划、组织、领导、控制等一系列管理活动的过程,它以普及群众性体育活动,提高广大农民的身体素质和传播科学健身知识为主要目标,以有效配置农村体育资源,丰富农民的业余文化生活,满足农民体育文化服务需求为主要目的的管理活动过程[①]。改革开放以来,随着国家与社会关系的转变,农村体育在管理理念、管理行为上也发生了相应的变化,这些变化共同影响乡镇体育组织的培育和发展。

第一,农村体育管理理念的变化影响乡镇体育组织的建设和发展。由于农村地域的分散性、经济发展的不均衡性,农民文化水平参差不齐,对体育文化服务的需求差异较大,因此农村体育管理相对于城市体育管理难度更大,管理模式更加复杂多变。改革之初,受计划经济体制下国家体委旧的权力格局和管理体制的影响,乡镇所开展的体育活动和所成立的管理机构在较大程度上属于国家权力意志支配下的政治行为,视农村体育活动的开展为一种"政治符号",贴上了"政治标签",农村体育参与的"工具性"和"手段性"色彩比较浓厚。市场经济建设以来,随着农村经济结构调整和农村城镇化进程的加快,乡镇经济社会的发展孕育了新的乡镇体育管理理念,乡镇政府在群众性体育活动组织与管理中的"大一统"格局开始松动,民间和社会的力量在乡镇体育管理中逐步兴起,政府在乡镇体育管理中也逐渐实现了从"控制者—旁观者—指导者—合作者"的角色变迁。近年来,随着小康社会建设的深入推进,乡镇居民的体育文化需求进一步加大,乡镇体育管理主体也逐渐经历"政府—市场—社会—个体"多元主体叠合演进的方向发展。与此同时,乡镇体育组织的利益需求关系也出现了相应的变化。

---

① 张瑞林.体育管理学[M].北京:高等教育出版社,2015:32.

第四章 改革开放以来 G 镇体育组织变迁的多维分析

第二,农村体育管理行为的变化影响乡镇体育组织的建设和发展。首先,管理制度的变化影响乡镇体育组织的形式和内容。管理制度约束任何组织的行为,调整管理制度也就随之要求组织改变原来的运行模式[①]。安东尼·吉登斯(1984)认为:"制度是社会生活中相对持久的特征……并赋予时空中的'牢固性和稳定性'。"组织与制度之间有着千丝万缕的联系,组织会受到制度环境的影响和渗透,而制度的"规制性""规范性"和"文化—认知性"要素[②]共同影响组织的形式和内容。改革开放初期,因上级政府对农村体育活动的开展没有明确的管理制度要求,也没有制定相应的评估、监督、奖惩、激励办法,乡镇体育管理的规制性和规范性差,活动开展的随意性较大,乡镇体育组织建设也表现出因地制宜、因时制宜、因人制宜的特点。随着市场经济体制改革和小康社会建设的深入,乡镇文化体育活动开展的频数和规模逐渐被纳入乡镇综合发展绩效评价指标体系当中,关注到群众的体育健身文化的需求,尤其是上级行政主管部门对农村体育竞赛活动管理制度的变化加速了乡镇体育组织的建立。以 G 镇为例,自 2010 年六安市裕安区政府实行的每年一度的乡镇广场舞大赛、农民篮球联赛、农村全民健身柔力球、乒乓球等系列赛事管理制度以来,G 镇镇政府就及时成立了相对稳定的竞赛活动组织委员会和民间广场舞队、篮球队、乒乓球队和太极柔力球队,并在技术指导、经费投入、场地协调等方面给予大力的支持,促进了乡镇政府性和民间性体育组织的建立。另外,近年来自发性群众体育组织的登记备案式管理制度和组织内部非正式的管理规定,为民间体育组织的建设发展提供了"合法性"基础。其次,社会力量的参与影响乡镇体育组织运行的广度和深度。乡镇体育作为以镇区为依托,对周边农村地区形成巨大辐射功能和带动作用的一种新型群众体育形态,其体育组织建设的兴衰决定着农村体育发展的速度和水平。由于在改革开放和社会主义市场经济秩序下,我国乡镇社会的经济成分、组织形式、就业方式、利益关系和分配方式日益多元化,政府在群体活动的管理上面临诸如活动形式单一、服务档次不高、经费投入不足等现实困境,满足不了广大群众对体育服务的多元化需求,因此不得不将目光投入社

---

① 王斌,马红宇.体育组织行为学——体育组织高绩效管理的理论与技术[M].上海:华东师范大学出版社,2010:410.
② [美] W.理查德·斯科特.制度与组织——思想观念与物质利益[M].姚伟,王黎芳,译.北京:中国人民大学出版社,2012:58.

会,寻求社会力量参与配置公共体育服务资源。从 G 镇近年来不同类型群众性体育活动的组织开展方式来看,大量的活动经费来自乡镇企业、事业单位、社会团体和个体的赞助支持,部分单位和社会团体还无偿提供体育活动的场地和技术指导。可以看出,社会力量的参与不仅拓宽了乡镇体育组织管理的范围,也进一步延伸了乡镇体育组织运行的广度和深度。

(二)自身建设因素

组织变革是组织为了自身的生存和发展对内外部环境的变化所作出的一种反应。科特·勒温(Kurt Lewin)提出了组织变革的三阶段模型,即解冻—变革—冻结,该模型用简短的语言总结了组织变革的复杂过程。从组织的自身建设角度来看,权力、技术、人员、结构、规范、利益等构成了组织内在的场域共同体,组织变革的阶段性过程也就是组织场域共同体的秩序重构过程。而在乡镇体育组织变迁的过程中,社会能人和不同利益主体间的关系是重要的影响因素。

1."能人更替":G 镇体育组织变迁的人本逻辑

能人,即动员精英,指在某方面才华出众的人(能干的人)[1]。对于农村中的能人而言,也是如此。农村中的能人(精英),是村落或家族中有德行、辈分、声望且熟悉当地社会规约的人,他们往往比普通村民拥有更多的知识、才能、财富、关系和经验资源,能够有效地影响其他村民的态度和行为。正如费孝通先生[2]所言:"中国传统上是一个能人治理的社会,能人治理就是乡土社会中的长老统治,即非民主又异于不民主。"诚然,在中国这个社会关系结构中,农村社会组织系统能否形成,不仅在于农村自身所拥有的社会资本存量,还在于"是否存在一个或若干个民间精英或能人,这类精英处于社会地位、荣耀、威望或向村民负责任的考虑行事,而不仅仅是追求个人利益或达到理想状态。"[3]事实上,自改革开放以来的不同社会发展阶段,G 镇体育组织的形成都离不开民

---

[1] 于文谦,戴红磊.我国农村非正式体育组织的实践逻辑[J].北京体育大学学报,2006,39(11):25-37.
[2] 费孝通.乡土中国.生育制度[M].北京:北京大学出版社,1998:61.
[3] 杜赞奇.文化、权力与国家:1900-1942 年的华北农村[M].王福明,译.南京:江苏人民出版社,1996:5.

第四章 改革开放以来 G 镇体育组织变迁的多维分析

间能人(精英)的参与,可以说 G 镇体育组织的发展演变是"能人更替"作用下的必然结果。

首先,"政治能人"的更替决定了乡镇体育组织发展的思路和模式。乡镇中的政治能人指的是在乡镇社会治理中的政府领导和村民自治组织中有威望、有德行的宗族长老或懂技术、懂创业的有为之士,主要包括镇党委书记、镇长、镇文化站站长以及村党支部书记、村委会主任、宗族中的德高望重者等。对于 G 镇而言,历任镇党委书记、镇长、文化站站长、村委主要领导班子对体育组织的发展影响较大。20 世纪 90 年代 G 镇篮球队之所以在六安市"小康杯"农民篮球赛中蝉联"三连冠",与时任镇长的高度重视是分不开的。该镇长思想较为开放,群众基础较好,把老百姓的文化娱乐需求当作政府精神文明建设的重要工作来抓,不仅要求组队参加县区及以上级别的篮球比赛,而且还定期组织开展系统间(教育、共青团、工会)、村落间的文化体育活动,也因此,该时期 G 镇政府组织开展的群众体育竞赛活动和自发性的群众体育组织十分活跃。2011 年 G 镇独立承办了"安徽省第三届农民篮球赛",也与时任党委书记对体育工作的满腔热情和本人对体育运动的酷爱高度相关。据访谈了解,为承办第三届农民篮球赛,镇党委书记和文化站长屡次到安徽省体育局、六安市体育局、裕安区体育局,亲自商谈承办该项工作的具体事宜,并承诺"举全镇之力"办好该届赛事。除此之外,他本人也是镇篮球队的主力队员,竞赛时亲自上场,将 G 镇全民健身运动推向了高潮。此外,现任 G 镇文化站站长已被评为国家一级社会体育指导员、全省群众体育工作先进个人,冯郢村书记、村长也是忠实的篮球运动爱好者和组织者,等等。由此不难看出,在乡镇这个内部情感关系紧密的区域进行有组织的体育活动,政治能人的力量不可或缺。

其次,"经济能人"的更替决定了乡镇体育组织发展的规模和档次。改革开放以来,国家一系列惠农政策的变化,瓦解了农村贫穷落后的面貌,唤醒了农民脱贫致富的信念,大量农村致富能人(经济精英)先后涌现出来。这群经济能人或是养殖带头人、种植承包户,或是乡镇企业家、民营公司老板,或是个体工商户、回乡创业者,等等。与普通农民相比,这群经济能人具有开阔的视野、较高的文化程度、较强的创业精神和超前的经济头脑,而且有多种经济来源。他们往往利用自己的经济资本和社会地位出资赞助乡镇体育竞赛活动和民间体育组织活动的开展,一方面出于经济能人的社会公益效应,另一方面出于商业人士的经营策略。

这类人群或游离于体育组织活动的边缘,或是体育组织的管理者和忠实参与者,可以说,经济能人的资助力度以及对体育组织的参与热情影响着乡镇体育组织的深入发展。与市场经济建设前期相比,市场经济建设初期和小康社会建设时期 G 镇经济精英不断涌现,随着经济能人资本的扩大,他们对乡镇体育组织的赞助力度也在逐渐加大。2014 年 G 镇组织开展的镇直单位体育竞赛活动,各企业、公司老板直接赞助金额达 11 万余元。另据笔者与 G 镇 AAK 工贸有限公司负责人的访谈得知,该公司近 3 年来赞助省内外群众性体育活动经费年均在 20 万元左右,并表示未来随着企业规模和效益的扩大,公司对群众性体育活动的资助力度还会进一步加大。不难看出,乡镇经济能人是农村体育组织形成的重要力量,而不同阶段乡镇经济能人的更替会影响体育组织发展的规模和档次。

再次,"技术能人"的更替决定了乡镇体育组织发展的层次和水平。意大利经济学家、社会学家威尔费雷多·帕累托认为:"在每一个特定的社会集团中,必然有极少数人比另一些人更具能力,他们在一个专业或具体领域中出类拔萃,从而具有较高的社会地位。"[1] 这些人便是技术精英(技术能人)。这些人思想开放、通情达理、能歌善舞、技能突出,而且在当地具有较好的人际关系网络和较高的声誉。这些技术精英(能人)由于自身具有较好的技能优势,因此体育参与意识较强。而一旦他们参与到乡镇体育组织中来,往往就是组织中的核心人物,或是管理者与组织者,或是教练员与指导员,可以说他们是体育组织中饱受人格魅力推崇的卡里斯马型人物,对乡镇体育组织的生存发展起到至关重要的作用。同样,改革开放以来,G 镇民间体育组织的消失、传承、发展与演变与不同阶段技术能人的更替关系密切。改革开放初期,G 镇舞龙舞狮队、花鼓灯队的形成与小河沿村民间艺人的技能权威是分不开的,后期由于单位体制解体,加之政府限制,该项技术能人不再发挥作用而逐渐消失。而 G 镇篮球队,作为一以贯之的民间体育组织形式之一,之所以不断发展演变,主要得益于该体育组织中技术能人的延续和更替。可以说,从改革开放至今,G 镇篮球队中的灵魂人物在技术技能、人脉资源和管理能力上都在螺旋式发展。20 世纪 80 年代,G 镇篮球队队长是

---

[1] 维尔费雷多·帕累托.精英的兴衰[M].刘北成,译.上海:上海人民出版社,2003:13-14.

第四章　改革开放以来 G 镇体育组织变迁的多维分析

原街道办主任（退伍军人，部队中的篮球爱好者），转业回乡工作后出于个人爱好，发起组建了 G 镇篮球队，但由于当时的社会环境和个人的技术基础有限，G 镇篮球队的技战术能力还处于较低层次。20 世纪 90 年代以来 G 镇篮球队队长（原 G 镇粮站职工，从小爱好篮球），个人技术技能突出，社交能力较强，圈内威信较高，而且注重和外界的交流，能够学习引进新的技战术，篮球队的整体水平有了快速的发展。2010 年以来，G 镇篮球队中的技术能人在原有的基础上，开始出现多元化、动态化演变：一是邀请地方高校篮球专业课教师以及县、区体育局资深篮球教练员作为技能指导者；二是在比赛中不惜斥资引进高水平外援（2015 年引进 2 名合肥 GY 大学篮球高水平运动员参加裕安区美好乡村杯篮球赛）参与现场指导，使得篮球队的整体水平有了质的飞跃。近年来 G 镇篮球队还经常代表六安市参加全省农民篮球大赛，成为地方公认的、名副其实的"篮球之乡"。可以认为，改革开放以来 G 镇篮球队的发展演变是技术能人更替的必然结果，技术能人影响乡镇体育组织发展的层次和水平。

2."利益博弈"：G 镇体育组织变迁的价值逻辑

何为利益？马克思认为："利益是一种经济关系。"《辞海》认为："利益是与利弊、利害相对的好处。"郑杭生认为："利益是处在生产力和人类需要一定发展阶段上的人们生存与社会需要的客观条件。"王伟光认为："利益是由人的欲望、需要、需要对象、社会实践和社会关系构成，它是客体满足主体进行利益分配而形成的一种社会关系。""博弈"是指一些个人、团体或其他组织，面对一定的环境条件，在一定的约束条件下，依靠所掌握的信息，同时或先后，一次或多次，从各自可能的行为或策略集合中进行选择并实施，各自从中取得相应结果或收益的过程[①]。由此可见，"利益博弈"指的是利益主体在利害关系发生冲突过程中，双方决策受对方制约的同时，又对另一方产生制约，受到对方影响又影响对方的利益抉择与实施的活动。当今世界，社会活动充满着矛盾，处于不同群体、集团、阶层、阶级、民族和国家中的人们，具有不同的利益目标和价值诉求，人们产生经济、政治、文化活动的动机无不处于对利益的追求，可以说，一切社会活动的中心是利益，一切社会关系的核心是

---

① 范如国.博弈论[M].武汉：武汉大学出版社，2012：3.

利益关系。同样,改革开放以来,G镇体育组织的发展与演变,是不同时期体育组织利益主体及其相互关系博弈的结果。

(1)国家与集体利益博弈:政府性体育组织演变的价值逻辑

利益博弈是每个社会组成单位都会进行的经济政治活动,在20世纪80年代我国政府没有正式进行体育管理体制改革之前,中国体育的行政主管部门是按照国家逻辑建立起来的,一切从维护国家利益的价值立场出发。地方基层政府所附属的体育组织管理机构,也是运用国家逻辑来思考和解决问题的。而对政府权力的过度推崇和在中国大环境下行政权力集中的惯性,使得乡镇群众性体育活动开展的价值寻求偏重国家利益淡化集体(乡镇本身)利益,乡镇政府性体育组织也是严格根据国家要求建章立制,所组织开展的文体活动基本属于在政府规制下完成的"规定动作",没有其他的利益色彩,也正是在强制性、规范性和模仿性机制下全国各地的体育管理机构出现同形性现象。从G镇来看,该阶段乡镇文化站的成立,是国家制度要求下的统一行为,乡镇政府组织开展的体育活动主要是迎合各级政府主管部门的要求,表达对政府性体育利益需求的价值立场。20世纪90年代以来,中国体育市场化改革后,市场逻辑思维方式开始延伸到中国农村体育管理体制改革中来,乡镇政府组织开展的体育活动,其利益寻求有意或无意地向市场和集体领域(乡镇本身)延伸,所谓"文化搭台,经济唱戏",换句话说,乡镇组织开展的体育活动不单是表达政府公益性的体育行为,更主要的是拓展了乡镇政府本身的社会影响力和潜在的市场经济效应。从G镇来看,这一阶段政府加大对体育工作的投入和建设,一方面体现了政府对群众体育工作的重视,另一方面确立了G镇"篮球之乡"的地位,提升了G镇的社会影响力和外界知名度,为G镇"招商引资"和工业化发展奠定了基础性地位。2009年以来,政府加大对群众性体育场地设施的建设力度,助推乡镇篮球运动的发展,使得G镇篮球成为继"皖西白鹅"之后的第二大镇域品牌,也因此获得了安徽省第三届农民篮球赛的主办权,扩大了G镇在全省乡镇中的影响力,而且凝聚了民心、融洽了干群关系,在经济上也赢得了社会各界的关心、支持和赞助,收获了关系型的人际资本,为G镇全民健身事业与经济社会发展创设了物质基础和社会空间。

不可否认,国家利益是每个政府、组织都应该维护的,由于地方政府相关管理部门拥有公共权力,就有可能在制定体育管理制度中潜意识地体现政府意志,使得利益最大化,也就会在组织实施过程中,以变相

第四章 改革开放以来 G 镇体育组织变迁的多维分析

的维护国家利益为掩护,与市场、社会进行利益博弈,以取得更大的利益[1]。这就需要在国家利益与其本身的利益之间寻求价值基点,当单纯以国家利益为价值取向的时候政府性体育组织的发展缺乏活力,而当政府组织开展的体育活动超越国家利益谋求集体利益空间的时候,政府性体育组织发展的创造力和活力将会增强。可以看出,改革开放以来 G 镇政府性体育组织演变的价值逻辑是国家与集体利益博弈的应然结果。

(2)物质与精神利益博弈:民间性体育组织演变的价值逻辑

利益是具体的、历史的,不同的主体有不同的利益诉求。不同时空同一主体所追求的利益也是不断变化的,主体所追求的利益也不是单一的,而是多种利益的综合。物质利益作为基础利益是人们追求的首要利益,但随着社会的进步和人类文明的发展,在追求物质利益的同时,人们对非物质利益(精神利益)的追求将会愈来愈迫切。对于乡镇民间性体育组织而言,组织成员对物质与精神利益的追求是影响其参与动机的主要因素。参与主体之所以选择参加某一体育组织而不参加另一体育组织也是基于物质(身体)利益和精神利益的考量,是在物质与精神利益的博弈之间抉择的结果。杨继星[2](2016)通过对广场舞参与者的动机研究结果表明:"通过体育参与来实现健康促进是广场舞参与者的主要动机;职业境遇与家庭环境对广场舞的场域形成促进作用;广场舞所营造的场域环境唤起了群体的历史记忆与身份认同;个体生命历程的结构变迁与自我调适的需要促进了广场舞的价值选择。"由此可见,影响广场舞参与者的动机既包含了物质利益(身体的健康促进),又包含了精神利益(身份认同和自我调适),两种利益关系此消彼长,相互博弈,共同影响组织成员体育参与的动机。

从改革开放以来 G 镇民间体育组织参与者来看,也概莫能外地具有一定的利益诉求,物质与精神利益的博弈最终影响了组织的生存境遇。市场经济改革前期,受计划经济秩序的影响,G 镇民间舞龙舞狮队、花鼓灯队成员的利益诉求是朴素的精神需要和被动的物质赏赐,用WZB 老人的话说:"我们那时候就是以玩为主,热闹热闹,图个吉利,不是为了挣钱的。但有时候别人家给你两包烟、几根蜡烛……一个正月间

---

[1] 吴洪革,马晓欣.中国体育管理体制逻辑的杂揉与利益博弈的异化[J].沈阳体育学院学报,2014,33(1):12-15.
[2] 杨继星.个体化时代的集体行动:社区草根体育组织的动机诉求与矛盾冲突——以广场舞为例[J].体育与科学,2016,37(5):82-88.

一分子也能分个两斗米。"改革开放初期,民间舞龙舞狮队、花鼓灯队因政府不支持、耽误个人生产劳动而逐渐解体。而在 G 镇政府帮助下形成的篮球队、乒乓球队等民间组织,除了能够满足个人的兴趣爱好、代表乡镇获得精神奖励之外,也能收获诸如一双篮球鞋、两套篮球服和象征性的经济奖励等物质利益。随着小康社会建设的深入,G 镇民间自发性体育组织的数量和质量逐渐丰富起来,群众健身意识逐渐增强,花钱买健康的理念逐渐深入人心。在身体与心理、健康与疾病、孤独与欢娱、运动与静坐等利益观的博弈下,越来越多的乡镇居民突破了传统思维方式的禁锢,选择参与体育活动,加入民间体育组织。因为,他们感受到了通过加入体育组织获得的不仅仅是积极的运动体验和参与其中的精神快感,而且康复了疾病、锻炼了身体、扩大了人际交往、增加了健康存量,这些潜在的物质利益是其它社会活动所不可替代的。因此,根据"理性经济人"的假设[①],"任何行为主体在其行动过程中,都是追求自身效用、利益的最大化"的分析理论,可见,物质与精神的博弈是导致不同主体利益冲突的深层根源,也是造成乡镇民间性体育组织生存演变的根本原因。

(3)经济与社会利益博弈:营利性体育组织演变的价值逻辑

如果说改革开放初期,乡镇政府性体育组织和民间性体育组织的生成是基于国家意志和满足群众体育利益需求而使其带有泛政治化和工具理性的色彩,那么市场经济转型以来,尤其是随着农村小康社会建设进程的加快,乡镇营利性体育组织的产生则表明国家对农村体育事业发展的价值考量已侧重于追求体育产业与体育事业协调发展、谋求体育组织形态多元共生的价值立场转化。并且现阶段乡镇营利性体育组织的发展既是适应农村经济、文化、社会稳步协调发展的客观要求,也是我国新农村体育建立可持续的、良性发展机制的客观要求。然而,市场逻辑必定是在中国体育改革后出现在中国体育现行体制中的一种逻辑方式,作为营利性体育组织在市场经济的环境中,运用市场逻辑在获得合法收益,谋求商业利润的最大化本应理所当然,但市场主体在获取合法利益的同时,承担一定的社会责任更是谋求企业公信形象、践行社会担当、提高市场竞争能力的理性选择。诚然,我们不可否认乡镇营利性体

[①] 方银水. 取消农业税后农村公共产品主要提供主体间的博弈分析 [J]. 社会科学, 2006 (3): 5-9.

第四章　改革开放以来 G 镇体育组织变迁的多维分析

育组织发展的目的是追求经济利益,但从组织所包含的经济、社会、伦理和政治价值立场来看,乡镇营利性体育组织发展的终极目标和社会发展的终极目标是一致的,与社会的根本利益也是一致的,其一致和统一的基础就是承担社会责任。也就是说,营利性体育组织只有在享受社会赋予的自由和机会时,以恰当的行动回报社会,才能在不同利益主体的博弈间取得平衡,实现共赢。

从 G 镇体育用品生产企业和健身辅导培训机构的生存境遇来看,积极参与社会公益事业,谋求社会信任,在经济利益和社会利益之间权衡利弊是 G 镇营利性体育组织发展演变的价值逻辑。从体育用品生产企业来看, G 镇现有羽毛球制品规模企业达 20 多家,企业之间自然面临优胜劣汰的竞争压力,但是如何将自己的品牌产品尽快融入市场,得到社会消费者的认可,实现企业利润的最大化呢?不同的企业在面对物质利益和社会利益的抉择时有不同的经营理念,这种理念上的差异也决定了企业生存发展处境的差异。值得一提的是, AAK 工贸有限公司能够不惜代价赞助省内外各级各类比赛用球,将支持 G 镇全民健身活动经费及场馆设施建设等公益事业作为企业的经营策略,也因此,公司获得了"国家羽毛球队训练专用球""安徽省羽协锦标赛指定用球",以及"六安市体育产业示范基地""民营科技企业""六安市守合同重信用企业"等荣誉称号,在获得社会信任的同时也带来了社会利益。相反,那些只注重眼前经济利益,忽视社会支持和社会参与的体育企业,反而在发展中墨守成规,止步不前。因此,可以说营利性体育组织是未来我国乡镇体育组织的一种新发展形态,孕育着较好的发展前景,但营利性体育组织的发展在遵循市场化运作逻辑的同时,更需要承担一定的社会责任,在经济利益和社会利益的博弈间寻求价值基点,以推动组织自身的发展。

第五章　G镇体育组织变迁对未来我国乡镇体育组织发展的启示与建议

改革开放以来,转型中的中国正处于国家与社会关系深刻变化、社会矛盾复杂交织、利益关系格局深刻调整、社会伦理和价值观备受洗礼的时期。G镇体育组织恢复形成于改革开放初期,成长于市场经济转型时期,发轫于小康社会建设时期,也必然带有深刻的时代与历史的双重烙印。作为研究个案在形成了区别于其他乡镇体育组织演变的典型逻辑之外,又或多或少地反映出了转型期我国乡镇体育组织变迁的普遍逻辑。因此,G镇体育组织在产生、形成、建设和发展过程中所呈现的问题和积累的经验教训,对未来我国乡镇体育组织的发展具有启发意义。

第一节　对未来乡镇体育组织发展的启示

改革开放40多年来,G镇体育组织在不同的治理理念下发生了显著变化,其间始终贯穿和渗透着传统和现代的融合、国家与社会的互构。国家与社会、传统与现代复杂互动,建构并形塑着乡镇体育组织的形式和内容,也必然促推乡镇体育组织的发展。

一、坚持传统与现代融合:乡镇体育组织发展的文化诉求

传统与现代并不是完全水火不容、势不两立,两者相互对立又相互依存、吸收、形塑和建构;由传统到现代是一个复杂、渐进的演变过程,

第五章　G镇体育组织变迁对未来我国乡镇体育组织发展的启示与建议

在承继传统的同时,又不断"去传统化",增益"现代性",传统与现代的反复博弈,是推进社会不断发展的根本规律[①]。传统与现代在时序上的延续,不仅意味着传统在某种程度上的保留,也意味着传统在一定程度上被替代。但传统与现代之间并非只是一种替代或冲突的关系,两者之间不仅在时序上存在着延续或继承的关系,而且在空间上具有并存和互补的关系。

改革开放以来,G镇体育组织发展的历史进程表明,农村传统体育文化的积淀是乡镇体育组织发展的重要根脉,当下乡镇体育组织的活动内容、管理方式、组织的文化特质无不体现着历史积淀的影响,乡镇体育组织的形态和结构也或多或少地包含着传统体育组织的元素。就G镇而言,改革开放初期,在传统计划经济体制下生成的民间体育组织,如舞龙舞狮队、高跷队、花鼓灯队,虽然在后期由于制度和观念的原因逐渐式微,但是这些组织所呈现的体育器物、体育制度和体育观念等文化特质,对后期民间体育组织的发展依然产生了重要影响:一是文化根脉呈现出强烈的文化感染力,二是管理和运行方式对其他组织产生的形塑力。其实,民间传统文化的发展是持续不可分割的,传统观念、习俗具有顽强的生命力,即使在国家严格限制的情况下,传统的民间习俗、信仰等也顽强地存在着。张乐天先生认为,当反传统的意识形态,大到足以破除传统的时候,某些传统的东西,在村落的生活"场面上"销匿了;但当意识形态控制力减弱时,销匿了的传统又会重新粉墨登场。

市场经济转型以来,国家控制放松,被压倒场面下的传统信仰、习俗逐渐回归,G镇篮球、乒乓球、羽毛球、武术、象棋、垂钓、自行车、台球、旱冰、麻将、棋牌、呼啦圈、健步走、广场舞、柔力球等传统与现代体育活动项目开始复归与兴起,并形成相应的体育兴趣小组、体育运动队等自发性的群众体育组织。当然,传统的复归不是简单的、纯粹的"复原",而是过滤掉某些落后的、不合时宜的环节,是包含了现代元素的、蜕化后的更高层次发展,从某种意义上可以说是文化变迁中的一种"反应运动"[②]。以G镇篮球队为例,20世纪80年代的篮球队员主要以街道社会青年为主,绝大多数为年龄相仿、彼此熟悉的退伍军人,篮球队伍结构混乱,管理松散,较少与外界交流,比赛时没有统一的服装,多数队员只

[①] 董传岭.建国60年华北农村社会生活变迁——以山东省梁山县为个案[D].南开大学博士学位论文,2010:304.
[②] 王铭铭.文化变迁与现代性的思考[J].民俗研究.1998(1):4-7.

能穿着布鞋上场。20世纪90年代篮球队的整体实力有所提高,在老一辈队员的传帮带作用下,扩大了队员的选拔范围,街道、村落、学校等单位的优秀青年开始加入队伍,管理上逐渐规范起来,并注意走出去加强与外界的技术和情感交流,比赛时穿着统一定制的篮球队服和篮球鞋。2000年以来,G镇篮球队员逐步年轻化,选拔队员的身高、体重、技术、经验等较前期队伍有明显的优势,尤其是注重吸引省内外优秀教练员、运动员来镇指导交流(在2014—2016年裕安区美好乡村杯篮球赛中还引进了合肥GY大学的两名外援),队伍的整体管理水平和实战技能有了质的飞跃,比赛时有企业冠名的统一印制的篮球服装,队伍整体经验丰富、组织信念坚定、集体荣誉感强烈。由此,可以看出,G镇篮球队的发展,是在沿袭传统篮球文化、技术技能和管理经验的基础上,不断融入现代篮球文化、技术和符号,使得传统与现代并置交叉、博弈、融渗和转换,不断推动了G镇篮球运动的发展。但不可否认,乡镇体育组织发展中,传统因素的不断消减,"去传统化"的不断增强,现代元素的不断融入是历史发展的必然。

二、坚持国家与社会互构:乡镇体育组织发展的主体关系

社会互构是近年来我国本土社会学理论建构的重要成果,其核心理念认为个人与社会、社会与自然、社会与国家、市场与国家等不同主体之间既存在差异、对立和冲突,又彼此适应、协调和整合。社会互构论是研究不同行为主体间的互构共变关系,认为个人与社会是基本的行为主体,是社会学的元事实、要素,对国家、社会与个人关系的研究,为社会学元层面提供了理论平台,为社会学的实证研究及社会变迁等奠定了基础。国家与民间这两大社会关系主体,在现实社会中发挥自主性、创造性和能动性,相互作用、相互影响、胶着建塑,推动社会形态不断与传统"断裂",向现代嬗变。社会主体的互动终将形成一种制度化的形式即秩序结构,因互动的具体形式不同,秩序结构会表现出不同的模式,杨敏把社会秩序结构分为"压制模式"和"协议模式"。所谓压制模式是指社会权力的拥有者、支配者和统治者作为行动主体,对其他社会成员行动意志和能动性实行压制,并以此为基础形成的反映其行动意志和意义预设的社会秩序模式;而协议模式是指社会成员普遍作为主体,在行动的共同参与和相互之间的意义效应基础上形成的、能够反映社会成员的

第五章　G镇体育组织变迁对未来我国乡镇体育组织发展的启示与建议

基本行动意志和意义预设的现代社会秩序模式[1]。可见,在压制模式下,国家几乎控制了全部重要的社会资源,在社会生活中处于强势和霸权地位,对民间社会的自主性和能动性产生相应垄断,民间社会失去了主体身份和话语权,被动地选择服从国家;而在协议模式的社会秩序下,国家控制社会资源的能力削弱,市场在社会资源配置中的作用增强,民间社会成为行动主体,民间社会与国家是一种平等协议关系,民间社会能够对自我利益进行表达和实践,经过民间社会诉求和国家意志相互融渗、建塑,推动社会不断变迁。

从改革开放以来G镇体育组织变迁的历史脉络来看,也是在国家与社会的互构中不断发展演进的。改革开放初期,G镇群众性体育活动具有浓厚的国家意志色彩,受计划经济体制惯性和乡镇社会环境影响,政府控制有组织体育活动的参与主体和具体内容,民间体育组织主体地位缺失,失去了支配自身活动的能力。从精神层面来看,在国家的压力模式下,民间传统习俗、社会信仰、文体娱乐都贴上了政府标签,G镇花鼓灯和传统的武术活动也不同程度地受到政府的限制,民间体育组织处于"失语"的境地,体育利益诉求难以表达和实践。可以这么说,该阶段国家与社会的关系属于非良性的单项输入和嵌入,但是民间体育组织对政府的形塑并没有完全停止,比如G镇花鼓灯的文化根脉并没有完全消失,G镇舞龙舞狮活动的文化样态仍然描摹呈现在民间艺人口中,G镇篮球文化生态依然不同形式地在民间承继延续,民间体育组织仍具有一定的自主性,运用相应的策略和举措,表达和实践民间体育组织的利益诉求。市场经济转型时期,随着国家对民间社会控制的弱化,政府与民间社会的关系由"压制"变为了"协议",民间体育组织与政府实现了由"同向谐变"到"逆向冲突"的演进,民间社会不再是简单地受制于国家,而是对国家进行融渗与建构,与此同时民间体育组织得以复归。从G镇篮球队的变化可以看出,该时期G镇篮球队不仅代表政府参加上级安排的比赛,而且还主动参与民间体育组织间开展的活动,并在组织自身利益和政府利益的双向互构中,表达自己的利益诉求,征得政府的支持,以谋求组织自身的发展环境。小康社会建设以来,国家加大对民间"解压""松绑"的力度,民间体育组织的主体性地位进一步确

---

[1] 杨敏.社会行动的意义效应:社会转型加速期现代性特征研究[M].北京:中国人民大学出版社,2005:237-238.

立,在"协议模式"下,国家与社会趋于平等,两者良性互动,相互建构和形塑:一是民间体育组织开展活动时有政府的积极支持。比如,G镇民间开展广场舞活动的时候政府积极帮助提供场地设施和服务保障,尤其当出现居民的居住权与健身权间冲突时候,政府能及时出面协调处理;二是政府组织开展体育活动时民间体育组织积极参与志愿服务。典型的现象如,2014—2016年G镇承办裕安区美好乡村杯篮球赛事期间,G镇广场舞队积极参与啦啦操、热舞表演和比赛期间的志愿服务工作,既烘托了比赛的氛围,又形成了两者相互融合、相互在场的互动局面。学者杨海晨在《走向相互在场:国家与社会关系变迁之仪式性体育管窥》的研究中,也提出了颇为一致的观点:即通过对广西南丹黑泥屯"演武活动"的个案呈现,揭示了当下强调"善治"治理时期村落体育变迁中的国家符号正在向社会延伸,国家与社会在互惠、双赢的理念下形成相互在场的局面,映射了农村体育发展中国家与社会关系的变迁路径与未来发展趋势。

　　因此,可以从根本上说,未来我国乡镇体育组织的理论与实践创新,就是不断寻求国家、社会、市场等不同利益主体之间的"正向谐变"之道。尤其在社会快速转型的今天,随着公共权力部门、市场组织和社会组织三大部门的日趋分化,乡镇也会逐渐形成政府性体育组织、营利性体育组织、民间性体育组织三大关系主体。从社会互构论的视角来看,三者之间不仅仅是差异、对立和冲突,同时也是相互建构、彼此形塑。有鉴于此,实现"功能协调、彼此互补"[①]的利益主体间关系应该是未来乡镇体育组织发展的理性选择。

三、走向"善治":乡镇体育组织发展的治理理念

　　"善治"是西方治理理论的最新发展成果,作为一种新的理论分析工具,善治理论因强调"更少的统治,更多的治理"而成为一些国家和政府管理改革和发展的口号。俞可平认为,"善治"(good governance)就是使公共利益最大化的社会管理过程。其本质特征在于它是政府与公民社会对公共生活的合作管理,是政治国家与公民社会的一种新型

---

① 郑杭生.社会三大部门协调与和谐社会建设[J].中国特色社会主义研究,2006(1):27-29.

第五章　G镇体育组织变迁对未来我国乡镇体育组织发展的启示与建议

关系,是两者之间的最佳组合状态,包括合法性、法治、透明性、责任、回应、有效六大要素[①]。从现代意义上说,政府管制的危机和公民社会的勃兴给政府带来了巨大的压力,越来越多的人们对传统的政府管理产生了怀疑甚至不满和失望,在政府和市场双重失灵的两难困境下,善治理念应运而生。

乡镇体育组织作为群众体育活动的事实载体,是农村体育事业发展的重要依托主体,需要整合政府、市场和社会的力量才能有效发挥应有的作用。然而,由于我国农村经济基础薄弱、公民社会建设还处于较低层次,故农村体育组织治理还存在许多突出问题。比如,农村体育事业发展目前还没有明确的评价标准和问责制度;乡镇体育活动的开展随意性大,体育活动的经费来源和使用不够透明等。在民间体育组织管理中,体育组织自我治理能力还很有限,组织参与社会公益活动少,组织的公信力薄弱;民间非正式体育组织和草根体育组织缺乏登记管理制度,组织的社会合法性有余而法律合法性不足;民间体育组织资源获取渠道单一,在资源汲取上与政府和市场之间未能形成合力;民间体育组织内部制度化程度低、民主决策程序泛化,尚未形成有效的组织秩序和权力结构。在营利性体育组织管理中,营利性体育组织还没有发挥市场化应有的作用;乡镇体育企业在推动农村体育事业发展和促进农村居民体育消费方面的意识还不够强;乡镇其它辅导、培训等营利性体育组织面临合法经营资质与政府制度管控之间的困境,等等。这些问题的产生和应对,都需要转变农村体育治理方式,将"善治"理念融入体育组织的治理行动中来,才能优化乡镇体育组织资源配置,缓解乡镇体育组织发展中各利益主体之间的矛盾。

党的十八届三中全会通过的《中共中央关于全面深化改革若干重大问题的决定》明确提出了"推进国家治理体系和治理能力现代化"的理念,为政府职能转变和全面深化改革确立了新的目标和整体性愿景,也意味着,各级政府的职能转变要从国家治理的高度出发,处理好政府与市场、社会的关系,构建现代化的治理主体和治理体系以实现善治[②]。

---

① 丁宇.走向善治的中国政府管理创新研究[D].南京师范大学博士学位论文,2011:5-6.
② 范柏乃,张电电,余钧.政府职能转变:环境条件、规划设计、绩效评估与实践路径——基于Kast组织变革过程模型分析[J],浙江大学学报(人文社会科学版),2016,46(3):180-200.

由此可见,治理与善治也应是当前我国乡镇政府体育事业发展的题中之意。乡镇体育组织治理因充满不确定性和复杂性,需要政府、市场、社会等多元主体通力合作,但鉴于我国特殊国情,政府必须在乡镇体育组织治理中处于核心地位。正如俞可平所说的:"随着社会的发展和政治的进步,人类不断从统治走向治理,从善政走向善治。在人类政治发展的今天和我们可以预见的未来,国家及其政府仍然是最重要的政治权利主体。"[①]因此,在所有的权利主体中,政府无疑具有压倒一切的重要性,任何其他权利主体均不足以与政府相提并论。代表国家的合法政府仍然是正式规则的主要制定者。国家及其政府仍然是国内和国际社会最重要的政治行为主体,在国内外的众多政治行为主体中,国家及其政府仍然处于首要地位。

"善之所至则无善,善之未达则寻善",乡镇体育组织善治的目标是满足农村居民多元化的体育健身服务需求,从而促进人的全面发展,在现实社会中应该建立"强政府、大社会"的共治格局,为开启美好的治理空间而努力行进。因此,如果说体育组织治理是具体的"善",那么体育组织善治则是抽象的"善",体育组织善治提供了一种普遍原则、价值标准和意义旨归,引导着乡镇体育组织管理事务向善、从善和寻善。

第二节 对未来乡镇体育组织发展的建议

一、对未来乡镇政府性体育组织发展的建议

(一)明确政府在乡镇体育社会组织发展中的主导作用

当下中国正处于一个从单一的计划经济向多元的市场经济转化、从以政府选择为主的传统社会向以社会选择为主的现代社会转型的历史时期[②]。在这样的历史时期,"经济的市场化、政府的小型化、社会的多元化,以及公民意识的觉醒和传统政治机器的过时及其时效所导致的政

[①] 俞可平.公正与善政.南昌大学学报(人文社科版)[J],2007,38(4):1-3.
[②] 庞正.法治的社会之维度——社会组织的法治功能研究[M].北京:法律出版社,2015:226.

第五章　G 镇体育组织变迁对未来我国乡镇体育组织发展的启示与建议

治腐败的泛滥,都在呼唤新的社会组织形式和社会治理机制"。[①]然而,由于我国公民社会建设尚处于初始阶段,社会组织的发展还处于"婴幼期","注册困境""筹资困境""人力资源困境""社会资本困境"依然是当代中国社会组织发展中面临的四大严重困境[②],而且由于种种制度和社会原因,这些社会组织的发展还面临其他诸多难点和障碍,需要政府制定相应的政策和制度,才能得以有效缓解。同样,在体育社会组织领域,政府主导下的体育体制依然对我国群众体育事业发展产生积极影响,民间和社会体育组织的力量发育不足,自我生存和发展的能力亟待提高。特别是我国城镇化建设和农村体育发展的速度、规模与农村居民对体育组织化的需求还不相适应,对乡镇体育社会组织的影响还不够强烈,不同社会阶层间体育利益需求差异较大,在体育实践中的冲突和矛盾频繁发生。这些现实困境都需要借助政府的力量理顺与市场、社会、公民之间的关系,需要确立政府在乡镇体育社会组织发展中的主导作用,从而更有效地推动农村体育事业的发展。总体来看,我国当前农村体育社会组织的力量较为薄弱,在发展过程中不仅需要组织不断加强自身能力建设,更需要通过政府的扶持和引导创造良好的外部发展环境。

（二）加大乡镇体育组织发展的政策扶持和执行力度

政策法规,从其实证的意义上说,是由国家制定或认可的,并以国家强制力为后盾的行为规范的总和。政策法规对体育事业的影响主要体现在政策法规的引导功能上。政策法规作为人们利益关系的具体体现,其目的就是要使社会变化和社会现实问题的解决,向着有利于满足群众特定利益需求的方向发展。因此,政策法规本身必然对人们的行动和社会的发展具有引导的功能[③]。体育事业作为社会多元治理结构的一个重要组成部门,其功能和作用的发挥更需要政策法规的保障和引导,而对于乡镇体育组织的培育和发展来说,制定相应的扶持政策和增加对政策的执行力度就显得尤为重要。

改革开放以来,随着农村体育事业的发展,国家也相继颁发了《关

---

① 王名,刘国翰,何健宇.中国社团改革——从政府选择到社会选择[M].北京:社会科学文献出版社,2001：236.
② 陆学艺.当代中国社会结构[M].北京：社会科学文献出版社,2012：369-372.
③ 汪波.城市化进程中六安市社区体育现状分析与发展对策研究[D].南京师范大学硕士学位论文,2007：21.

于进一步加强全民健身工作意见(1979)》《关于加强县级体育工作的意见(1984)》《体育法》(1995)《全民健身计划纲要》(1995)《国家体委关于深化改革加快发展县级体育事业的意见》(1996)《农村体育工作暂行规定》(2002)《关于实施农民健身工程的意见》(2006)、《"十一五"农民体育健身工程建设规划》(2007)《关于发挥乡镇综合文化站的功能,进一步加强农村体育工作的意见(2010)》《体育事业"十三五"发展规划(2016)》等一系列有关农村体育发展的政策法规,对推动乡镇体育组织发展起到了积极的政策导向作用。但由于农村体育政策的制定总体较为宏观,大多属于指导性的发展建议,没有或较少对基层体育组织建设与发展提出的具体要求,也使得长期以来乡镇体育组织建设缺乏,未能在农村体育事业发展中发挥积极作用。另外,由于地方各级政府对农村体育重视程度和对农村体育政策的理解存在偏差,加之政府和社会体育意识、监控力不足,导致农村体育政策执行失真[①],这些因素均严重制约了我国乡镇体育组织的发展。因此,从我国体育事业法制化建设进程和乡镇体育组织发展的实际需要考量,加大乡镇体育组织的政策扶持和执行力度,是未来乡镇体育组织发展中需要面对的现实问题。

(三)重视乡镇体育组织管理机构和人才队伍建设

长期以来,我国乡镇一级缺乏专门性的体育组织管理机构,农村体育工作通常是挂靠在文化站、综合文化站、文化中心等非专门性的体育管理机构来组织开展。按我国现行的基层事业单位管理体制,乡镇文化站每年只需接受上级文化局(馆)的检查和考核,考核的指标主要偏重于图书资料、广播影视、文化演出、科技推广、科普宣传等工作领域,而群众性体育工作没有明确的工作任务和考核要求,也不需要接受上级体育主管部门的考核和监管,容易造成"活动开不开展一个样,活动开展多少一个样,活动开展好坏一个样"的"大锅饭"想法,对于文化站负责人来说,也长期处于体育工作"干得出色属于理所当然,干得不好沦为不务正业""体育工作名不正言不顺"的尴尬境地。由于乡镇体育工作机构没有独立的行政建制,缺乏上级体育行政监管和奖惩激励机制,乡

---

① 谢正阳,唐鹏,刘红建,等.公共体育政策失真性执行与对策探析[J].体育科学,2015,36(6):68-73.

第五章　G镇体育组织变迁对未来我国乡镇体育组织发展的启示与建议

镇体育工作效率呈边际递减效应,广大群众的公共体育服务利益诉求很难得以保障。鉴于此,一要积极沟通政府编办等部门,将乡镇文化体育组织机构设置为独立建制,行政上归乡镇政府直接领导,业务上归上级文化体育主管部门直接指导,并按期接受监督和指导。二要协调政府人事部门,明确核定乡镇综合文化站的人员编制,确保每个乡镇综合文化站配备不少于两名以上人员编制,其中一名需要具有社会体育指导员登记资格,以稳定文化体育组织人员队伍。三要建立乡镇文化体育组织从业人员职业资格培训标准,建立准入制度,并加大文化体育工作者的培训力度,提升乡镇文化体育工作者的业务素质和职业技能,同时对工作人员实行岗位管理,做到"按需设岗、按岗竞聘、竞争上岗、择优聘任"。

（四）整合乡镇文化体育资源,提高体育场地设施的利用率

由于体制原因,基层文化体育场地设施建设存在"多头管理""条块分割"的问题,造成资源分散、难以整合、设施和产品重复建设、效益低下的困境。比如,乡镇综合文化站和农家书屋,由于隶属不同部门,在农村经常被分别建设、分开管理,无法形成合力。在数字资源建设中,也存在多部门建设与管理的问题,导致资源浪费,加大了基层公共文化体育的投入和运营成本,难以有效发挥其应有的效用。因此,乡镇文化部门应积极与上级广电、新闻出版、科技、体育、农业等部门沟通,构建完善的协调机制,将乡镇综合文化站的管理事业由"小文化"向"大文化"转变,整合当地的文化体育资源,真正使基层文化体育组织成为集图书阅读、广播影视、科技推广、戏曲艺术、科普培训、体育健身、休闲娱乐等功能于一体,服务当地群众的综合性公共服务机构。另外,按照国家体育总局对乡镇综合文化站体育场地设施建设与配置要求,一部分乡镇综合文化站虽然也建设和配置了健身房、培训室和室内外活动场地设施等,但绝大部分场地设施闲置现象严重,只有农闲与节假日才发挥一定作用。同时由于缺乏对健身路径的使用说明,加之管理人员担心器材受损坏、锻炼环境受污染等因素,也影响了场地设施的利用率。鉴于此,一方面基层文化体育工作者,要积极对居民进行体育和健康知识普及教育,加大健身活动的指导力度,以转变乡镇居民的体育健身观念,使他们积极地投入体育健身行列当中;另一方面,基层文化体育组织要加大对群众性体育事业的经费投入,并充分开发各种体育资源,引导当地居民开展各类体育锻炼与竞赛活动,使群众能够从文化体育活动中获得乐

趣、增进交流,促进强身健体、康复疾病、提高技能、塑身美体、休闲娱乐等乡镇居民最渴望的体育目的的达成。

(五)创新乡镇体育工作的形式和内容,提高公共体育服务水平

改革开放以来,我国乡镇一级政府体育组织的工作内容,主要在"开展群众性体育竞赛活动"和"建设公共体育场地设施"两大领域,对大众体育与健康知识的宣传教育、群众性体育锻炼活动的指导和开展、镇村居民的体质监测、体育社会组织建设等民生性工作范畴没有或者较少考虑,体育公共服务难以有效惠及普通老百姓群体。对于群众性体育竞赛活动而言,大多属于接受上级任务式的被动参与,这种基于活动的"夺标"性质和"被竞赛"的组织形式,使得乡镇体育活动的主动性、创造性缺失,关照主体偏重于"精英群体",大众体育诉求难以实现。而"公共体育场地设施建设"作为群众体育工作开展的物质基础,理应成为农村体育工作的重要抓手,但一味地强调"物"的建设,忽视"人"的参与,会导致农村体育偏向"形式"远离"内容"。从乡镇体育工作的开展形势来看,多数为"迎检式"和"应付差事式"的体育工作,绝大多数乡镇体育工作长期处于"无规划""无预算""无机构"的"三无"管理境地,农村体育工作受上级政府的决策影响较大。鉴于此:第一,要改进体育工作方式。充分考虑群众的需求,尊重群众的体育参与权、表达权和知情权,开展群众喜闻乐见、便于参与的文化体育活动,把"群众体育竞赛""群众体育锻炼""体质监测服务"三者有机结合,提高乡镇政府体育服务的针对性和群众对体育公共服务的获得感;第二,积极发挥乡镇综合文化站的组织、协调与辅导作用,引导居民积极参与到体育健身活动当中来,适时开展"送体育下乡入村"的体育文化宣传、展演与指导活动。同时,要根据大多数群众的需求,择优推选有一定公信力和指导力的乡镇精英参与社会体育指导员队伍的培训,提升政府在基层文化体育服务中的主导地位,让广大居民乐享新农村体育建设发展的成果。第三,鼓励有条件的乡镇依托地方传统体育项目和体育优势资源,承办国家、省、市、区等不同级别的农村体育品牌赛事,大力发展乡镇体育产业,以体育赛事和体育产业促进乡镇经济社会的发展。

第五章　G镇体育组织变迁对未来我国乡镇体育组织发展的启示与建议

二、对未来乡镇社会性体育组织发展的建议

（一）明确乡镇社会性体育组织在乡镇体育组织建设中的主体地位

基于政府本位还是社会本位是中国群众体育发展方式的根本性问题，也是群众体育"组织化"发展急需解决的观念问题[①]。在计划经济体制下，由于国家控制社会资源，群众体育事业的发展一直依赖政府，存在政府为本的思维和做法，社会性体育组织不仅发展数量和规模有限，而且在生成的过程中由于被政府吸纳进行政体制，带有明显的"内卷化"特征[②]。改革开放以来，国家一元制度逻辑下的"总体性社会"开始向国家—社会—市场多元制度逻辑下的"分化性社会"过渡，政府引导的同时市场和社会的力量不断壮大，社会成员对自我独立、自我表达与自我实现的推崇，使其体育参与不再依附于国家，出现了体育价值观念、体育兴趣的多元分化，带来体育健身组织形式与内容的多元诉求。也因此，体育社会组织在推进体育事业发展中的价值和地位得以彰显。乡镇体育作为我国群众体育事业的重要组成部分，也在这一社会资源由国家向社会回归的过程中，开始形成新的社会互动格局和组织演变情形。事实上，与政府组织开展的群众性体育活动相比，乡镇社会性体育组织作为农村体育活动的桥梁和纽带，其价值不仅体现在实现政府与民众之间的纵向联结，体现不同层级对健身个体的吸纳效应，更有助于维护农民的体育健身权利、表达农民的体育利益诉求、搭建人际沟通平台、强化归属感和认同感。因此，在当前国家大力提倡"着力培育和发展农村体育社会组织网络"[③]以及广大农民对组织化体育活动现实需求的背景下，实现乡镇体育组织发展从政府本位到社会本位的价值回归，明确社会性体育组织在农村体育组织发展中的主体地位，是理解乡镇体育组织发展中不同层次主体之间关系的理论前提。这样不仅能够有效解决农村体育发展中社会缺失的现象，有利于实现体育回归其固有的社会属性，也可将一盘散沙的体育个体参与凝聚成多类别、多层次的群体

---

① 汪流.群众体育组织化的困境与出路——兼论京津冀群众体育的"组织化"发展[J].武汉体育学院学报，2017，51（9）：28-41.
② 贺鑫淼.社会结构变迁下体育社会组织发展研究[D].苏州大学博士学位论文，2016：66.
③ 农业部.农业部国家体育总局关于进一步加强农民体育工作的指导意见[Z].2017.

参与,为社会成员的体育服务提供稳定的组织化支撑,使社会成员的体育参与有了组织保障。

(二)建立乡镇草根体育组织的登记备案管理制度

体育社会组织是体育事业多元治理结构中的重要环节,是政府职能转变中的重要合作者,在"政府失灵"和"市场失灵"的同时能够发挥重要作用。目前,我国体育社会组织的形成方式中,有政府主导下成立和运行的,有脱胎于政府职能部门且对政府有一定依赖关系的,也有自发成立而独立运作的。但对乡镇体育社会组织而言,群众自发形成的、非正式结构的、松散型的草根体育组织在民间大量存在,是乡镇体育社会组织的事实主体。然而,由于我国《社会团体登记管理条例》(1998)对申请社团的条件要求较高,导致大量的农村草根体育组织因为条件不具备,且找不到合适的业务主管部门而被拒于体育社团之外,造成该类组织的合法性不足,在实际运行中面临诸多困境,组织的生存空间和活动领域受到限制。2005 年,民政部首次公开肯定了民间组织实施备案制,提出:"在农村乡镇和城市社区中开展活动的慈善类民间组织,不具备法人条件的,登记管理机关可予以备案,免收登记费、公告费。"2007年,国家发改委和民政部联合发布的《"十一五"社区服务体系发展规划》又强调指出:"鼓励和支持社区民间组织开展文体健身等服务活动,对符合登记条件的社区民间组织,完善注册程序,使其纳入正常管理范围;对于尚未达到注册条件,但已开展活动且符合社区发展需要的社区民间组织,要加强备案管理。"[1]此文件首次从政府层面提到对社区类草根体育组织的备案管理。2015 年 1 月《全民健身活动点管理办法》(讨论稿)提出:"全民健身活动点实行属地管理,由站点所在地县级体育主管部门进行备案和挂牌。县级体育部门可根据本办法和辖区实际情况制定备案实施细则。"目前,北京、上海、广东、江苏、山东等地已经开始实行草根体育备案制,积累了一些成功的经验。备案制的实行对明确备案主体法律责任,规范草根体育组织活动内容,协调与各类主体间的关系具有较好的效果。鉴于此,我国农村乡镇草根体育组织也应积极借鉴城市社区草根体育组织管理经验,建立以乡镇政府为登记审查机关的备

---

[1] 王凯珍,汪流,戴俭慧.体育社会组织建设与管理[M].北京:高等教育出版社,2016:256-269.

第五章　G镇体育组织变迁对未来我国乡镇体育组织发展的启示与建议

案管理制度,帮助乡镇草根体育组织取得合法性地位。

（三）加强乡镇体育社会组织的内部治理能力建设

体育社会组织自身能力建设,不仅是维持自身生存、可持续发展的基础,也是承接政府转移职能,促进体育事业转型发展的需要。体育社会组织能否真正成为体育事业多元治理结构中的一元,除需要地方政府创造良好的外部发展环境外,关键是体育社会组织还需要不断加强自身能力建设,具备必要的发展能力[①]。目前,我国乡镇体育社会组织整体水平不高,自身力量薄弱,大部分体育社会组织规模小,普遍存在无规章、无经费、无场地、无指导的"四无"现象,组织管理制度缺乏,在服务和创新发展等方面的能力还较弱。因此,加强乡镇体育社会组织内部治理能力建设,对满足群众多元化的体育文化需求,促进农村体育事业发展具有重要意义。

第一,建立组织内部管理制度。根据组织的正规化程度,通过文本或口头的形式(对于结构松散的草根体育组织)制定组织活动的宗旨、规章、章程、行为规范、纪律要求等,明确组织成员间的角色关系,旨在建立组织内部权力制衡的治理结构。第二,培育乡镇体育组织精英。体育组织中的精英是维系组织健康运行的重要力量,某种程度上决定该组织的未来发展[②]。精英群体作为民间体育组织的核心力量,能够充分动员基于人情法则的社会网络,筹集民间体育组织发展所需的资源。鉴于此,可重点针对农村基层干部、农民合作社领办人、乡镇文化体育管理者、乡镇企事业单位骨干、大学生及大学生村官、乡镇体育教师、民间文艺爱好者、城区陪读的家长、返乡创业的农民工、乡村宗教团体负责人、敬老院管理者、乡镇社会上的其他"能人"等作为组织精英的培育对象,借助他们具有的政治、经济、文化、信息资本和社会关系网络,带动农村体育组织的发展。第三,提高组织资源募集能力。在财力资源的募集上,可通过以企业(冠名)赞助和组织活动创收为主,政府专项资助、会员缴纳会费、单位个人捐助为辅的形式拓宽经费筹措渠道;在人力资源的募集上,应以农村留守老人、妇女精英(轻体力活动者或追求时尚潮流的

[①] NPO信息咨询中心.NPO能力建设与国际经验[M].北京：华夏出版社,2003：101-106.
[②] 郑国华,张自永,祖庆芳.民间体育组织中的精英治理——以赣南客家"池塘龙舟赛"为例[J].体育成人教育学刊,2016,32(4)：52-57.

女性)为重点,依托其建立在血缘、业缘、趣缘、地缘型的关系结构,扩大组织发展的规模;在物力资源的募集上,应协调组织与政府、企业、单位、居民间的关系,依托组织自身和外界的力量多向度地筹集组织活动所需的场地设施、器材设备等物力资源。第四,建立社会信任,提高组织的公信力。由于大量的乡镇体育组织不具有合法性,容易导致组织的社会信任缺失,因此应通过参加公益性社会活动、建立志愿者服务团队、公开组织活动的经费收支、承诺组织的宗旨和使命、践行诚信操守等方式,以获得社会和利益相关者的信任,取信于社会公众。

(四)创新发展乡镇社会性体育组织

根据我国现行法规体系及管理体系的规定,学术界主要将体育社会组织分为"体育社团""体育类民办非企业单位"和"体育基金会"三种类型。2000年,国家体育总局和民政部发布第5号令,也颁发了《体育类民办非企业单位登记审查与管理暂行办法》,进一步明确了体育类民办非企业单位的体育社会组织性质,并将其界定为由企业事业单位、社会团体、其他社会力量和公民个人利用非国有资产举办的,不以营利为目的的,以开展体育活动为主要内容的民办的中心、院、社、俱乐部、场馆等社会组织。[①]当前,我国体育类民办非企业单位在城市社区发展迅猛,已经成为我国体育事业发展不可或缺的组成部分,根据民政部发布的《2014年社会服务发展统计公报》显示,截至2014年底,全国共登记体育类民办非企业单位11901个,占比民办非企业单位登记总数的4.0%。由此可见,体育类民办非企业单位作为一种从事体育服务的非营利性民办实体组织,近年来一直呈现出强劲的发展势头,在体育健身的技术指导与服务、体育娱乐与休闲的技术指导与组织、体育人才的培养等领域正发挥着越来越广泛的作用。

对于我国乡镇来说,由于其固有的"亦城亦乡"二元化属性,在当前,随着新农村建设和城镇化进程的发展,多数乡镇已具备了承接城市体育文化向乡村传播、转移的主客观条件。从当前我国农村城镇化、工业化、现代化发展的速度和规模实际来看,乡镇社会的"城市化复制"现象将会愈演愈烈,城市所具有的体育组织形式将会在乡镇不同程度地

---

① 国家体育总局、民政部.体育类民办非企业单位登记审查与管理暂行办法[Z].2000年5号令.

第五章　G镇体育组织变迁对未来我国乡镇体育组织发展的启示与建议

"被模仿"和"被需求",从当前经济发达地区的乡镇体育组织建设实践也可见一斑。在北京、上海、广东、江苏等地乡镇体育健身俱乐部、乡镇体育特长培训学校、乡镇体育健身活动中心等体育类民办非企业单位已经初具雏形。因此,从我国城乡群众体育统筹发展和未来新农村体育的建设需要来看,应根据不同类型乡镇的发展实际,政府、市场、社会和民间均应成为体育社会组织形态供给侧结构性改革的主体,因地制宜地培育体育类民办非企业单位、体育慈善机构以及基于"互联网$^+$"技术背景下的网络贴吧、社区论坛群、QQ群、微信群体育组织[①]等新兴的体育社会组织形态,从而更好地推动乡镇体育事业的发展。

三、对未来乡镇营利性体育组织发展的建议

（一）重视乡镇营利性体育组织建设

乡镇营利性体育组织是市场经济秩序下乡镇社会发展中出现的新生事物,是当前乡镇体育组织体系建设不可或缺的一个重要组成部分。党的十九大提出了农村农业优先发展的乡村振兴战略,为新时代农村体育事业和体育产业发展提供了战略机遇。2017年12月农业部、国家体育总局在《关于进一步加强农民体育工作的指导意见》中首次明确指出"充分利用好农业多功能特点,鼓励创建休闲健身区、功能区和田园景区,探索创建乡村健身休闲产业和运动休闲特色乡村"。为乡镇体育事业和体育产业发展指明了方向。同年,国家体育总局在《关于推动运动休闲特色小镇建设工作的通知》（体群字〔2017〕73号）中强调指出"建设运动休闲特色小镇,是满足群众日益高涨的运动休闲需求的重要举措,是推进体育供给侧结构性改革、加快贫困落后地区经济社会发展、促进基层全民健身事业发展、推动全面小康和健康中国建设的重要探索"。并要求到2020年在全国扶持建设一批体育特征鲜明、文化气息浓厚、产业集聚融合、生态环境良好、惠及人民健康的运动休闲特色小镇,实现乡村体育旅游、体育传媒、体育会展、体育广告、体育影视等相关业态共享发展的目标任务,透露出未来乡镇营利性体育组织建设的必要性、可行性和紧迫性。近年来,随着农村经济的发展,农民体育消费

---

① 黄亚玲,邵焱颉.网络体育组织发展：虚拟与现实的挑战[J].北京体育大学学报,2015,11(38)：1-2.

需求日益增长,在全民健身上升为国家战略的背景下大力发展农村体育产业,促进农民体育消费已成为我国体育产业发展领域新的增长点。因此,从当前我国农村体育产业发展的政策导向和营利性体育组织的载体作用来看,重视乡镇盈利性体育组织建设,对丰富乡镇体育组织体系,开发乡镇体育资源,促进镇域运动休闲、旅游、健康等现代服务业良性互动,带动乡镇经济社会发展方面具有重要意义。

(二)"以城援乡"发展乡镇体育健身业

"以城援乡",指的是借助城市营利性健身实体的人力、物力、财力、信息、技术、经验等方面的相对资源优势,给予农村体育健身场馆、俱乐部、培训班、工作室等经营性的体育健身组织相应的援助,形成城乡连锁经营、互动发展的体育健身产业发展格新局。当前,乡镇体育健身业应重点关注两类消费群体:一类为留守儿童和青少年学生。由于该类群体的父辈常年在外地打工,对孩子的管教缺失,加之隔代的抚养对孩子心理和适应能力带来诸多的负面影响,他们希望将孩子送到乡镇开办的艺术、体育等兴趣特长班,弥补对孩子教育关爱的缺失,也能让孩子在课余时间有一种监管上的托付。事实上,与城市家长相比,农村家长有着更为强烈的"望子成龙"心态,这可能与自己因为文化教育的缺失而游离于城市边缘谋求生活的尴尬境遇有关,多数家长渴望自己的子女能够拥有和城里孩子一样的受教育机会,甚至在体育特长教育方面也不愿意输在起跑线上,他们渴望在自己的家门口能有像城区一样的艺术、体育培训机会,将来能够在某一领域发挥孩子的才艺,能够体面地面对未来的生活;另一类为中青年"轻体力劳动者"群体。"轻体力劳动者"群体指的是在乡镇政府机关、企事业单位、工商个体实体店、文化娱乐场所等领域,从事管理、教育、服务、经营、手工制作等轻体力劳动的群体。由于该类群体体力劳动支出少、生活负担轻、对新生事物的领悟能力强,有相对强烈的健康生活方式追求和体育健身消费欲望,是乡镇一级引领文化、健身时尚潮流的主力军,应作为重点培育对象。然而,由于当前多数乡镇本身不具备体育健身培训辅导的财力、师资和运作经验,故需要城市相应的主体培训机构援助支持,在利润上进行合作共赢,能够较好地打开乡镇体育健身消费市场,促进农村居民体育健身消费。

第五章　G 镇体育组织变迁对未来我国乡镇体育组织发展的启示与建议

（三）"品牌引领"发展乡镇体育用品业

20 世纪 80 年代中期，乡镇企业异军突起，开启了中国农村工业化道路的历史新篇章。20 世纪 90 年代以来，随着社会主义市场经济体制的建立，我国开始了体育社会化、体育产业化的改革尝试。进入新千年，小康社会建设进程加快了城乡居民体育消费的需求，体育产业成为国民经济新的增长点。当前，体育用品业作为我国体育产业结构的重要组成部分，不仅在城市得到了较快的发展，而且已将触角深入农村乡镇。根据席玉宝等的研究发现，我国体育用品产业呈现出集群化发展的趋势：从生产布局的专业化来看，主要集中在沿海发达地区的县（市）、镇（乡）、村落[1]；从企业密集程度来看，主要分布在福建省、浙江省、江苏省、河北省、上海市和天津市；从产品类别来看，主要有运动鞋、运动服、体育器材和三大球。目前，已初步形成了一大批体育用品生产的专业村和专业镇（表 5-1）。的确，镇（乡）、村落为布局的体育用品业加速了乡镇营利性体育组织的发展，但是目前我国乡镇体育用品企业缺乏自主品牌，主要以"辅助"生产为主，比如贴牌生产的阿迪达斯（ADIDAS）、耐克（NIKE）、卡帕（KAPPA）牌运动服，包括 TNF、COLUMBIA、BLACKYAK、GREGORY 等国外知名户外用品等企业比比皆是，由于"辅助"生产的利润空间有限，严重制约了乡镇体育企业的发展速度和规模。

产品品牌对于产业集群的发展具有加速和提升的作用，从全国来看，内生型体育用品制造业产业集群因缺乏良好的品牌发展战略，体育用品企业缺乏自主创新的动机和能力，而导致品牌建设滞后，严重影响体育用品市场的核心竞争力。[2] 目前，我国部分乡镇体育用品制造业产业集群已经从产品品牌、企业品牌发展成为集群品牌和地区品牌，笔者调查的 G 镇羽毛球生产企业，运行初期主要以"辅助"生产国际高端体育产品为主，主要为尤利克斯（YONEX）、维克多（VICTOR）、RSL 牌羽毛球，经营过程中受到原材料价格增加、人民币升值、出口压力递增等因素的影响，赢利空间严重受限。2007 年以后，公司着力打造自主品牌，

---

[1] 杨明，郭良奎.我国体育用品产业集群发展及政府政策研究[J].体育与科学，2007, 28（3）：27-31.
[2] 阮伟，钟秉枢.中国体育产业发展报告[M].北京：社会科学文献出版社，2014：092-113.

自主创立并注册了"AAK""JB""QS"等羽毛球品牌,并通过赞助省内外高水平羽毛球赛事、通过体育明星代言、通过CCTV黄金时段广告宣传等方式推介自己的品牌产品,取得了较好的发展空间,有效地推动了乡镇体育企业的发展。目前,该公司已和合肥工业大学签订协议,研发一套自动化生产设备,以进一步提升公司品牌产品的市场竞争力。这种走"品牌引领"战略的体育企业发展模式值得我国类似乡镇体育用品业参考借鉴。

表5-1 2012年我国体育用品主要产业集群地乡镇分布一览表

生产地点	主要产品	企业数	销售收入
福建晋江陈埭镇	运动鞋(运动休闲鞋)	300家	49.80亿元
福建石狮灵秀镇	运动服装(运动服、运动休闲服)	652家	12.61亿元
广东中山沙溪镇	运动服装(运动服、运动休闲服)	639家	53.21亿元
浙江海宁马桥镇	运动服装(经编运动服、运动休闲服)	240家	47.18亿元
浙江富阳上官乡	体育器材(球拍、赛艇、三大球)	321家	约8.00亿元
江苏江都武坚镇	体育器材(球拍、铁件、木件)	140家	约6.00亿元
河北固安县礼让店乡	体育器材(钓鱼用具)	160家	约3.00亿元
江苏太仓陆渡镇	体育器材(小轮车、山地自行车)	50家	约8.00亿元
江苏泰州野徐镇	体育器材(球网、球、垫子、铁件等)	150家	约2.00亿元

资料来源:中国服装协会网站http://www.cnga.org.cn/jijudi/view.asp.

(四)"一村一品"发展乡镇体育旅游业

"一村一品"是指在一定区域范围内,以村为基本单位,按照市场需求,充分发挥本地资源优势,通过大力推进规模化、标准化、品牌化和市场化建设,使一个村(或几个村)拥有一个(或几个)市场潜力大、区域特色明显、附加值高的主导产品和产业。2007年中共中央、国务院《关于积极发展现代农业 扎实推进社会主义新农村建设的若干意见》(中发[2007]1号)提出:"加快发展一村一品,促进强村富民,推进社会主义新农村建设。"随后,农业部又出台了《关于加快发展农村一村一品的指导意见》,进一步明确了发展"一村一品"对于发展现代农业、增强农业竞争力、培养新型农民、建设新农村、构建和谐社会的重要意义。尤其在"互联网+"新常态下,因地制宜发展农村养殖业、林果业、园艺业、旅游业等优势主导产业已成为各级各地政府新农村建设的重要抓手。

第五章　G镇体育组织变迁对未来我国乡镇体育组织发展的启示与建议

当前,我国已进入全面建成小康社会的决胜阶段,新型城镇化建设已进入加速阶段,面对互联网时代带来的白领人群的"静坐少动"、工业化发展带来的城市环境污染、快节奏封闭式的工作环境带来的心理压力,以及城市现代化发展带来的"文明病"和"亚健康"效应,基于生态和经济效益为载体的"体育旅游休闲健身场所"在乡村和城市郊区极为盛行。特别是以集休闲旅游、体育健身于一体的"农家乐""休闲山庄""旅游度假区""疗养院""村寨氧吧""旅游景区""乡村拓展训练营"等诸如此类的经营性实体,成为带动乡村体育旅游产业发展的重要载体。以登山、垂钓、漂流、踏青、野营、骑行、游泳、攀岩、温泉、风筝、自行车、滑雪、骑马、渔猎、狩猎、野外生存、拓展运动以及与农耕文化、民俗文化元素相结合的体育活动项目,越来越受到不同类型消费人群的青睐。因此打造"政府政策扶持""民间和社会力量兴办"的乡镇体育旅游业,应该是未来发展生态链和产业链相结合的"一村一品"理念的有效选择。

另外,从全国范围来看,近年来山地户外、冰雪运动、水上运动也呈井喷式发展,涌现一批健身休闲产业,"体育+休闲小镇"已成热门趋势。2016年浙江省政府已明确将"建设环杭州湾、环舟山群岛、环太湖和环浙南等运动休闲健身带,力争培育3~5个以体育旅游产业为主要载体的特色小镇"纳入《关于加快发展体育产业促进体育消费的若干意见》方案之中。2017年8月国家体育总局公布了全国首批96个体育特色小镇试点名单,掀起了体育特色小镇建设的历史新篇章。可以预见,不久的将来,徒步、滑雪、潜水、滑翔、运动自行车、马拉松(全程、半程、迷你型等)等新型运动项目将注入小镇,成为体育特色小镇建设的首要选择,体育特色小镇将成为我国体育产业发展和实施乡村体育振兴战略的新动力,"体育+旅游"的消费趋势将会湮灭"专业式"体育和"观光式"旅游,而"平民式"体育和"体验式"旅游将逐渐成为主流。

(五)积极扶植引导乡镇营利性体育组织发展

随着农村改革开放和市场经济的发展,原来的经济、政治、群社组织在利益的驱动下,功能日益分化、专门化,开始与行政组织进行结构性关系重组,生长于民间和市场的组织越来越多,越来越具有影响力[1]。乡

---

[1] 朱新山.乡村社会结构变动与组织重构[M].上海:上海大学出版社,2004:115.

镇体育健身俱乐部(培训班)、乡镇体育用品企业、乡镇体育产业联合会等营利性体育组织,作为一种重要的经济力量越来越被乡镇社会认可,成为推动乡镇社会结构变迁和产业结构重组的重要力量。然而,由于乡镇社会的发展基础与城市相比还有较大的差距,乡镇营利性体育组织建设尚处于初始阶段,相关市场化运作的体制机制还不健全,尤其对农村体育消费市场的供需状况缺乏科学、有效的调研与分析,不同程度地存在占位、错位、缺位发展的现象,这些问题的出现均需要政府与相关社会主体积极扶植、引导营利性体育组织的发展。一方面从扶植的角度来看:首先,要制定相应的扶持政策,对微利体育企业、体育健身俱乐部(培训班)减少企业所得税,同时可按税法有关规定,享受企业所得税有关优惠政策。其次,要尽快出台有关农村体育产业无形资产开发与保护方面的政策,鼓励和支持乡镇营利性体育组织依法开发无形资产,保护知识产权,明确相关主体在市场开发中的责任、权利和义务,保护无形资产所有者的合法权益。第三,完善监督管理机制,规范乡镇体育产业市场的主客体行为,促进体育市场规范化发展。尤其要加强对健身行业的安全监管,依法确定公开、透明、安全、规范的市场准入和开放条件,明确供给主体和监督主体的责任,确保体育健身消费的形式和内容、质量和水平符合农村经济社会发展实际。另一方面从引导的角度来看:第一,要引导乡镇体育产业的生产者和经营者,用好用足政府对体育发展的扶持政策,争取资金支持和政策扶持;利用宽松的市场环境,诚信经营,为农民提供好的体育产品和体育服务;要努力打造品牌,提高核心竞争力;要做好市场调研,合理定位经营范围。第二,引导乡镇居民转变消费观念,要从增进健康、提高生活质量、维护社会和谐稳定、增进居民间团结友爱的角度来提高体育消费意识,把体育作为健康生活的方式,切实提高农民的体质健康水平和幸福指数。

第六章 结论与展望

第一节 结 论

乡镇体育作为一种社会文化形态与时代的发展和社会的进步紧密相连。当前,在国家高度关注"三农问题""乡村振兴""全民健身"和"健康中国"的背景下,乡镇体育将会迎来前所未有的发展契机。然而,与城市体育相比,由于农村社会条件和农民文化素养的制约,乡镇体育组织建设和管理缺陷严重影响了农村体育事业的发展。鉴于此,探讨改革开放以来乡镇体育组织变迁问题,将有利于了解不同时期乡镇体育组织建设状况与特征,揭示乡镇体育组织发生、发展与演变的规律和机制,对未来我国乡镇体育组织的培育与发展,以及农村社会文化的探究具有重要的理论与实践参考意义。本书通过对改革开放以来 G 镇体育组织演变历程的考察与分析,得出如下结论:

第一,改革开放以来,伴随着我国政治、经济体制转轨和社会结构转型,乡镇社会结构发生了深刻的变迁,这些变化一方面加速了乡镇居民对体育利益的多元需求,另一方面为乡镇体育组织的产生和演变奠定了逻辑基础。G 镇作为中国农村数以万计乡镇的一个缩影,既有其特殊的地理、历史和人文背景,也有中国乡村社会转型过程中形成的共有文化特质,也无一例外地经历了改革开放初期(1978—1991)、市场经济转型时期(1992—2001)、小康社会建设时期(2002—今)三个具有明显阶段特征的体育组织变迁过程。

第二,改革开放初期(1978—1991),G 镇政府性体育组织的产生发展与我国新时期政治体制改革和乡镇社会结构变迁关系密切,民间性体育组织的形成与体制转轨后农民对体育文化多元需求的变化有较大关联,特别是家庭联产承包责任制的实施和社会主义商品经济体制的建立,促进了农村民间体育组织的形成与发展。该时期政府性体育组织的依托主体——G镇文化站,在"双重管理"体制的压力下,具有较强的"计划性"和"指令性"色彩,与其他文化性事业相比,体育事业位居文化站工作的次要地位,乡镇政府对群众性体育活动的开展属于消极支持状态。民间性体育组织的活动内容以地方性、民俗性、传统性体育项目为主,受计划经济时期"集体化""政治化"叙事的传统惯性影响,民间性体育活动表现出"他组织"占优势,"自组织"占劣势的特征。

第三,市场经济转型时期(1992—2001),传统计划经济时代所形成的特定社会利益关系格局逐渐解体,以市场来调节社会资源配置的市场经济模式逐渐建立,国家与社会关系正在从"大政府,小社会"向"小政府,大社会"过渡,民间和社会体育组织的力量不断壮大。但由于乡镇社会结构转型具有一定的滞后性和复杂性,因此在改革初期,乡镇政府性体育组织和民间性体育组织尚处于摸索发展阶段。该时期由于地方政府的行政性管理体制和机制还未捋顺,G镇文化站与上级文化体育管理部门职责权限界线不明,形成了"多头管理"和"无人管理"的不正常关系格局。同时,随着市场经济体制在农村的深入推行,G镇民间体育组织呈现出非均衡发展态势,其中原来由政府主导的传统民间体育组织处于萧条发展的窘境,而自主松散型的民间体育组织却呈现出多样化的发展势头。

第四,小康社会建设时期(2002年以来),随着经济体制改革和政府职能的进一步转变,乡镇体育社会组织发展的空间进一步拓展,体育组织结构也发生了一系列新的变化,在纵向层次、横向种类上具有较大的突破,市场和社会的活力进一步激发。与此同时,随着全民健身计划和农村体育发展相关政策的推进和落实,加之乡镇居民经济收入水平的增长、农村城镇化建设水平的提高,为乡镇民间性体育组织和市场化体育组织的建设和发展创设了主客观条件,开启了以休闲娱乐、锻炼身体、丰富文化生活为价值取向的乡镇体育组织发展的新篇章。对G镇而言,政府性体育组织职能以及与上级主管部门的管理层级关系更加明确;民间出现了多种草根的、非正式的体育组织形态,体育活动的"自组织"优势明显,"他组织"成分缩减,民营企业和社会赞助成为体育活动的主要经费来源,政治精英、社会精英和文化精英在民间性体育组织运行中发挥了重要作用;营利性体育组织作为乡镇体育组织的一种新形态,其市场化运营模式初露端倪。

第五,纵观历史,改革开放以来 G 镇体育组织发生了深刻变迁,历经观念与组织的变迁历程。观念变迁体现在:政府主体观念"从管理到服务"、社会主体观念"从手段到目的"、市场主体观念"从排斥到认同"的观念演进。体育组织变迁的特征是:政府性体育组织管理机构"从分散性依附到专门性依附"、体育场地设施"从依托性建设到专门性建设"、体育活动经费"从政府单一供给到社会多元赞助"、体育活动管理方式"从被动管理到主动管理";民间性体育组织数量和规模"从简单形态到复杂形态转变"、体育组织参与主体"从中坚力量的流失到健身带头人的涌现"、体育组织活动内容"从传统项目向现代项目转变"、体育组织活动时空"从有序向无序转变"、体育组织指导方式"从低技术载体向高技术载体转变"、体育组织管理形式"从被组织向自组织转变"。G 镇体育组织呈现的变迁规律是,乡镇体育组织变迁与农村经济社会发展水平相适应、乡镇体育组织发展与群众体育利益需求非衡性演进、乡镇体育组织间的关系随国家与社会关系的转变而变化。影响 G 镇体育组织变迁的因素有政治体制、经济条件、文化氛围、科技发展、管理方式和组织自身建设六个方面。其中,政治体制影响体育组织发展的性质和方向,经济条件影响体育组织发展的速度和规模,文化氛围影响体育组织发展的观念和行为,科技发展影响体育组织发展的深度和广度,管理方式影响体育组织发展的水平和效果,组织自身建设因素影响体育组织发展的形式和内容。

第六,G 镇体育组织变迁对我国未来乡镇体育组织发展的启示是:应坚持"传统与现代融合","国家与社会互构"以及"走向善治"的发展理念。为此,对我国乡镇体育组织发展提出以下建议:明确政府在乡镇体育社会组织发展中的主导作用,加大乡镇体育组织发展的政策扶持和执行力度、重视乡镇体育组织管理机构和人才队伍建设、整合乡镇文化体育资源、创新乡镇体育工作的形式和内容;明确乡镇社会性体育组织在乡镇体育组织建设中的主体地位,建立乡镇草根体育组织的登记备案管理制度、加强乡镇体育社会组织内部治理能力建设,创新发展乡镇社会性体育组织;重视乡镇营利性体育组织建设,"以城援乡"发展乡镇体育健身业,"品牌引领"发展乡镇体育用品业,"一村一品"发展乡镇体育旅游业,积极扶植引导乡镇营利性体育组织发展。

第七,通过对改革开放以来 G 镇体育组织流变过程的分析,进一步印证了乡镇体育组织的产生、形成、发展、演变是国家与社会关系转变下的趋势使然,未来乡镇体育组织将朝着利益主体多元化,关系格局复杂化的方向发展,并且乡镇体育组织在农村社会多元治理体系中将占据重要地位的研究预设。同时,政府在农村体育事业中的主导地位将会越来越凸显,民间和市场的力量,必将在体育组织建设与发展中发挥积极而重要的作用,尤其在当下国家提倡的"健康中国战略"背景下,乡镇体育组织建设在促进农村居民体育参与、引导农民进行合理的体育消费、推动农村全民健身活动的开展、促进农民健康生活方式转型中任重道远。

第二节 展 望

加强乡镇体育组织建设,充分发挥乡镇体育组织在农村社会治理、全民健身服务等方面的独特优势,既是现代社会构建多中心治理体系的必然要求,也是实现乡村体育振兴战略的题中应有之意。本书通过对改革开放以来 G 镇体育组织变迁的理论分析和实证研究,梳理了乡镇体育组织演变的历史脉络,揭示了乡镇体育组织变迁的特征、规律、影响因素,以及变迁背后的观念指向,提出了未来乡镇体育组织发展的基本理念和路径选择,虽能为未来我国乡镇体育组织发展起到一定的促进作用,但限于乡镇社会的复杂性和调查个案的局限性,研究内容还存在着一些不足之处,因此在今后的研究中,还可以从以下几个方面来进一步完善乡镇体育组织研究,提高乡镇体育组织的运行效率,提升乡镇体育组织的发展理论。

第一,"乡镇体育组织"是简单的,也是复杂的。作为乡镇体育活动的载体和农村文化的碎片,既可以在无序状态下实现"自然变迁",也可以在有序状态下实现"文化变迁"。那么如何在未来我国社会制度不断演变的背景下,实现乡镇体育组织的"有序变迁"?如何发挥乡镇体育组织的最大效益?这都是需要在今后的研究中深入开展下去的地方。

第二,本研究重在通过"个案"深刻揭示乡镇体育组织演变的典型逻辑,难以对我国不同类型乡镇体育组织发展提出具有普适性的思路,尤其对发达国家大众体育组织发展的经验教训缺乏总结,也需要在今后的研究中进一步丰富文献资料,拓展研究视域。

附　录

附录1 访谈提纲

政府领导访谈提纲

1. 目前G镇在行政区域划分、人口结构与分布（姓氏与家族）、生活水平、收入来源、生产方式、生活方式、资源禀赋、厂矿企业、交通方式、教育机构等方面的情况如何？与周边乡镇的主要区别和联系是什么？

2. 改革开放以来G镇经济社会取得了快速的发展，请简要介绍一下G镇镇近年来在发展中所取得的主要成绩和特色做法？如要以时间来划分改革开放以来G镇不同的发展阶段，你认为怎么划分最合理，依据是什么？主要变化或事件是什么？

3. 农村各项事业的发展与国家相关政策变化以及政府对政策的执行力息息相关。如果从政策制定层面来说，您认为改革开放以来国家出台的哪些政策对G镇经济社会的发展影响最大？分别产生了什么影响？发生了怎样的变化？为什么？

（比如：家庭联产承包责任制、计划生育政策、市场经济体制改革、取消农业税、户籍制度、九年义务教育、医疗保险制度改革、乡镇企业、私营企业、农产品价格、外出务工、文化体育下乡等惠农政策。）

4. 近年来，G镇党委政府对文化体育工作十分重视，文化体育事业发展迅速，在全省乃至全国都产生了广泛而深远的影响，2011年10月G镇文体广场被国家体育总局授予"国家级乡镇全民健身示范广场"，同年12月被省体育局评选为全省全民健身活动先进单位；G镇农民篮球队在六安市"小康杯"篮球比赛中蝉联三届冠军；2011年又成功申办了安徽省第三届农民篮球大赛，开启了省级体育比赛在乡镇举办的先河;2014年成功举办了"美好乡村杯"篮球比赛,2015年作为"裕安区第二届美好乡村杯农民篮球赛"承办方之一,等等。不仅丰富了乡镇村民的文化娱乐生活,而且打造这一极具特色的"G镇名片",这些成功的举措和荣誉的获得,与乡镇政府领导对体育工作的重视和对全镇居民体育文化需求的关心是分不开的,请问G镇党委政府为什么这样重视体育工作?是否产生了积极的作用和影响?主要表现在哪些方面?从乡镇政府主要领导的角度,您是怎么看待这些成绩的?具体有哪些举措?在管理决策上政府的动力和压力是什么?

5. 目前G镇镇党委政府在村镇两级政府文化体育管理机构设置情况如何?是否有专职管理人员?工作职责与待遇如何?近几年乡镇有组织的文体活动开展情况如何?您觉得目前G镇在体育资源配备上能否满足居民的体育健身需求?为什么?近年来,G镇体育场地设施建设、体育活动开展所需的经费来源有哪些?有没有赞助单位?如果有,他们赞助的力度怎样?动机是什么?您认为G镇体育工作的特色和亮点是什么?难点是什么?未来几年G镇体育工作有何规划和打算?

(如:乡镇体育工作是否纳入政府工作计划,体育工作投入占乡镇财政预算的比例大约有多少?本年度有没有经费预算?目前贯彻落实农村体育工作的相关政策标准现状如何?如场地设施建设、组织建设和活动开展,经费投入方面)

6. 近年来随着城乡居民生活水平的提高,广大人民群众在物质需求相对满足的情况下,对包括体育在内的精神文化需求反而越来越高,国家也相继出台了"全民健身计划条例""农民体育健身工程""雪炭工程""万千百体育行动计划"等相关惠农体育政策。去年(2014年)国务院46号文将"加快发展体育产业促进体育消费"纳入国家发展战略,旨在进一步优化产业结构,促进居民体育消费,G镇作为"羽绒之都""篮球之乡",在发展农村体育产业和体育事业过程中有较好的优势可以发挥,基于这一点,G镇是否有相应的想法与措施?

7. 时任国家体育总局张发强局长曾说过群众体育工作主要要抓好三边工程,即"身边的场地、身边的活动、身边的组织",有组织的体育活动对促进乡镇居民体育参与意义较大,特别是对农村的"空巢老人、留守妇女、青少年儿童"等特殊人群的身体与精神健康有积极意义,目前G镇群众体育组织建设情况如何(正式的、非正式的)?如果有,具体是哪些组织?如果没有,原因是什么?您对目前出现的一些松散的、自发性的民间体育社团组织持怎样的态度？（自由发展,还是规范化、行政主导式发展？登记制还是备案制）您对目前街头巷尾居民自发性的体育健身现象怎么看待？您认为主要是哪些原因导致这一现象发生的？

8.篮球,是G镇传统体育项目,作为非正式的群众体育组织形式之一的G镇篮球队,有着良好的发展历史,是六安市农村群众体育组织的典范。请问G镇篮球队得以发展的基础是什么？从镇政府层面来看,有哪些具体的扶持政策和培育举措？今后有何设想？

文体工作负责人访谈提纲

1.G镇公共体育场地设施具体有哪些？出资单位有哪些？占地面积大约有多少？安放空间布局、周边环境有何特点？当时是怎么管理的？为什么这样管理？能否满足群众的健身需求？健身人群是否有因为争健身场地而发生的体育纠纷？这种情况是否需要政府介入,是如何协调处理的？您认为镇党委政府对体育工作的重视程度如何？原因是什么？

2.据您所知,G镇街道范围内平均每天健身人数有多少？健身地点分布情况如何？节假日与普通日是否有区别？是否也呈现出季节性变化特点？其年龄、性别、职业有何特征？主要健身项目有哪些？与前几年相比健身人数是增加还是减少？您认为是什么原因导致这种现象（主观与客观方面）？未来可能会有怎样的发展趋势？需要政府做哪些相应的应对措施？

3.G镇篮球队是自发性群众体育组织的主要代表形式之一,最早成立时间大约是哪一年？发起人是谁？是什么力量促使篮球队发展到今天的？篮球队目前有多少个队(包括村级、单位)？与早期相比现在的篮球队及开展的活动有什么变化？如有变化,原因是什么？本镇现在还有哪些民间体育社团和协会？其活动具体开展情况如何？G镇目前最流行的健身项目是什么？

4.据您所知改革开放以来G镇包括辖区自然村落里面最早的民间群众体育组织还有哪些(比如马戏团,民兵组织,舞龙舞狮队,地方性传统体育项目组织,大队与公社体育组织)？它们大约是什么时间产生的？发起人是谁？现在兴衰情况如何？为什么是这样？

5.本镇是否有专门用于群众体育事业的经费？该镇的社会体育指导员的数量、级别、职业性质、指导年限如何？是否真正起到指导和推动群众健身的作用？

6．您认为镇里的自发性群众体育组织应与政府行政部门保持什么样的关系（被指导、登记注册、监督、控制）？您认为政府行政部门有没有必要对各个自发性群众体育组织进行行政管理？理由是什么？您认为当前镇里的自发性群众体育组织发展的最大问题是什么？当务之急需要解决什么问题？

7．您认为乡镇自发性群众体育组织的建立能否促进群众的体育参与度？有没有承担体育政府部门转移职能的责任？有组织有影响的体育活动是否影响乡镇居民全民健身活动的热情和G镇对外宣传与交流（比如第三届农民体育大赛,美好乡村篮球赛的举办）？为什么？具体的表现形式在哪里？

8．近年来,乡镇群众体育活动的开展是否有赞助单位？具体有哪些（乡镇企业、私营老板、生意人）？请列举几个具体事例？与以往相比是否出现了变化？如果有,您认为是什么原因导致这种变化？您认为赞助商对乡镇体育活动开展的意义和作用有哪些？您认为因各方面发展不完善的自发性群众体育组织是否会对政府和社会造成一定的负面效应（威胁）（广场舞噪音扰民,扰乱公共秩序,暴力事件）？为什么？

9．全民健身计划实施以来,本镇贯彻落实全民健身惠农政策情况如何？是否针对国家出台的相关群众体育政策,对当地的自发性群众体育组织的发展采取相应的措施,目前实施的效果如何？您对培育与发展农村乡镇体育组织有何意见和建议？

10、请您介绍一下您在乡镇体育具体分管工作中的主要经验与体会,以及下一步的工作设想？

体育组织负责人/精英访谈提纲

1．本体育组织名称？成立时间？组织参加成员有何特点？从成立之初到现在组织成员在数量和结构（年龄、性别、职业等）上是否发生了变化？发生了怎样的变化？为什么会发生这样的变化？目前该组织管理结构是怎样划分的？在活动地点、时间、项目、设备、纪律等方面有何要求？经费来源与花费情况怎样？

2．该组织是自发性的还是行政主导性的？是长久性的还是临时性的？原因是什么？有没有规范化的章程和规定？有没有在有关部门登记注册？难点在哪里？

3. 目前该组织活动开展频率怎样？效果如何？对个人、组织和社会是否产生了积极或消极的影响？主要表现在哪些方面？该组织运行能否得到政府、社会、企业、个体等方面的支持？如果有支持，他们怎么支持的？支持或不支持的主要原因是什么？

4. 为什么要组建这样的群众体育组织？成立的背景是什么？你认为有哪些积极或消极的作用？与10年、20年、30年前相比，群众体育组织的成立有没有区别？表现在哪些方面？为什么？

5. 政府、社会和群众对该组织持怎样的态度？支持还是反对，观望还是参与？为什么？您认为有组织的体育活动是否有利于促进全民健身？

6. 该组织的主要管理方式？主要的特色？您认为群众体育组织的运行与负责人的性格、态度、品质、沟通协调能力和管理方式是否有关系？请举例说明？您是如何调动组织成员的积极性的？成员间是否出现过消极抵触情绪？您是怎么处理与协调这些不利于组织发展的现象的？

7. G镇其他地方是否还有类似体育组织？如果有，分别是哪些？在管理和运行模式上有哪些相同和不同之处？您是如何协调同类组织和不同类组织之间的关系的？

8. 您负责组建该组织的动力是什么？是否有体育技术指导员或教练？指导情况如何？您是否亲自参与活动和指导？

9. 组织成立与运行会面临哪些困难和压力？您是怎么克服的？可否举出具体的事例？您认为该体育组织的生存和发展还需要得到哪些方面的理解、帮助和支持？怎样支持会更有利于组织的发展？

10. 您对该组织未来的发展期望是什么？当前需要解决的主要问题是什么？还有哪些想法和举措？

体育组织成员访谈提纲

1. 您是什么时间加入该组织的？您是主动加入还是被动加入的？与之前（没有加入体育组织）相比现在参加该组织，您最大的变化和动力来自哪里？

2. 您为什么选择参加该组织，而没有参加其他组织？您觉得该体育组织最吸引您的地方是什么？您觉得自己加入该组织能获得哪些益处？您认为自己加入该组织的优势或不足有哪些？（技能优势、居住条

附　录

件、伙伴关系等）

　　3. 您和组织成员之间熟悉程度如何？您认为是什么让你们走进一个团队的（兴趣、爱好、共有价值观)？你们之间最大的共同之处和不同之处是什么？你认为在组织活动过程中相互之间是否需要沟通与配合？为什么？你们是如何进行沟通与配合的？请举例。

　　4. 您觉得该体育组织在管理上（招募方式、活动形式、激励措施）最成功和最有特色的地方是什么？请举出实例？还有哪些不足和需要改进之处？您认为该组织在运行中产生的社会效应如何？

　　5. 您的家庭成员、亲朋好友、单位领导、同事对您加入该体育组织持什么态度？支持还是反对？他们支持或反对的具体方式是什么？你认为原因是什么？

　　6. 每个人都有自己的交际圈或社会关系网络，一个人的兴趣和爱好有时候受到社会关系网络群体的影响很大。请分别从家庭、家族、邻里、熟人、亲友、同学、同事、网友等方面介绍一下您的社会关系网络情况。其中哪些方面对您加入该体育组织有影响、有帮助？为什么？影响、帮助最大的是哪种关系网络的人群？

　　7. 您觉得组织在运行中是否需要赞助方的赞助？为什么？据您所知，您的组织在运行中得到过赞助方的赞助吗？怎样获得这种资源的？意义是什么？

　　8. 您认为以下哪些因素影响您参加该组织所开展的活动：时间因素、经济因素、技能因素、距离因素、性格因素、兴趣因素、观念因素、文化程度、身份因素、环境因素？请详细介绍一下影响您的具体表现形式？还有没有其他方面的因素？请举例。

　　9. 您对该组织的管理方式是否满意？在组织形式、场地设施、技术指导、纪律要求、会费收缴、态度、责任心等方面，您还有哪些意见和建议？

　　10. 您对本组织现在所处的自然环境和人文环境满意吗？您觉得还需要做哪些方面的努力和改善，以提高组织成员参与组织活动的积极性和组织运行效率？

附录2：调查问卷

不同阶段G镇居民参与体育活动情况调查问卷

居民朋友：您好！

为了深入了解改革开放以来G镇居民体育健身观念与行为的变化情况，探索未来乡镇全民健身活动开展的有效路径，为政府和有关决策部门在制定乡镇体育发展规划方面提供决策参考，我们制订了此问卷。该问卷在时间上总体上划分为四个阶段，请您根据各阶段的实际情况在以下的"横线上"和"括号内"按要求作答。在此，我们课题组全体成员向您接受调查表示衷心感谢！

一、您的基本情况

1. 您的性别：____；您出生于哪一年：____年
2. 您的住址_____
3. 您的家庭人口数？（请填写不同阶段家庭最大人口数）
1978—1985年是（   ），1986—1991年是（   ）
1992—2001年是（   ），2002年至今是（   ）
4. 您的职业属于下列哪一类？（请选择不同阶段历时最长的职业）
1978—1985年是（   ），1986—1991年是（   ）
1992—2001年是（   ），2002年至今是（   ）
（1）国家与社会管理者（2）经理人员（3）产业工人（4）农业劳动者
（5）个体工商户（6）私营企业主（7）教师、医生等专业技术人员
（8）机关办事人员（9）商业、服务业员工（10）无业、失业、半失业者
5. 您的文化程度？（请选择不同阶段最高文化程度，将序号填在括号内）
1978—1985年是（   ），1986—1991年是（   ）
1992—2001年是（   ），2002年至今是（   ）
（1）未上过学（2）小学（3）初中（4）高中

（5）中专（6）大专（7）本科及以上

6.您个人每月平均经济收入大约有多少？（含劳动所得等所有收入）（请选择不同阶段个人最高收入范围,将序号填在括号内）

1978—1985年是（　　），1986—1991年是（　　）

1992—2001年是（　　），2002年至今是（　　）

（1）没有收入（2）50元以下（3）50～100元（4）100～200元（5）200～300元（6）300～500元（7）500～800元（8）800～1000元（9）1000～1500元（10）1500～2000元（11）2000～3000元（12）3000～4000元（13）4000元以上

7.您平均每天(按白天算)的闲余时间有多少？（除去必要的休息、饮食时间）

1978—1985年是（　　），1986—1991年是（　　）

1992—2001年是（　　），2002年至今是（　　）

（1）1小时以内（2）1～2小时（3）2～3小时（4）3～4小时
（5）4～6小时（6）6～8小时（7）8小时以上

8.您是如何安排闲余时间的？（可以多选,请将序号填在括号内）

1978—1985年是（　　），1986—1991年是（　　）

1992—2001年是（　　），2002年至今是（　　）

（1）家务劳动（2）读书看报（3）辅导子女学习（4）社会交往
（5）体育锻炼（6）打牌（7）打麻将（8）下棋（9）钓鱼
（10）串门、闲逛（10）听广播、收音机（12）看电视
（13）上网、玩手机（14）参加其他社会活动（请填写）_____

9.您的家庭经济收入的主要来源是什么？（可以多选）

1978—1985年是（　　），1986—1991年是（　　）

1992—2001年是（　　），2002年至今是（　　）

（1）农业生产收入（2）做生意收入（3）外出务工收入
（4）当地临时工收入（5）上班工资收入（6）其他（请填写）_____

二、您对体育活动的认知情况

10.您对国家颁布的《体育法》和《全民健身计划纲要》了解情况如何？

(请在选择的序号上打"√")

(1)不了解(2)了解一点(3)非常了解

11.您认为参加体育活动是否有必要？（请在选择的序号上打"√"）

(1)是(2)否

12.您是如何看待体育活动的？（可以多选）

1978—1985年是(　　)，1986—1991年是(　　)

1992—2001年是(　　)，2002年至今是(　　)

(1)生产劳动就是一种体育活动,没有必要专门花时间锻炼身体(2)体育活动耽误工作或劳动时间(3)体育活动是时尚行为,在农村不流行(4)体育活动能够提高工作或劳动效率(5)体育活动能够缓解压力,给人带来快乐(6)体育活动能够预防与康复疾病、使人延年益寿(7)体育活动能够增进健康、增强体质,提高生活质量(8)其他(请填写)_____

13.如果您没有参加体育活动,其主要原因是什么？（可以多选）

1978—1985年是(　　)，1986—1991年是(　　)

1992—2001年是(　　)，2002年至今是(　　)

(1)农活或工作忙,没有时间参加体育活动(2)经济条件不允许(3)自己身体好,没有必要参加体育活动(4)没有人指导,自己又不会(5)没有团队氛围,怕人笑话(6)自己对体育活动不感兴趣(7)周边体育设施配套不完备,不具备参加体育活动的条件(8)家人不支持、政府不重视(9)其他原因(请填写)_____

14.如果您参加了体育活动,其主要原因是什么？（可以多选）

1978—1985年是(　　)，1986—1991年是(　　)

1992—2001年是(　　)，2002年至今是(　　)

(1)个人兴趣爱好(2)政府或单位的要求(3)锻炼身体、增进健康的需要(4)生活负担轻,有闲余时间(5)家庭收入增加,经济条件允许(6)大众传媒及周围健身人群的影响(7)周边锻炼环境的改善(8)其他(请填写)_____

附 录

三、您参与个体性体育活动情况

15.您是否参加过个体性的体育活动？（请将选择的序号填在括号内）

1978—1985年是(   ),1986—1991年是(   )

1992—2001年是(   ),2002年至今是(   )

（1）是（2）否

如果您从来没有参加过个体性的体育活动,以下内容可以不作答。

16.您参加的个体性的体育活动项目有哪些？（可以多选）

1978—1985年是(   ),1986—1991年是(   )

1992—2001年是(   ),2002年至今是(   )

（1）散步（2）慢跑（3）武术（4）气功（5）太极拳（6）游泳（10）自行车（7）溜冰（8）球类（9）钓鱼（11）跳绳（12）放风筝（13）其他传统体育项目（如踩高跷、滚铁环、抽陀螺、摔泥泡、跳方格、弹弓、踢毽子等）（14）其他（请填写）_____

17.您参加的个体性的体育活动地点是？（可以多选）

1978—1985年是(   ),1986—1991年是(   )

1992—2001年是(   ),2002年至今是(   )

（1）田间地头（2）庄前屋后（3）马路边、树林边（4）丘陵山坡（5）学校操场（6）单位场地（7）自家庭院（8）公共体育场地（9）其他（请填写）_____

四、您参与集体性体育活动情况

18.您是否参加过集体性(2人及以上)的体育活动？

1978—1985年是(   ),1986—1991年是(   )

1992—2001年是(   ),2002年至今是(   )

（1）是（2）否

如果您从来没有参加过集体性的体育活动,以下内容可以不作答。

19.您参加的集体性体育活动组织形式有哪些？（可以多选）

1978—1985年是(   ),1986—1991年是(   )

1992—2001年是(   ),2002年至今是(   )

（1）乡/镇政府组织（2）街道、村/居委会组织（3）单位组织（4）学校组织（5）群众自发组织（6）家庭/族组织（7）邻里组织（8）教会组

织（9）其他（请填写）_____

20. 您参加集体性体育活动的具体项目有哪些？（可以多选）

1978—1985年是（   ），1986—1991年是（   ）

1992—2001年是（   ），2002年至今是（   ）

（1）田径比赛项目（2）篮球（3）羽毛球（4）乒乓球（5）足球（6）台球（7）广播体操（8）广场舞（9）交谊舞（10）麻将纸牌（11）棋类（12）拔河（13）摔跤（14）掰手腕（15）工间操（16）舞龙舞狮（17）溜冰（18）游泳（19）其他民俗体育项目（如扭扁担、抵杠子、捉迷藏、斗鸡、荡秋千、丢手绢、踢毽子、抓石子、跳方格等）（20）其他（请填写）_____

21. 您参加的自发性体育活动是由谁来组织发起的？（可以多选）

1978—1985年是（   ），1986—1991年是（   ）

1992—2001年是（   ），2002年至今是（   ）

（1）领导干部（2）文化站负责人（3）体育教师（4）文体活动爱好者（5）乡镇精英人物（6）其他（请填写）_____

22. 您参加集体性体育活动的地点是？（可以多选）

1978—1985年是（   ），1986—1991年是（   ）

1992—2001年是（   ），2002年至今是（   ）

（1）文化乐园、健身广场（2）学校、单位体育场所（3）街道、居委会公共体育场所（4）收费的私人体育场所（5）住宅区空地（6）田间、地头（7）自家庭院（8）公路、街道（9）树林边、草地上（10）其他（请填写）_____

23. 您在不同阶段参与体育活动所面临的最大难题或主要困难是什么？

_____

_____

24. 您对G镇组织开展群众性体育活动有何意见和建议？

_____

_____

请再次检查一下是否有遗漏或错误之处。祝您身体健康！生活愉快！

附 录

附录3 被访者名录

被访者基本信息统计一览表

序号	类别	姓名	性别	年龄	工作单位或居住地	身份	访谈日期	访谈地点	访谈字节数KB
1	G镇政府管理人员	GJ	男	53	区宣传部	原镇党委书记	2015-09-12	部长办公室	8975
2		ZWC	男	42	G镇政府	现镇党委书记	2015-09-08	书记办公室	9070
3		DQ	男	49	G镇政府	镇长	2016-07-13	镇长办公室	6554
4		WRG	男	45	G镇政府	副镇长	2015-09-08	镇长办公室	10232
5		WYQ	男	47	G镇政府	镇文化站站长	2015-12-14	站长办公室	23865
6		WYQ	男	48	G镇政府	镇文化站站长	2016-07-17	站长办公室	50583
7		WYQ	男	48	G镇政府	镇文化站站长	2016-06-24	站长办公室	67450
8		WJ	女	25	G镇政府	镇财政所职员	2015-10-18	镇财政所	8769
9		LHJ	男	36	G镇政府	镇党政办主任	2015-10-13	党政办公室	5744
10		LFC	男	53	G镇政府	镇三老办主任	2015-10-26	主任办公室	32400
11		LFC	男	53	G镇政府	镇三老办主任	2015-09-08	主任办公室	1102
12		CJY	男	30	G镇政府	党委政法委员	2015-10-12	政府接待室	4453
13		ZHW	男	34	G镇政府	镇人武部长	2015-07-19	人武办公室	6790
14		FSJ	男	52	镇街道办	镇街道办书记	2015-07-19	街道办公室	26591
15		YQJ	女	26	G镇政府	镇计生办专干	2015-10-15	计生专干室	3888
16	鱼塘村干部	HEY	女	25	G镇政府	鱼塘村委秘书	2015-10-21	村委会	5654
17		HEH	女	47	G镇政府	村计生专干	2015-09-09	鱼塘村委会	20798
18		HEH	女	47	G镇政府	村计生专干	2015-12-18	村委会	22880
19	冯郢村干部	ZWB	男	53	G镇政府	冯郢村村长	2016-07-19	村两委办	7676
20		CML	男	54	G镇政府	冯郢村书记	2015-09-07	村文体广场	5523
21		CML	男	55	G镇政府	冯郢村书记	2016-07-19	村委办公室	5773
22		CML	男	55	G镇政府	冯郢村书记	2016-07-22	村委办公室	8813

续表

序号	类别	姓名	性别	年龄	工作单位或居住地	身份	访谈日期	访谈地点	访谈字节数KB
23	裕安区政府领导	ZK	男	55	区体育局	区体育局局长	2015-10-21	局长办公室	5916
24		JHG	男	52	区体育局	区群体科科长	2015-10-19	科长办公室	7900
25		ZYW	女	41	区文化局	区文化局局长	2015-10-21	局长办公室	1109
26		XLL	男	43	区民管局	区民管局科长	2015-10-21	科长办公室	10466
27		LYJ	男	50	区地方志	办公室主任	2015-10-17	主任办公室	20213
28	普通群众	WQZ	男	77	G镇街道	原个体户退休	2015-12-16	老人家中	37601
29		XDJ	男	78	G镇街道	原个体户退休	2015-12-17	老人家门口	3772
30		WQC	男	70	G镇街道	原木业社员工	2015-12-25	老人家中	15903
31		WCL	男	78	G镇街道	原镇商会会长	2015-12-25	老人家门口	22553
32		YRG	男	64	G镇街道	原文化站站长	2015-12-25	镇司法所	18076
33		YRG	男	65	G镇街道	现司法所所长	2016-07-13	镇司法所	38116
34		YRG	男	65	G镇街道	现司法所所长	2016-07-14	镇司法所	10603
35		WKB	男	78	G镇街道	原镇党委书记	2015-12-25	老人家中	18135
36		WXH	男	72	G镇街道	原街道书记	2015-12-24	街道门市部	23997
37		XDD	男	69	G镇街道	原街道主任	2015-12-16	老人家中	19871
38		LF	男	74	G镇街道	原木器社主任	2015-12-24	老人家中	27478
39		WFC	男	69	G镇街道	原固小校长	2015-12-23	绒都宾馆	36480
40		CHQ	男	51	G镇街道	个体工商户	2015-12-17	居室客厅	21796
41		WZB	男	72	G镇街道	原镇剧团团长	2015-12-17	垃圾中转站	21403
42		HHX	男	45	G镇中学	固中校长	2015-12-13	校长办公室	9803
43		GKH	男	44	G镇中学	固中体育教师	2016-06-22	绒都宾馆	27100
44		ZJ	女	27	G镇小学	固小体育教师	2016-06-21	小学操场	6857
45		TL	男	25	G镇街道	乡镇企业职员	2015-09-07	职工宿舍	3909
46		WDG	男	53	G镇街道	家电业个体户	2015-12-15	电器门市部	16776
47		LLM	男	50	G镇街道	餐饮业个体户	2015-12-15	老六面馆	5445
48		SDY	男	65	小河沿村	小河沿村民	2016-07-15	村落田野	18011
49		ZCJ	男	54	镇中心校	中心校办主任	2015-09-08	校办公室	6679

附 录

续表

序号	类别	姓名	性别	年龄	工作单位或居住地	身份	访谈日期	访谈地点	访谈字节数KB
50	体育组织负责人与指导者	GL	女	35	G镇街道	健身培训老板	2015-12-26	婚纱影楼	10034
51		JLY	女	28	G镇街道	健身培训教练	2015-12-26	健身房	6300
52		ZP	女	54	G镇街道	广场舞负责人	2015-09-07	体育活动点	1125
53		ZM	女	49	鱼塘村	广场舞负责人	2015-09-07	体育活动点	951
54		CSF	男	38	G镇街道	健身联络人	2015-09-07	体育活动点	12718
55		ZP	女	54	G镇街道	广场舞教练	2015-12-25	悠然茶社	29620
56		XL	女	50	G镇街道	广场舞教练	2015-09-07	体育活动点	775
57		ZCF	男	44	G镇街道	广场舞负责人	2015-09-09	个体超市	7339
58		WYG	女	42	G镇街道	活动点负责人	2015-09-09	体育活动点	1218
59		HEH	女	47	鱼塘村部	广场舞教练	2015-09-09	鱼塘村委会	20798
60		CML	男	55	冯郢村部	冯郢村书记	2016-07-19	冯郢村委会	5523
61		TYB	男	52	G镇街道	乡镇企业经理	2016-07-16	经理办公室	30586
62		FM	男	53	G镇街道	G镇粮站站长	2015-12-23	绒都宾馆	9005
63		FM	男	53	G镇街道	镇篮球队队长	2015-09-07	固中篮球场	6578
64		WZB	男	46	G镇街道	镇环卫站站长	2015-12-17	垃圾中转站	14090
65		XHY	男	63	G镇街道	棋牌室负责人	2015-12-23	绒都宾馆	23210
66	G镇篮球队员	LQP	男	43	G镇小学	固小教师	2015-09-10	固中操场	4543
67		HHX	男	49	G镇中学	固中校长	2015-09-12	固中操场	7856
68		ZRP	男	49	G镇中学	中学教师	2015-09-10	固中操场	987
69		FM	男	53	G镇粮站	镇粮站站长	2015-09-12	固中操场	954
70		CHQ	男	51	G镇街道	原供销社职工	2015-12-17	固中操场	21796
71		SSG	男	54	G镇街道	镇土管所	2015-09-18	固中操场	6758
72		XDH	男	38	G镇街道	街道个体户	2015-09-18	固中操场	453
73		HJH	男	35	G镇街道	镇环保队员工	2015-09-22	固中操场	12433
74		XDD	男	71	G镇街道	街道办主任	2015-09-12	老人病床前	13346
75	G镇乒乓球队员	WWB	男	53	G镇街道	街道居民	2015-09-12	门市部	777
76		FM	男	53	G镇街道	现粮站站长	2015-12-23	绒都宾馆	7865
77		ZMF	男	51	G镇街道	原供销社职工	2015-09-17	家中	6342
78		SXH	男	50	G镇街道	粮站职工	2015-09-17	G镇粮站	766
79		LH	男	48	G镇街道	固中教师	2015-09-17	学校操场	4353

续表

序号	类别	姓名	性别	年龄	工作单位或居住地	身份	访谈日期	访谈地点	访谈字节数KB
80	G镇舞龙舞狮队员	TZG	男	70	镇搬运站	原搬运站工人	2015-10-14	老人家中	4576
81		RLT	男	71	镇搬运站	原搬运站工人	2015-10-14	老人家中	6341
82		XH	男	76	镇搬运站	原搬运站工人	2015-10-15	老人家中	7572
83		YXS	男	78	镇搬运站	原搬运站工人	2015-10-15	老人家中	9877
84	G镇花鼓灯队员	CXL	女	74	G镇街道	现街道居民	2015-10-19	老人家中	8565
85		WWX	女	72	G镇街道	现街道居民	2015-10-19	老人家中	7765
86		WQC	男	70	G镇街道	现街道居民	2015-09-12	老人家门口	9976
87		WXH	男	72	G镇街道	现街道居民	2015-09-12	街道门市部	12133
88	鱼塘村广场舞队员	WYG	女	45	鱼塘村	鱼塘村民	2015-12-16	家中超市	5655
89		ZCF	男	44	鱼塘村	村屠宰师傅	2015-12-15	家中	988
90		WXH	女	50	鱼塘村	鱼塘村书记	2015-12-23	村委办公室	6770
91		XKL	女	50	鱼塘村	村卫生院护士	2015-12-18	健身活动点	890
92		HEH	女	47	鱼塘村	村计生专干	2015-12-24	村委办公室	12112
93	G镇街道广场舞队员	HDJ	女	66	G镇街道	个体老板	2015-10-20	财富大街	871
94		ZDJ	女	63	G镇街道	金店店长	2015-10-19	G镇金店	7600
95		WPY	女	62	G镇街道	企业职员	2015-10-19	财富大街	675
96		MDJ	女	67	G镇街道	服装店老板	2015-10-22	服装店	5404
97		YB	男	59	G镇街道	自行车修理工	2015-10-12	修理铺	4601
98		ZP	女	54	G镇街道	教师家属	2015-12-25	悠然茶社	17320
99		XL	女	50	G镇街道	无业	2015-12-22	悠然茶社	10898
100	G镇棋牌爱好者	XHY	男	63	G镇街道	棋牌室负责人	2016-07-13	棋牌室	7867
101		HYM	男	71	G镇街道	空巢老人	2016-07-12	棋牌室	5412
102		NSR	男	61	G镇街道	退休干部	2015-12-23	棋牌室	780
103		WFC	男	69	G镇街道	退休教师	2015-12-23	棋牌室	665

续表

序号	类别	姓名	性别	年龄	工作单位或居住地	身份	访谈日期	访谈地点	访谈字节数KB
104	自发性体育锻炼者	ZDH	女	57	G镇街道	街道居民	2015-09-08	镇健身广场	2290
105		LCJ	女	43	G镇街道	街道居民	2015-09-08	镇健身广场	2038
106		ZXG	男	55	镇中心校	中心校老师	2015-09-08	镇健身广场	893
107		PDS	女	43	鱼塘村	家庭主妇	2015-10-08	工业园马路	2101
108		YZZ	男	53	G镇政府	农综站站长	2016-07-11	工业园马路	987
109		WT	男	22	G镇街道	安财大二学生	2016-07-18	固中篮球场	3275
110		ZX	男	15	鱼塘村	固中初三学生	2015-12-24	文化站广场	3441

说明：访谈对象包括：政府主要领导，文广站负责人，组织负责人，组织成员，组织的赞助商，普通群众等；访谈对象的年龄为访谈当年的实际年龄。

参考文献

一、著作类

[1] [英]安东尼·吉登斯.现代性的后果[M].南京:译林出版社,2011.

[2] 陈安槐,陈萌生.体育大词典[M].上海:上海辞书出版社,2000.

[3] 崔开华.组织的社会责任[M].济南:山东人民出版社,2008.

[4] 杜赞奇.文化、权力与国家:1900—1942年的华北农村[M].王福明,译.南京:江苏人民出版社,1996.

[5] 邓仁娥.马克思恩格斯选集(第2版第1卷)[M].北京:人民出版社,2012.

[6] 费孝通.乡土中国·生育制度[M].北京:北京大学出版社,1998.

[7] 费孝通.江村经济[M].北京:北京大学出版社,2012.

[8] 范如国.博弈论[M].武汉:武汉大学出版社,2012.

[9] 郭庆光.传播学教程[M].北京:中国人民大学出版社,1999.

[10] 国家教委社科司.马克思主义原理[M].北京:高等教育出版社,1995.

[11] 国家体育总局政策法规司.中国体育哲学社会科学研究(1978—2010)[M].北京:人民体育出版社,2013.

[12] [德]黑格尔.法哲学原理[M].范杨,张企泰,译.北京:商务印书馆,1961.

[13] 侯钧生.西方社会学理论教程[M].天津:南开大学出版社,2001.

[14] 金东日.组织学[M].天津:南开大学出版社,2013.

[15] [美]L·H.摩尔根.古代社会[M].杨东莼,等,译.上海:生活·读书.新知三联书店,1957.

[16] 李建设.现代组织学[M].杭州:浙江教育出版社,1998.

[17] 赖特·米尔斯.社会学想象力[M].北京:三联书店,2001.

[18] 柳伯力,李万来.体育产业概论[M].北京:人民体育出版社,2005.

[19] [美]劳伦斯·纽曼.社会研究方法——定性和定量的取向[M].郝大海,译.北京:中国人民大学出版社,2007.

[20] 李实,史泰丽,别雍·古斯塔弗森.中国收入分配研究之三[M].北京:北京师范大学出版社,2008.

[21] 陆学艺.当代中国社会结构[M].北京:社会科学文献出版社,2010.

[22] 刘国永,裴立新.中国体育社会组织发展报告(2016)[M].北京:社会科学文献出版社,2016.

[23] NPO信息咨询中心.NPO能力建设与国际经验[M].北京:华夏出版社,2003.

[24] 彭未名,邵任薇,邓玉蓉,等.新公共管理[M].广州:华南理工大学出版社,2007.

[25] 庞正.法治的社会之维——社会组织的法治功能研究[M].北京:法律出版社,2015.

[26] 任广耀.体育传播学[M].北京:高等教育出版社,2004.

[27] 阮伟,钟秉枢.中国体育产业发展报告[M].北京:社会科学文献出版社,2013—2014.

[28] [英]S.TYSON、T.JACKSON.组织行为学精要(第2版)[M].北京:中信出版社,2003.

[29] 孙志海.自组织的社会进化理论方法和模型[M].北京:中国社会科学出版社,2004.

[30] 邵桂华.体育教学的自组织观[M].北京:人民体育出版社,2008.

[31] [美]史蒂芬.P.罗宾斯(Stephen P.Robbins).管理学(第11版)[M].李原,译.北京:中国人民大学出版社,2012.

[32] 宋仕平,黎见春,王宝成,等.非政府组织与乡镇社会治理研究——野三关的实践与探索[M].北京:中央民族大学出版社,2012.

[33] 王名,刘国翰,何健宇.中国社团改革——从政府选择到社会选择[M].北京:社会科学文献出版社,2001.

[34] [意]维尔费雷多·帕累托.精英的兴衰[M].刘北成,译.上海:上海人民出版社,2003.

[35] 吴庆麟,胡谊.教育心理学——献给教师的书[M].上海:华东师范大学出版社,2003.

[36] 王凯珍.社会转型与中国城市社区体育发展[M].北京:北京体育大学出版社,2004.

[37] 王凯珍,李相如.社区体育指导[M].桂林:广西师范大学出版社,2005.

[38] 王旭光.我国体育社团的现状及发展对策研究[M].北京:北京体育大学出版社,2008.

[39] 王建,等.现代经济学原理[M].北京:经济科学出版社,2009.

[40] 王斌,马宏宇.体育组织行为学[M].武汉:华中师范大学出版社,2010.

[41] [美]W.理查德·斯科特.制度与组织——思想观念与物质利益[M].姚伟,王黎芳,译.北京:中国人民大学出版社,2012.

[42] 王凯珍,汪流,戴俭慧.体育社会组织建设与管理[M].北京:高等教育出版社,2016.

[43] 肖林鹏.体育管理学[M].北京:北京师范大学出版社,2011.

[44] 俞可平.治理与善治[M].北京:社会科学文献出版社,2000.

[45] 杨颖秀.教育政策法规专题[M].吉林:东北师范大学出版社,2001.

[46] 于显洋.组织社会学[M].北京:中国人民大学出版社,2001.

[47] 易剑东.中国体育媒体服务系统的构建[M].杭州:浙江大学出版社,2006.

[48] 杨敏.社会行动的意义效应:社会转型加速期现代性特征研究[M].北京:中国人民大学出版社,2005.

[49] 杨文轩,陈琦.体育概论[M].北京:高等教育出版社,2013.

[50] 中共中央编译局.列宁全集(第2版)[M].北京:人民出版社,1984.

[51] 郑杭生.社会学概论新修[M].北京:中国人民大学出版社,1999.

[52] 周学光.组织社会学十讲[M].北京:社会科学文献出版社,2003.

[53] 朱新山.乡村社会结构变动与组织重构[M].上海:上海大学出版社,2004.

[54] 张勤.中国公民社会组织发展研究[M].北京:人民出版社,2008.

[55] 张瑞林,秦椿林.体育管理学[M].北京:高等教育出版社,2008.

[56] 张占斌,等.城镇化进程中农民工市民化研究[M].石家庄:河北人民出版社,2013.

[57] 中央编译局.毛泽东选集(第2版第1卷)[M].北京:人民出版社,2014.

二、期刊类

[1] 程志理.余暇运动论[J].成都体育学院学报,1990,16(3):7-11.

[2] 陈琦,杨文轩,刘海元,鲁长芬,等.我国当代体育价值观研究[J].体育科学,2006,26(8):3-9.

[3] 晁铭鑫.自发性群众体育组织的形成与发展探究[J].当代体育科技,2014,4(26):112-113.

[4] 方银水.取消农业税后农村公共产品主要提供主体间的博弈分析[J].社会科学,2006(2):5-9.

[5] 冯炎红,张昕.城市自发性群众体育组织形成与发展特点[J].辽宁体育科技,2007,29(3):21-22.

[6] 冯晓丽.新媒体时代草根体育组织发展的困境与路径选择——以"黎明脚步组织"为例[J].上海体育学院学报,2015,39(2):36-39.

[7] 范柏乃,张电电,余钧.政府职能转变:环境条件、规划设计、绩效评估与实现路径——基于Kast组织变革过程模型分析[J].浙江大学学报(人文社会科学版),2016,46(3):180-200.

[8] 何金晖.社区民间组织兴起缘由及发展策略探讨[J].社会主义研究,2010(1):96-101.

[9] 黄嵩,等.农村村落体育组织发展阶段的实证研究[J].武汉体育学院学报,2011,45(12):19-24.

[10] 黄亚玲,邵焱颉.网络体育组织发展:虚拟与现实的挑战[J].北京体育大学学报,2015,11(38):1-2.

[11] 焦素花.近代以来我国体育本体属性遮蔽的观念史考察——以赫伊津哈的游戏论为分析视角[J].北京体育大学学报,2016,39(3):34-41.

[12] 孔冬,彭勇涛.组织的奥秘与组织的现代[J].社会科学家,2002(1):47-50.

[13] 康顺岐,等.西北革命老区农村体育组织管理现状调查[J].西安体育学院学报,2004,21(1):35-37.

[14] 刘凤梅.政府与社会关系[J].海南师范学院学报(社会科学版),2004,17(5):130-133.

[15] 刘光军.政府职能界定与政府职能转变[J].河南社会科学,2007,15(5):120-122.

[16] 刘会平,程传银.新加坡大众体育政策及其启示[J].山东体育学院学报,2015,37(1):110-114.

[17] 卢兆振.困境与抉择:当前我国农村基层体育组织建设滞后的社会学研究——我国"强政府、弱社会"国情下农民社会体育组织发展遭遇的环境瓶颈分析[J].南京体育学院学报(社会科学版),2008,22(6):56-60.

[18] 卢兆镇,傅建霞.新世纪我国农村基层体育组织建设的困境与抉择[J].山东体育学院学报,2009,25(1):26-29.

[19] 罗骞.马克思的政治概念[J].马克思主义与现实,2009(2):42-53.

[20] 林朝晖.农村基层体育组织创新研究——基于福建省的调查研究[J].吉林体育学院学报,2011,27(3):11-13.

[21] 李琛.我国农村体育组织发展论[J].体育文化导刊,2012(5):19-21.

[22] 李全志,程云峰.新农村建设中并列协作型体育组织形式的研究——以浙江省部分体育强镇(乡)为例[J].浙江体育科学,2013,35(6):37-40.

[23] 刘发才.皖西白鹅及其标准化饲养管理技术[J].农村科技,2014:141-148.

[24] 廖建媚,陈秀平.我国草根体育组织研究进展[J].河北体育学

院学报,2015,29（5）:37-41.

[25] 李长源.新型农村社区建设过程中乡镇政府角色定位与重塑[J].江西行政学院学报,2015,17（2）:22-28.

[26] 梅贸荣.苏北乡镇节日体育活动组织形式及其变迁的社会学分析——以响水县乡镇体育组织开展方式为例[J].南京体育学院学报（社会科学版）,2007,21（5）:25-28.

[27] 马永明.江苏农村基层体育组织运行现状的调查与分析[J].体育与科学,2009,30（5）:59-62.

[28] 麻宝斌.管理与服务关系的反思与前瞻[J].上海行政学院学报,2016,17（1）:39-45.

[29] 曲延春.乡镇机构改革三十年：实践演进与理论研究的双重审视[J].东岳论丛,2014,35（8）:136-144.

[30] 荣雾.美国体育组织研究[J].体育文化导刊,2014（12）:20-82.

[31] 孙庆彬.少数民族村落体育组织的生成方式与运作机制——以壮、侗、苗、瑶等少数民族古村落为例[J].北京体育大学学报,2014,37（9）:50-55.

[32] 孙月霞.社会转型期中国体育价值观重构[J].北京体育大学学报,2014,37（5）:16-21.

[33] 谭延敏,张铁明,胡庆山,等.农村自发性体育活动群体组织识别的实证研究[J].体育科学,2009,2（1）:14-24.

[34] 唐永干,王正伦.从他组织到自组织：农村体育的历史抉择——从江苏农村体育说起[J].体育文化导刊,2004（11）:3-6.

[35] 田雨普.小康社会时期我国社会体育的城乡差异[J].体育科学,2005,25（4）:3-6.

[36] 谭延敏,等.农村体育发展中非正式结构体育社团的作用及管理研究[J].南京体育学院学报(社会科学版),2008,22（3）:53-57.

[37] 谭延敏,张铁明,等.农村村落体育组织生存现状的调查与分析[J].邯郸学院学报,2009,19（3）:99-106.

[38] 王铭铭.文化变迁与现代性的思考[J].民俗研究,1998（1）:4-7.

[39] 王玉珠.中国体育组织文化研究的现状分析[J].西安体育学院学报,2005,22（1）:18-22.

[40] 王志威.英国非营利组织下的体育自治[J].上海体育学院学报,2013,37(2):7-12.

[41] 汪全胜,陈光,戚俊娣.论盈利性体育组织在《体育法》中的确立[J].上海体育学院学报,2010,34(5):8-11.

[42] 汪波,李慧萌.论多元化全民健身服务体系的概念与结构[J].体育科学,2011,31(2):5-11.

[43] 汪流.草根体育组织与政府关系向度研究[J].西安体育学院学报,2014,31(1):6-11.

[44] 汪流.群众体育组织化的困境与出路——兼论京津冀群众体育的"组织化"发展[J].武汉体育学院学报,2017,51(9):28-41.

[45] 吴洪革,马晓欣.中国体育管理体制逻辑的杂糅与利益博弈的异化[J].沈阳体育学院学报,2014,33(1):12-15.

[46] 夏成前,田雨普.新中国农村体育发展历程[J].体育科学,2007,27(10):32-39.

[47] 谢正阳,唐鹏,刘红建,等.公共体育政策失真性执行与对策探析[J].体育与科学,2015,36(6):68-73.

[48] 于文谦,戴红磊.我国农村非正式体育组织的实践逻辑[J].北京体育大学学报,2006,39(11):25-37.

[49] 杨明,郭良奎.我国体育用品产业集群发展及政府政策研究[J].体育与科学,2007,28(3):27-31.

[50] 姚磊,韩冠宙,黄寿军.巢湖周边地区新农村建设中农村基层社会体育组织的现状调查[J].巢湖学院学报,2007,9(6):99-102.

[51] 袁春梅,杨依坤,等.韩城奥运会后韩国大众体育发展对我国的启示[J].体育研究与教育,2011,26(6):26-28.

[52] 杨继星.个体化时代的集体行动:社区草根体育组织的动机诉求与矛盾冲突——以广场舞为例[J].体育与科学,2016,37(5):82-88.

[53] 于永慧.健康中国:全民健身工作的评价指标体系研究[J].体育与科学,2016,37(4):71-76.

[54] 邹玉玲.苏南小城镇大众体育组织现状研究[J].西安体育学院学报,2002,19(4):28-30.

[55] 周召勇.体育组织中的冲突及其管理对策[J].华东师范大学研究生学报,2005,12(2):108-110.

[56] 张铁明,谭延敏.论农村体育组织与管理的新思路[J].唐山师

范学院学报,2006,28(5):103-104.

[57] 郑文海.乡镇社会体育组织及体育活动开展现状与对策——以西北地区为调研个案[J].体育与科学,2006,27(6):62-66.

[58] 朱家新.农村基层体育组织管理现状研究[J].河北体育学院学报,2007,21(2):14-16.

[59] 张红坚.农村体育组织方式选择与农村体育组织建设——基于自组织理论视角[J].北京体育大学学报,2009,32(2):20-22.

[60] 张铁明.农村非正式结构体育社团成因的实证研究[J].南京体育学院学报(社会科学版),2009,23(4):46-52.

[61] 张红坚,段黔冰.农村体育组织方式选择与农村体育组织建设——基于自组织理论视角[J].北京体育大学学报,2009,32(2):20-22.

[62] 张景全.观念与同盟关系探析[J].世界经济与政治,2010(9):109-120.

[63] 朱海峰.论农村自发性体育组织的兴起与发展[J].科技信息,2010(9):659-674.

[64] 张铁明.河北省农村村落体育组织活动的现状调查[J].邯郸学院学报,2010,20(3):72-78.

[65] 邹钧人,汪映川,郑国祥.安徽省欠发达地区农村体育组织管理现状与对策[J].安徽农业科学,2010,38(36):21098-21103.

[66] 周小林.当代中国农村体育组织管理体系的创新发展——以江苏省江阴市为例[J].体育成人教育学刊,2012,28(4):61-78.

[67] 周建新.我国农村体育组织管理的特征[J].体育文化导刊,2012(4):17-28.

[68] 张宏伟.社区草根体育组织的涵义、生成与功能定位[J].北京体育大学学报,2013,36(6):12-15.

[69] 张铁明.新农村建设中村落体育组织的发展困境与实践模式[J].西安体育学院学报,2014,31(1):45-49.

[70] 张铁明,秦更生,韩斌,等.新农村建设中村落体育组织的发展困境与实践模式[J].西安体育学院学报,2014,31(1):45-49.

[71] 郑国华,张自永,祖庆芳.民间体育组织中的精英治理——以赣南客家"池塘龙舟赛"为例[J].体育成人教育学刊,2016,32(4):52-57.

[72] 周学荣,吴明.全民健身上升为国家战略的时代背景及价值[J].体育学刊,2017,24（2）：39-44.

[73] BUCHANAN L.Vertical Trade Relationships：The Role of Dependence and Symmetry in Attaining Organization Goals[J].Joural of Marketing Research,1992,29（1）：65-75.

[74] F.J.Milliken & L.L.Martins.Searching for Common Treads：Understanding the Multiple Effects of Diversity in Organizational Groups[J].Academy of Management Review, 1996,21（2）：402-433.

[75] H.Haken.Information and self-organization：A Macroscopic Approach to Complex System[J].Springer Verlag,1988,27（3）：11.

[76] Huntal Malenfant.Sociology of Sport Organizations in France[J].International Review Sociolo-gy of Sport,1989（24）：217-221.

[77] Schein，E.H.The Corporate Culture Survival Guide[M].San Francisco：Jossey-Bass,1999.

三、学位论文类

[1] 卜清平.乡镇文化站的历史变迁与路径转向 [D].华中师范大学硕士学位论文,2014.

[2] 董传岭.建国60年华北农村社会生活变迁——以山东省梁山县为个案 [D].南开大学博士学位论文,2010.

[3] 丁宇.走向善治的中国政府管理创新研究 [D].南京师范大学博士学位论文,2011.

[4] 戴红磊.中国体育社会组织治理研究 [D].大连理工大学博士学位论文,2016.

[5] 付振磊.中国农村体育现代化研究 [D].苏州大学博士学位论文,2011.

[6] 黄亚玲.论中国体育社团——国家与社会关系转变下的体育社团改革 [D].北京体育大学博士学位论文,2003.

[7] 贺鑫森.社会结构变迁下体育社会组织发展研究 [D].苏州大学博士学位论文,2016.

[8] 罗湘林.村落体育研究——以一个自然村落为个案 [D].北京体育大学博士学位论文,2005.

[9] 刘梅英.中国工业化进程中农村体育问题研究[D].南京师范大学博士学位论文,2011.

[10] 宋秀丽.新农村社区体育研究[D].北京体育大学博士学位论文,2009.

[11] 宋维能.浙江省农村体育组织运行机制研究——以篮球特色村洪溪村为调研个案[D].浙江师范大学硕士学位论文,2011.

[12] 涂传飞.农村民俗体育文化的变迁[D].北京体育大学博士学位论文,2009.

[13] 汪波.城市化进程中六安市社区体育现状分析与发展对策研究[D].南京师范大学硕士学位论文,2007.

[14] 王钢.中国民营企业对外直接投资研究——以温州民营企业为例[D].华东师范大学博士学位论文,2013.

[15] 银平均.社会排斥视角下的中国农村贫困[D].南开大学博士学位论文,2006.

[16] 郁士东.乡镇机构改革的实践与探索[D].中共中央党校硕士学位论文,2008.

[17] 郑宇.统筹城乡视野下的中国农村体育发展研究[D].北京体育大学博士学位论文,2012.

四、文件、报刊网络类

[1] 安徽省人民政府网.安徽省国民经济与社会发展公报(2005—2015)[Z]. http://www.ah.gov.cn/.

[2] 编者.京津冀签署协议书深入推进体育协同发展[EB/OL].[2016-12-17].http://news.ifeng.com.

[3] 国家体委.国家体委关于深化体育改革的意见[Z].1993.

[4] 国家体育总局.2001—2010年体育改革发展纲要(体政字[2000]079号)[Z].2000.

[5] 国家体育总局、民政部.体育类民办非企业单位登记审查与管理暂行办法(体育总局、民政部令[第5号])[Z].2000.

[6] 国家体育总局.体育事业发展"十二五"规划(体经字[2011]178号)[Z].2011.

[7] G镇镇人民政府.六安市裕安区G镇镇总体规划(2014—2030

年)[Z].2016.

[8] 国家体育总局.体育发展"十三五"规划[Z].2016.

[9] 六安市人民政府网.六安市国民经济与社会发展公报(2005—2015)[Z].http://www.luan.gov.cn/.

[10] 刘梅英.加快推动我国农村体育组织的建设[N].光明日报,2014年11月24日第010版.

[11] 农业部 国家体育总局.农业部和国家体育总局关于进一步加强农民体育工作的指导意见(农办发〔2017〕11号)[Z].2017.

[12] 潘华.德国大众体育研究[Z].国家体育总局体育哲学社会科学研究成果汇编,2009.

[13] 文化部.文化站管理办法(文群发[1992]29号)[Z].1992.

[14] 新华网.青奥会:"小青柠"成南京青奥会志愿者[OB/BL],2014年8月.http://sports.cntv.cn/2014/08/08/ARTI1407465296576682.shtml.

[15] 新华网.中共中央 国务院."健康中国2030"规划纲要[OB/BL].2016年10月.http://www.xinhuanet.com/health/2016-10/25/c_1119786029.htm.

[16] 中国服装协会网.http://www.cnga.org.cn/jijudi/view.asp.

[17] 中共中央 国务院.关于进一步加强和改进新时期体育工作的意见(中发〔2002〕8号)[Z].2002.

[18] 中共中央办公厅国务院办公厅.关于进一步加强农村文化建设的意见(中办发[2005]27号)[Z].2005.

[19] 中共中央国务院.关于推进社会主义新农村建设的若干意见(中发[2006]1号)[Z].2006.

[20] 中共中央办公厅国务院办公厅.中共中央 国务院关于全面加强人口和计划生育工作统筹解决人口问题的决定[Z].2006.

[21] 张发强.关于全民健身的建言-国家体育总局党组成员大会发言[R].中国政协,2006.

[22] 中华人民共和国中央人民政府网.国民经济和社会发展统计公报(1978-2016)[Z].http://www.gov.cn/.

[23] 中共中央 国务院.关于加快发展体育产业促进体育消费的若干意见(国发[2014]46号)[Z].2014.

[24] 中共中央 国务院.社会团体登记管理条例[Z].2016年修订版(国务院令第666号)[OB/BL],2016.

五、档案古籍类

[1] 安徽省六安地区地方志编纂委员会.六安地区志[Z].黄山书社,1997.

[2] 冯郢村村委会.冯郢村村史[Z].冯郢村村委会档案室,2014.

[3] G镇镇志编纂委员会.G镇镇志[Z].G镇中心校办公室,2008.

[4] G镇镇政府党政办公室.G镇镇人民政府办公室文书文件(1977-2016)[Z].G镇综合档案室,2015.

[5] 六安县地方志编纂委员会.六安县志[Z].黄山书社,1993.

[6] 六安市(县级)地方志编纂委员会.六安市志[Z].江西人民出版社,1991.

后　记

"衣带渐宽终不悔,为伊消得人憔悴。"
"不经一番寒彻骨,哪得梅花扑鼻香。"
……

记得,在博士论文开题答辩的时候,有答辩专家曾经说过:"攻读博士学位绝非易事,博士生涯就好比掉进深渊,一方面需要自己拼命地往上爬,另一方面需要导师用力地往上拉"。的确,与硕士论文相比,博士论文的撰写要复杂的得多,绝非想象中的那样简单,在这个"爬"和"拉"的双向互动环节中,需要自己不断地"积蓄力量、选择路径、把握方向、改变思维方式……"。

值此书稿草成之际,最想表达的是"感谢"二字。

首先,感谢我的导师周学荣教授。10年前,我夫妇二人在导师门下攻读硕士学位,我们感到万分荣幸。记得在硕士论文的后记中我也曾写道:"在整个论文撰写的过程中,得到了我的导师周学荣教授的悉心教导,从论文的选题到定稿无不倾注着导师的心血和智慧。"导师学术严谨,知识渊博,为人低调、正直,做人、做事、做学问是我人生的楷模,需要我用一生来学习。几年前,作为导师即将"关门"的弟子,能够重回导师"门下"攻读博士学位,再次聆听导师的教诲,是我今生最大的幸事!攻读博士学位期间,导师身体力行、以博学笃行垂范学问人生,对待学生更是如慈母般的呵护和关爱。在学术上充分尊重我的学术思想,在工作上关心我的成长,在家庭生活上经常提醒我要"常回家看看"。除此之外,导师还经常提醒我要保重好自己的身体,再三叮嘱我学习要做到"劳逸结合,方能打开思路"。总之,对待导师的万恩之情,我无法用语言表达,只能在今后的工作、学习和生活中以更优异的成绩藉以回报。

其次,感谢在论文撰写过程中给予我指导、帮助、关心的老师们。在此我要真诚地感谢南京师范大学体育科学学院的孙庆祝教授、谭明义

后 记

教授、阿英嘎教授、汤卫东教授、程传银教授、王竹影教授、史曙生教授、王庆军教授,以及清华大学的仇军教授、上海体育学院的曹可强教授、南京师范大学法学院的庞正教授、南京体育学院的王正伦教授,他们在我博士论文的开题答辩和毕业预答辩过程中提出了十分宝贵而中肯的建议;同时也要感谢南京师范大学体育科学学院的褚志东院长、薛枫书记、高亮教授、陈培友教授、陈家起教授,马晓燕老师,罗晶老师,感谢几位老师在我学习期间给予的指导、关心与帮助,尤其是在学习之余,我们亦师亦友,在一起聊天、运动、娱乐,给我博士学习期间带来了无限的快乐。

再次,我还要特别感谢江苏省体育科学研究所的程志理教授、南京理工大学的刘米娜博士后、皖西学院的王全林教授,博士论文的撰写,我没有少麻烦他们,经常带着问题向他们学习请教,他们的建议对本文的研究框架和研究路线的确定发挥了重要作用,同时也使我在研究的过程中避免了一些理论误导和调查过程中不必要走的一些弯路,并很好地突出了论文的主题和特色。

向论文在盲审过程中给我提出中肯意见和建议的专家表示感谢,你们的意见和建议是我提升论文质量的关键动力,向接受我调查和访问的对象表示感谢,向所有在研究过程中给予我热情关怀和无私帮助的胡旭忠、杨麟、朱晓峰、杨小帆、陈光华、张朋、赵阳、赵富学、王厚雷、赵壮壮、闫士展等博士同学,向我工作单位的领导以及引用过论文和著作的作者们表示最诚挚的感谢。本书顺利出版离不开中国书籍出版社的大力支持,在此对责任编辑武斌和封面设计马静静表示感谢。

最后,温暖和睦的家庭给我提供了不断进取的动力,让我心无旁骛地去追逐自己的心愿,但是在他们最需要照顾的时候我却没有足够的时间去陪伴,这部书稿也算是献给我的父母、爱人和儿子的一份礼物吧!